Andreas B. Steiner

Lebendiges Wasser am Toten Meer

Betrachtungen im Heiligen Land

Andreas B. Steiner

Lebendiges Wasser am Toten Meer

Betrachtungen im Heiligen Land

Patrimonium-Verlag 2017

Impressum

1. Auflage 2017
© Patrimonium-Verlag
In der Verlagsgruppe Mainz

Alle Rechte vorbehalten
Printed in Germany

Erschienen in der Edition »Patrimonium Theologicum«

Patrimonium-Verlag
Abtei Mariawald
52396 Heimbach/Eifel
www.patrimonium-verlag.de

Gestaltung, Druck und Vertrieb:
Druck & Verlagshaus Mainz
Süsterfeldstraße 83
52072 Aachen

www.verlag-mainz.de

Abbildungsnachweis (Umschlag):
https://www.pexels.com/de/foto/meer-salz-totes-meer-40410/

ISBN-10: 3-86417-098-2
ISBN-13: 978-3-86417-098-0

Inhalt

1. Israel, denn hier ist Gott Mensch geworden.................7
2. Der Brunnen von Nazareth und sieben Tage Hochzeit......13
3. Der Berg der Berge 21
4. Fünf Brote und zwei Fische...........................27
5. Das galiläische Meer 33
6. Kapharnaum, wo Jesus zu Hause war. 37
7. Jesus stieg auf einen Berg und fing an, sie zu lehren 43
8. Die Kaiserstadt am Meer: Caesarea Maritima 47
9. Akko, die Kreuzfahrerfestung am Meer 53
10. Aufstieg zum Berge Karmel...........................61
11. Jerusalem, die goldene Stadt.........................67
12. Fünf Hallen und eine Schatzkarte 73
13. Das gebrochene Herz auf Golgota 81
14. Adam, der Mittelpunkt der Erde
    und keine Messe für Lefebvre........................89
15. Das Grab unseres Herrn und Heilands Jesus Christus 97
16. Eine Reise durch zwei Jahrtausende..................103
17. Lebendiges Wasser am Toten Meer 113
18. Auf der Suche nach der vollkommenen Glückseligkeit.....123
19. Bar Mizwa an der Klagemauer
    und der Ort des Holocaust 131
20. Philosophie auf dem Tempelberg 137
21. Eine Moschee als Kirche
    und das Vater Unser, wo es nie war 147
22. Als Jesus die Stadt Jerusalem sah, weinte er 157
23. Gethsemani: Blut, vergossen zur Sühne 165
24. Wenn die Ölbäume sprechen könnten.................171
25. Die Oberstadt auf dem Berg Sion.....................179
26. David, König Israels und Ahnherr Jesu Christi 187
27. Du Bethlehem im Lande Juda........................195
28. Eine Mauer und eine Handvoll Hirten.................201

Vorwort

»Wenn Du Männer dazu bringen willst, ein Schiff zu bauen, dann beginne nicht damit, ihnen den Bauplan, das Werkzeug und das Material zu erklären. Lehre sie die Sehnsucht nach dem Meer!«

Zwei Ziele möge dieses Buch erreichen: Jeden, der es gelesen hat, soll eben eine solche Sehnsucht nach der »terra sancta«, nach dem Heiligen Land ergreifen, dass er eines Tages selber die Wallfahrt aller Wallfahrten antreten wird – vielleicht mit diesem Buch im Gepäck.

Zum anderen sollen die Gedanken, die ich selber aus dem Heiligen Land mitgebracht habe, sein geistliches Leben befruchten und ihm Einsicht in große Zusammenhänge bringen.

Natürlich sind diese nicht allein im Heiligen Land gereift, sondern die Frucht jahrelanger Suche nach Weisheit im Studium des großen Meisters Thomas.

Die Erkenntnisse dieses Buches sind nur ein winziger Tropfen im Vergleich zum Ozean, aber vielleicht ist es ja gerade dieser Tropfen, der Ihr Herz, werter Leser, zur höchsten Sehnsucht beflügeln kann.

Vielleicht ist es ein Tropfen lebendigen Wassers.

Zaitzkofen, 8. September, am Fest Mariae Geburt

PRO JOANNE
Homo missus a Deo
Angelus meus ante faciem meam

1. Israel, denn hier ist Gott Mensch geworden.

»Ich wünsche Ihnen einen guten Kutscher«, sagt einer unserer Gläubigen in Reutlingen, als er davon hört, dass ich diesen Frühling nach Israel fliege. Kutscher, so nannte man im Fliegerjargon den Piloten. Heizer war der Name für den Kopiloten. Am Donnerstag, dem 19. April, ist es so weit. Ich sitze im Flugzeug, Zielflughafen: Tel Aviv. Die Stewardess bringt wie üblich ein Bordmenü. »Es ist doch unglaublich«, denke ich bei mir. Man sitzt bequem in etwa 10.000 Metern Höhe, blickt ein wenig aus dem Fenster und ist in vier Stunden im Heiligen Land. Unsere kleine Reisegruppe von acht Personen ist von Paris abgeflogen. Im Mittelalter hatte fast jeder Christgläubige nur einen einzigen Wunsch für das irdische Dasein, nämlich die Stätten Jesu zu besuchen, in heiliger Ehrfurcht die Orte zu verehren, welche durch die Gegenwart des Gottessohnes geheiligt wurden. Doch wie viele unsägliche Strapazen mussten die Pilger damals auf sich nehmen. Monate, ja jahrelang waren sie unterwegs, zu Fuß, mit dem Schiff. Die Anstrengungen der Reise waren so groß, dass so mancher das Heilige Land wie einst Mose nur von Ferne erblickte oder gar auf der Reise verstarb. Viele Pilger nahmen von zu Hause Abschied in dem Bewusstsein, vielleicht nie wiederzukehren. Und ich? Sitze in einem weich gepolsterten Stuhl und blicke auf das Mittelmeer weit unter mir; trinke ein kühles Getränk und habe, ehrlich gesagt, ein schlechtes Gewissen. Das heißt, schlechtes Gewissen ist falsch gesagt: Ich stelle mir vor, was wäre, wenn der mittelalterliche Mensch diese Möglichkeiten gehabt hätte? Ich glaube, der Pilgerstrom aus dem christlichen Abendland hätte jede uns vorstellbare Dimension überschritten.

Die einzigen Unannehmlichkeiten, welche der Pilger des einundzwanzigsten Jahrhunderts auf sich nehmen muss, sind die Zollkontrollen der Israelis. Die haben es allerdings in sich. In Tel Aviv werde ich, zusätzlich zu den kein Ende nehmenden Fang- und Kontrollfragen, dem sorgfältigen Durchwühlen der Koffer, sogar zur Seite gestellt, und das kurz angebundene Fräulein hinter der Glasscheibe liest auffällig lange in ihrem Computer, nachdem sie meine Passnummer eingetippt hat. Nach einer Viertelstunde des Wartens kommt ein Polizeibeamter und fragt mich, ob alles in Ordnung sei. Als ich bejahe, gibt er mir meinen Pass zurück, und das war's. Im Nachhinein vermute ich, meine Sichtvermerke vom Libanon und von Syrien haben mir diese Extrapause beschert. Aber die ist gleich vergessen, als wir Ben-Gurion-Airport verlassen und die milde Meeresluft im Tal des Frühlings einatmen, auf Hebräisch Tel Aviv genannt.

Heiliges Land, Land des Heilands, Israel, oder wie es auf Jiddisch heißt: Jisroel. Ich denke an meine erste und zweite Israelreise zurück. Damals war ich noch Seminarist, über zwanzig Jahre ist das jetzt her. Damals habe ich zum ersten Mal das Heilige Land besucht, und ich stelle mit großer innerer Freude fest: Die Faszination ist die gleiche geblieben.

Mit dem Mietauto geht es nach Nazareth, wo wir spätabends ankommen und gleich die Unterkunft aufsuchen. Der erste Tag soll uns ausgeschlafen wecken.

Als ich morgens aufstehe und aus dem Fenster blicke, fühle ich mich wie im Traum. Unsere Pension liegt direkt neben der Verkündigungsbasilika. Über uns der Berg, an dessen Fuß die kleine Stadt gebaut ist. Es ist irgendwie ein besonderes Gefühl, in Nazareth aufzuwachen. Ich bleibe am Fenster stehen und genieße den Augenblick. Vor mir liegen die Flachdächer der Stadt; große, lange Blätter einer Palme spenden Schatten im Innenhof, von den Straßen tönt bereits geschäftiger Lärm. Schwalben umschwirren die weißen Steine, die in der Morgensonne noch heller leuchten. Man hört Kinder spielen, denn eine Schule steht neben dem kleinen Pilgerheim der Verkündigungsschwestern, in dem wir unser Quartier bezogen haben. Sie warten auf den Schulbeginn. Kinder sind hier so, wie der Heiland selbst einst Kind in dieser Stadt war. Es ist längst nicht mehr das kleine Dorf. Es ist eine Stadt, mit Asphaltstraßen und Autos. Jener Ort, wo das Häuschen der heiligen Familie stand, ist heute von weitem sichtbar – hier erhebt sich nämlich die Verkündigungsbasilika, ein Neubau aus den 60er Jahren. Nach dem Frühstück brechen wir dorthin auf.

Leider ist die Kirche auch innen ganz im Stil jenes Jahrzehnts, denn ihre kalten Betonsäulen sind nicht im Mindesten geeignet, jene warme, herzliche Atmosphäre zu vermitteln, die herrschte, als hier die heilige Familie lebte. Nun ist die Kirche auch im Inneren nicht eine Kirche im gewöhnlichen Sinn. Das kommt daher, dass sich in ihrem vorderen Teil der Boden stark absenkt und man nach unten steigen kann, um auf jene Ebene zu gelangen, auf der die Archäologen das alte Nazareth ausgegraben haben. Von da erreicht man linker Hand eine in Stein gehauene Höhle. Es ist der Überlieferung nach jener Ort, an dem (oder besser gesagt über dem) das Haus von Nazareth gestanden hat. Natürlich ist von dem Haus heute nichts mehr zu sehen, es ist ja – so die einhellige Tradition – nach Loreto übertragen worden.

Woher aber weiß man, dass es genau hier gestanden hat? Große Säulen aus der Kreuzfahrerzeit beweisen, dass die Kreuzritter diesen Ort bereits kannten und zu Ehren der Verkündigung eine herrliche Kirche erbauten. Aber das archäologisch geschulte Auge kann unter den vielen erhaltenen Säulen, Mosaiken und Mauerresten noch viel mehr zuordnen. Der Kreuzfahrerkirche aus dem 12. Jahrhundert geht die Kirche der Byzantiner aus dem 5. Jahrhundert voraus, welche wiederum als Vorgänger eine Synagogen-Kirche aus dem 2./3. Jahrhundert hatte. Ein besonders erstaunlicher Fund gelang im Jahre 1895, als der Franziskaner Benedikt Vlaminck im Westteil der Engelskapelle (der Kapelle, die sich am Eingang der Verkündigungsgrotte befindet) nach dem Wegräumen einer dreifachen Mauer auf das sogenannte Konon-Mosaik stieß. Die griechische Inschrift des Mosaikmusters nennt den Namen des Diakons Konon aus Jerusalem. Experten datieren die Inschrift etwa in die Mitte des 5. Jahrhunderts.

Warum hat der Diakon Konon aus Jerusalem gerade hier eine »Votivtafel« gestiftet? Nach einem Bericht der »Passio« erlitt ein Christ namens »Konon« in der Verfolgung des Decius (249–251) den Märtyrertod in Magydas in Kleinasien. Beim Verhör vor dem römischen Richter sagte er: »Ich bin aus der Stadt Nazareth in Galiläa, ein Verwandter Christi, dem ich von meinen Vorfahren her diene.« Was für ein kostbares Zeugnis für die Tradition an dieser geheiligten Stätte. Besonders interessant ist, was der Kirchengeschichtsschreiber Eusebius († 339) in Bezug auf die »Herrenverwandten« schreibt, die noch im dritten Jahrhundert in Nazareth lebten und ihre Abstammung kannten. Zwar hat Herodes der Große alle offiziellen Stammregister der Juden vernichten lassen, um seine eigene idumäische Herkunft zu verheimlichen, doch Eusebius kommentiert dazu:

»Einige jedoch konnten, weil sie sich entweder aus dem Gedächtnis oder durch Benutzung von Abschriften Privatregister besorgt hatten, sich rühmen, die Erinnerung an ihre Abstammung gerettet zu haben. Zu diesen gehörten auch jene, welche wegen ihrer Beziehungen zu dem Geschlechte des Erlösers ›Herrenverwandte‹ genannt wurden und welche sich von den jüdischen Dörfern Nazareth und Kaukab aus über das übrige Land ausgebreitet […] hatten.« (Hist. ecc. I,7)

So weit Eusebius. Ein besonders schöner Gedanke, dass hier in Nazareth noch im dritten Jahrhundert Verwandte unseres Herrn lebten. »Das Wort ist Fleisch geworden und hat unter uns gewohnt.« Für die Juden waren die Geschlechterlisten von höchster Wichtigkeit. Aus einem einfachen Grund: Der Messias musste nachweisen, aus dem königlichen Geschlecht Davids zu sein, denn diese Abstammung ist prophezeit. Nicht umsonst beginnt das Matthäusevangelium mit dem »sefer toldot«, der Geburtsrolle Jesu. Das ist auch ein sehr schwerwiegendes Argument gegen den Glauben, der Messias werde erst noch kommen. Wie soll dieser Messias die Prophezeiung der Abstammung erfüllen, wenn die Geschlechterlisten verlorengegangen sind? Nicht umsonst heißt es in der Heiligen Schrift: »Als die Fülle der Zeit gekommen war.« Christus allein kann all diese Prophezeiungen auf sich beziehen, und nur so gehen sie in Erfüllung. »Hine, ha alma hara.« – »Siehe, eine Jungfrau wird empfangen.« (Is 7,14)

Wir betreten ehrfurchtsvoll den Raum in der Höhle und knien zum Gebet hin. Man muss schon großes Glück haben oder sehr früh morgens erscheinen, will man an diesem Ort der Menschwerdung des Wortes allein sein für Gebet und Betrachtung. Meist finden an dem direkt vor der Engelskapelle aufgestellten Mahltisch Gemeinschaftsfeiern statt. Dann verweigern die Franziskaner, die ja die meisten heiligen Stätten im Heiligen Land betreuen, den Zutritt.

Links am Eingang der Grotte erinnern die bereits erwähnten zwei Säulen an die alte Kreuzfahrerkirche. Eine trägt den Namen »Säule Mariens«, die andere den Namen »Säule Gabriels«. Sie sollen den Ort kennzeichnen, an dem der Engel die heilsgeschichtlich größte Botschaft der reinsten Jungfrau überbrachte. In der Grotte befindet sich ein Altar mit einer weißen

Marmorplatte. Der Ort vor dem Altar ist tausendfach berührt und geküsst. Auch ich berühre ihn, streiche mit meinen Händen über den weißen Marmor und lege meinen Rosenkranz darauf. »Verbum caro hic factum est.« – »HIER ist das Wort Fleisch geworden.« Gott sei Dank besitzt die Kirche eine universale Weltsprache, und zwar schon seit einer Zeit, da das heutige Englische noch nicht einmal existierte. Jeder versteht diese Worte, von wo auch immer er kommt, welche Muttersprache er auch immer spricht: »Et verbum caro factum est« beten wir täglich im Engel des Herrn. Würde man den englischen Gruß hier beten, dürfte man zu Recht das »hic« einfügen, wie es in den goldenen Buchstaben auf dem weißen Marmor erglänzt: »hier«. Hier hat die Erlösung ihren Ausgang genommen. Dieser Ort ist der Grund, warum Gott dem Judenvolk das Land Israel geschenkt hat. Hier findet die Gottesgegenwart des Alten Bundes ihre Vollendung. Gott war bei dem Volk Israel, am Tag in der Wolkensäule und in der Nacht in der Feuersäule. Als Salomon den Tempel einweihte – so sagt es die Schrift – war Gott gegenwärtig. Hier aber ist unendlich viel mehr geschehen. Hier hat Gott die Welt berührt in einer nie gekannten Weise. Der Unendliche hat sich im Schoß der Jungfrau der menschlichen Natur verbunden. Emmanuel – Gott mit uns! Welcher Glaube, welche Religion hat einen Gott, der auch nur etwas annähernd Vergleichbares getan hätte?

Sind wir Christen nicht die Einzigen, die beweisen können, dass Gott die Liebe ist? Wenn ein ungläubiger Atheist mich fragen würde: Wie beweist du, dass Gott die Liebe ist? Dann würde ich ihm sagen: Wer liebt, will bei seinem Geliebten sein. Gott wollte bei den Menschen sein, nicht nur durch das Bewirken von äußeren Zeichen wie Wind und Feuer (vgl. Moses Dornbusch, der Tempel oder auch das Pfingstwunder) oder verborgen als der Urheber und Schöpfer aller Dinge, sondern ganz. Er wollte den Menschen gleich werden und unter ihnen leben. Dazu ist unser Gott, der wahre und einzige, aus der Jungfrau Maria geboren, Mensch geworden. Keine andere Religion der Erde, und wäre sie noch so groß an der Zahl ihrer Anhänger, hat einen solchen Gott. Niemand kann diese Worte aufschreiben, vor denen ich in diesem Augenblick knie: »Et verbum hic caro factum est!« Niemand besitzt ein Nazareth, nur wir Christen.

Niemand besitzt eine Muttergottes, es sei denn, er würde sich zum katholischen Glauben bekennen.

Bei der Betrachtung in der Verkündigungsgrotte frage ich mich, ob man wohl auf Gottes Pläne stolz sein darf? Isaias nennt vier Namen Jesu, deren erster lautet: »Paelae jo'etz« – »Wunderrat«. Die Menschwerdung ist wahrlich ein wunderbarer Ratschluss Gottes! Mitten in diesen Gedanken kommt ein Franziskaner und drängt uns hinauszugehen. Eine Gruppe von Italienern will den Raum zum Gebet verwenden. Gehorsam nehmen wir Abschied. In den zwei folgenden Tagen werden wir noch manches Mal Zeit haben, um zum stillen Gebet zurückzukehren, an diesen Ort, an dem der »Wunderratschluss« Gottes Wirklichkeit wurde.

2. Der Brunnen von Nazareth und sieben Tage Hochzeit

Nachdem wir die Verkündigungskirche verlassen haben, geht es durch die Straßen von Nazareth. Es ist ein schöner Frühlingsmorgen. Um uns herum das geschäftige Leben des Bazars. Wer als Mitteleuropäer zum ersten Mal ein Land jenseits des Bosporus besucht, wird über diese Märkte nicht wenig erstaunt sein. Alles ist da zu finden, was man sich nur denken kann. Eine Unmenge von Dingen hängen, stehen, liegen vor den Geschäften, die, aneinandergereiht wie die Bienenwaben, den Zouk säumen. »Zouk« ist das arabische Wort für »Markt«. Der Zouk ist mehr als nur ein Ort des Einkaufs, er ist der Mittelpunkt des orientalischen Lebens. Kinder spielen zwischen den Orangen- und Bananenkisten, die mitten auf der Straße hoch aufgestapelt stehen, geschäftige Kaufleute tragen Waren durch das Gemenge, an den Ständen wird um den Preis gefeilscht, vollverschleierte Frauen wühlen in Kisten mit Billigspielzeug aus China und Nike-Turnschuhen. Alte Männer sitzen vor den Häusern und betrachten die Touristen. Meist rauchen sie eine Wasserpfeife, spielen Backgammon oder sitzen einfach nur da, spielen mit der »Kette der 99 Namen Allahs«. (Falls es Christen sind, dann mit dem Rosenkranz.) Melonengroße Pampelmusen, Datteln, Feigen, Mandeln, Pistazien, Zimtstangen, Haselnüsse, Sesam, Mais, Kichererbsen, Sonnenblumenkerne – alles turmhoch aufgestapelt, zum Herausschöpfen und Abwägen bereit. Dadurch wird eine Wanderung durch den Zouk auch für den Geruchssinn ein wahres Abenteuer: Chili, Gewürznelken, Ingwer, Kardamom, Koriander, Kreuzkümmel, Muskatnuss, Paprika, Pfeffer, Safran und Zimt sind nur einige wenige der vielen erlesenen orientalischen Gewürze, die der Nase des Besuchers im wahrsten Sinn des Wortes den Atem rauben!

Wir drängen uns durch den Basar, um zur Marienquelle zu gelangen. Der Überlieferung nach ist es der Ort, an dem die Gottesmutter Wasser für den Haushalt holte. Nach etwa zwanzig Minuten Fußmarsch erreichen wir den von Olivenbäumen gesäumten Platz, in dessen Mitte der Brunnen steht. Wir halten an der Brunnenmauer inne. Ein schöner Gedanke, dass die reinste Jungfrau vor 2.000 Jahren wohl täglich hierher kam, um

Wasser zu schöpfen, so wie alle Frauen des kleinen Dorfes es taten. Bestimmt wurde schon damals viel geredet, wurde der Dorfklatsch an diesem Ort erzählt.

Vor dem geistigen Auge des Pilgers steht die reinste Jungfrau, wie sie ihren Krug in das Wasser senkt. Die übrigen Frauen wissen bereits: Miriam spricht nicht viel. Sie lächelt immer und grüßt freundlich. Man hat sie noch nie ein spitzes Wort sagen hören. An den Gesprächen die Sarah, Deborah und Rahel führen – die drei größten Klatschtanten des Dorfes – ist sie nie beteiligt. Obwohl sie so schweigsam ist, ist sie hilfsbereiter als alle anderen: Wenn die alte Rebekka kommt, hilft sie ihr, den schweren Krug nach Hause zu tragen, dann erst nimmt sie den eigenen. Seit einiger Zeit kommt Miriam nicht mehr selber, ihr Sohn Joshua trägt jetzt den Wasserkrug. Er ist noch klein, doch hilft er schon fleißig mit. Hat er den Krug nach Hause gebracht, spielt er manchmal mit den übrigen Kindern am Brunnen. Nach dem Spiel, wenn alle durstig sind, teilt er den übrigen Kindern gerne vom Wasser aus. »Ich bin das lebendige Wasser«, wird er einmal zu den Menschen sagen. Wie unsagbar verborgen ist doch die ewige Weisheit hier dreißig Jahre geblieben! Als Jesus sich anschickt, das Werk der Erlösung mit der Verkündigung des Gottesreiches zu beginnen, da fragen die Leute voller Erstaunen: »Ist das nicht der Sohn des Zimmermanns?« »Sind nicht seine Brüder und Schwestern alle unter uns? Woher hat er diese Weisheit?«

Mein Mitbruder fasst mich an der Schulter: »He, was starrst du so ins Wasser?« »Nichts«, murmle ich. »Auf dem Wasser spiegelt sich die Sonne so schön.«

Zwei orthodoxe Priester gehen an uns vorbei. In etwa fünfundzwanzig Meter Entfernung vom Marienbrunnen befindet sich die Kirche der orthodoxen Griechen. Wir treten in das Halbdunkel und finden im Innern eine Grotte mit einer Wasserquelle. Darüber hängt ein Marienbild mit einem besonderen Motiv: Maria, stehend, in deren Schoß das ebenfalls aufrecht stehende Jesuskind gemalt ist. »Und gebenedeit ist die Frucht deines Leibes!« Auf dem Rückweg nehmen wir einen anderen Weg und kommen an den Geschäften von Handwerkern vorbei. Es gibt auch Tischler unter ihnen. Man kann schon von außen sehen, ob der Inhaber ein Katholik oder ein Moslem ist. Wenn es ein Christ ist, hängt mit Sicherheit irgendwo ein Marienbild an der Wand. In eine solche Werkstatt treten wir ein und sprechen ein wenig mit dem »Zimmermann« von Nazareth. Er ist gerne bereit, das Ave Maria auf Arabisch auf mein Diktiergerät zu sprechen. »Salamualeiki ja Mariam!« »Der Friede sei mit dir, Maria.« »Mubarak antefenissa.« – »Du bist gebenedeit unter den Weibern.«

Das ist sicher für jeden Europäer eine neue Erfahrung: Wenn wir Arabisch hören, verbinden wir die Worte dieser Sprache automatisch mit dem islamischen Kulturkreis. Was aber viele nicht wissen: Die arabischen Christen in Nazareth und in Palästina verwenden für Gott natürlich auch das Wort »Allah«, es ist ja das arabische Wort für Gott. Nur meinen sie dabei nicht den »Allah« Mohammeds, sondern sie meinen den wahren Gott, den »Isa« (Jesus auf Arabisch) uns gelehrt hat, welcher dreifaltig ist und seinen Sohn in die Welt gesandt hat.

Der Zimmermann – oder nach unserem Verständnis Tischler – ist auch gerne bereit, für ein Foto seine Schleifarbeit an seinem Holzstück zu unterbrechen. Bestimmt wird er oft von Besuchern um diesen kleinen Dienst gebeten. Wer möchte nicht gerne zu Hause ein Bild von einem Zimmermann aus Nazareth zeigen?

Der Nachmittag ist ideal für eine Rundfahrt in Richtung Norden, zu den heiligen Stätten Kana, Tabor und Naim. Unser Leihauto kommt uns da sehr zu statten, denn mit den öffentlichen Bussen sind diese Plätze nur schwer zu erreichen. Viele Heilig-Land-Pilger sind mit Reisegesellschaften unterwegs, in Reisebussen mit bis zu fünfzig Sitzplätzen. Wir müssen anhand der Israelkarte die Stätten selbst suchen, was uns auch in den meisten Fällen gelingt. Man möge das nicht unterschätzen: An vielen Nebenstraßen gibt es so gut wie überhaupt keine Straßenschilder; wer den Weg nicht weiß, weiß ihn halt einfach nicht. Kleine Dörfer entbehren nicht selten jeder Kennzeichnung durch ein Ortseingangsschild. So kommt es, dass wir erst einige Male anhalten müssen, um nach dem Namen des Dorfes zu fragen. Irgendwann bestätigt uns dann ein Fußgänger: Ken. (Hebräisch für »Ja«).

Allerdings gibt es hier eine kleine historische Schwierigkeit: Zwei Dörfer in Galiläa streiten sich um den Ehrentitel, jener Ort zu sein, an dem Christus das erste Wunder wirkte: Die Franziskaner hüten in einer Kirche in dem Ort Kafr Kenna das Andenken an das erste Wunder Jesu. Das andere Kana (etwa neun Kilometer Luftlinie entfernt) trägt heute den Namen Chirbet Kana und ist nur noch ein Ruinenhügel. Kroll, der wohl berühmteste Archäologe des Heiligen Landes, bemerkt hierzu in seinem Buch »Auf den Spuren Jesu«, dass die Beschreibungen des berühmten Kreuzfahrerchronisten Burchard, der um das Jahr 1290 seine »Descriptio terrae sanctae« verfasste, nur auf den heutigen Ruinenhügel zutreffen können. Weiter schreibt er: »Chirbet Kana bedeutet ›Ruine Kana‹; ›Kafr Kenna‹ dagegen das ›Dorf der Schwiegertochter‹. Es wäre schwer verständlich, wenn in christlicher Zeit der Ort des ersten Wunders Jesu seinen biblischen Namen Kana mit dem doch nichtssagenden ›Kafr Kenna‹ – ›Dorf der Schwiegertochter‹ vertauscht hätte. Erst im 17. Jahrhundert wurde das Andenken an die Hochzeit zu Kana in das ›Dorf der Schwiegertochter‹ verlegt. Der Wechsel bahnte sich an, als 1566 die Orthodoxen in Kafr Kenna eine Kirche errichteten. Der Verfall des biblischen Kana am Nordrand der Battof-Ebene und der ungefähre Gleichklang beider Namen »Kana« und »Kenna« erleichterten es, das Wunder Jesu in Kafr Kenna zu lokalisieren. Die Franziskaner, die bislang die Pilger nach Chirbet Kana geführt hatten, schlossen sich der neuen Tradition an, als sie 1641 in Kafr Kenna ein Grundstück erwerben konnten. Dazu kam noch der Vorteil, dass dieser Ort an der Straße von Nazareth nach Tiberias lag, so dass die Pilger auf dem traditionellen Wege zum See Genezareth Gelegenheit erhielten, auch das erste Wunder Jesu in Galiläa zu verehren.«[1]

Diesen Vorteil nützen auch wir und stehen in der schönen Kirche der Franziskaner. »*Nuptiae factae sunt in Cana Galiläa*« steht in lateinischen Lettern über dem Eingangsportal der Kirche aus blendend weißem Senon-Kalkstein: »Hochzeit ward gehalten in Kana im Lande Galiläa.« Die kleine Franziskanerkirche mit schönen Gemälden, die an das erste Wunder Jesu erinnern, ist wahrlich ein Schmuckstück. Es ist nicht wirklich ein Verlust, diesen Ort zu verehren, wenn auch das Wunder aller Wahrscheinlichkeit nach in dem neun Kilometer entfernten Chirbet Kana stattfand. Nicht nur, dass Christus seine göttli-

---

1 Gerhard Kroll, Auf den Spuren Jesu, Leipzig 1988, S. 181

che Macht zum ersten Mal bei einer Hochzeit offenbarte, die Hochzeit spielt im gesamten Evangelium eine zentrale Rolle: Die klugen und die törichten Jungfrauen eilen zu einer Hochzeit, Jesus selbst vergleicht das Himmelreich mit einer Hochzeit, zu der manche Geladene nicht kommen wollen, die Offenbarung des Johannes beschreibt die Hochzeit des Lammes, und schließlich sieht sich Johannes der Täufer als Teil einer Hochzeit, nämlich als der Freund des Bräutigams. Es ist darum für uns sehr aufschlussreich zu wissen, *wie* eine Hochzeit im Orient zur Zeit Jesu gefeiert wurde. Die höchst interessanten Ausführungen von Kroll möchte ich daher nicht kürzen. Sie mögen dem Leser für Gebet und Betrachtung hilfreich sein. Die Kirche gedenkt dieser Hochzeit in ganz besonderer Weise in der Zeit nach Epiphanie, denn Epiphanie heißt Erscheinung, und auf der Hochzeit zu Kana ist Jesus zum ersten Mal als der Wundertäter erschienen.

Der Bericht des Evangelisten lässt vermuten, dass Jesus mit Natanael, Simon Petrus, Andreas, Philippus und Johannes in Kana erst ankam, als die Hochzeitsfeierlichkeiten schon in vollem Gange waren. Einige Hochzeitssitten der Juden haben uns die Rabbinen in der Mischna überliefert. Den wesentlichen Teil und den eigentlichen Höhepunkt der Feier bildete die Überführung der Braut aus dem Elternhaus in das Haus des Bräutigams oder von dessen Vater. Nach jüdischer Sitte wurde ein Mädchen mit zwölfeinhalb Jahren als heiratsfähig betrachtet. Der Heirat musste aber noch die Verlobung vorausgehen, die ein ganzes Jahr dauerte. Gewöhnlich erfolgte die Einholung der Braut am Abend des ersten Festtages. Der Bräutigam zog mit seinen Familienangehörigen und Freunden in festlichem Gewande und mit dem Turban auf dem Haupt zum Hause der Braut. Dort wurde er von den Freundinnen der Braut, die dem nahenden Bräutigam entgegengingen, empfangen.

Auf diese Hochzeitssitte weist Jesus im Gleichnis von den klugen und den törichten Jungfrauen hin: »Dann wird das Himmelreich zehn Jungfrauen gleichen, die ihre Lampen nahmen und dem Bräutigam entgegen zogen.« (Mt 25,1) Einer jahrhundertealten, fest eingebürgerten Tradition folgend, übersetzten die Kommentare das griechische Wort *»lampades«* mit dem ähnlich klingenden Wort *»Lampen«*. Man denkt dann sofort an die kleinen tönernen Öllämpchen, wie man sie zu Tausenden bei Ausgrabungen und in alten Gräbern gefunden hat. [...] In Wirklichkeit sind die im Gleichnis erwähnten »*lampades*« – »*Fackeln*« –, wie sie bei orientalischen Hochzeitszügen gebraucht wurden. Es sind dies lange Stangen, um deren oberes Ende große, ganz mit Olivenöl gesättigte Lappen gewickelt sind. Da diese Fackeln nur eine geringe Brenndauer haben, müssen sie immer neu mit Öl getränkt werden; darum wird in einem kleinen Krug das Öl zum Nachgießen mitgeführt.

Mit den lodernden Fackeln zogen die Jungfrauen in feierlichem Festzug bis zum Hochzeitshause, wo sie Tänze und Reigen mit den Fackeln in der Hand aufführten, bis diese erloschen. Die noch verschleierte Braut erwartete den Bräutigam festlich geschmückt im Hause. Nachdem der Vater der Braut als Abschiedsgruß ein kurzes Segenswort gesprochen, setzte sich der Hochzeitszug, begleitet von den Jungfrauen mit den brennenden Fackeln, unter Musik und Paukenschlag in Bewegung. Die Braut saß in einer Sänfte, nach einigen rabbinischen Berichten mit losem, niederwallendem Haar und unverhüllten Angesichts, so dass jedermann ihre Schönheit bewundern oder auch kritisieren konnte.

In welch hohem Ansehen der Hochzeitszug stand, der als der eigentliche Trauungsritus galt, zeigt eine Bemerkung der Mischna. Die Schriftgelehrten lobten den König Herodes Agrippa I., dass er rücksichtsvoll gehandelt habe, als er vor einem entgegenkommenden Hochzeitszug vom Wege abbog, um nicht zu stören. Nach der Lehre der Schriftgelehrten war es ein verdienstliches Werk, einer Braut das Geleit zu geben. Humorvoll bemerkt die Mischna: »Noch die Sechzigjährige läuft dem Paukenschlag nach wie die Sechsjährige.« Selbst die abgeklärten Rabbinen unterbrachen ihr Torastudium, um mit ihren Schülern der Braut diesen Liebesdienst zu erweisen. Kurz gesagt: das ganze Dorf war auf den Beinen.

Wer die Gleichnisse Jesu aufmerksam liest, wird darum nicht überrascht sein, wenn immer wieder das Motiv der Hochzeit, der Braut und des Bräutigams in seinen Worten anklingt. Ja noch mehr: In den Bildern der Hochzeit und des Hochzeitsmahles bringt Jesus die Herrlichkeit der messianischen Zeit zur Anschauung. Singend und tanzend, mit einem Myrtenzweig in der

Hand, gelangten die Hochzeitsgäste zum Haus des Bräutigams. An der Hochzeitstafel erreichte der Jubel seinen Höhepunkt.

Das Hochzeitsmahl, bei dem die Lichter brannten, erhielt durch den Segensspruch, der bei einem Becher Wein für das Brautpaar gesprochen wurde, seinen religiösen Charakter. Nach der Heiligen Schrift galt der Hochzeitsjubel als Ausdruck höchster Freude. Darum waren auch die Freunde des Bräutigams, die während der ganzen Hochzeit mit Gesang und Tanz für die Unterhaltung des Brautpaares sorgen mussten, von manchen religiösen Übungen befreit, z. B. vom Fasten und vom Achtzehngebet.

Jesus erinnert an diese Sitte in seiner Antwort an die Jünger des Täufers: »Warum fasten wir und die Pharisäer häufig, deine Jünger aber fasten nicht?« Jesus antwortete ihnen: »Können denn die Hochzeitsgäste trauern, solange der Bräutigam in ihrer Mitte ist? Es wird aber die Zeit kommen, da ihnen der Bräutigam genommen ist, und dann werden sie fasten.« (Mt 9,14. 15)

Die Leitung der ganzen Festlichkeit lag in den Händen eines Freundes des Bräutigams. Die ehrenvolle Stellung dieses Amtes erwähnt Johannes der Täufer, der sich mit dem »Freund des Bräutigams« vergleicht: »Wer die Braut hat, ist der Bräutigam. Der Freund des Bräutigams, der dabeisteht und ihn hört, freut sich herzlich über die Stimme des Bräutigams. Diese meine Freude ist mir vollauf gewährt worden.« (Joh 3, 29)

Nach jüdischer Sitte dauerte die Hochzeitsfeier bei einer jungfräulichen Braut sieben Tage, bei einer Witwe drei Tage. Täglich aber kamen und gingen neue Gäste. Nur die Brautführer hatten die volle Woche beim Brautpaar auszuhalten. Die Bewirtung der Gäste lag in den Händen eines Speisemeisters. Wenn eine Hochzeitsfeier also sieben Tage dauerte, dann ist es gar nicht verwunderlich, dass der Wein ausgehen konnte, auch in Kana. Mit wenigen kurzen Sätzen schildert uns der Augenzeuge Johannes den Sachverhalt: Joh 2,3–10. Diese kurzen, so einfach scheinenden Sätze des Evangelisten sind aber nicht leicht zu deuten. Johannes will etwas wirklich Geschehenes erzählen, aber nicht um des materiell geschehenen Ereignisses willen, sondern weil er darin ein tieferes Zeichen sah. Alles hat darum für ihn einen tieferen Sinn. Es geht ihm nicht nur um ein konkretes Wunder, um eine wunderbare Hilfe für die in Verlegenheit geratene Hochzeitsgesellschaft, sondern um das Offenbarwerden einer neuen Wirklichkeit: »Christus ist das, was er spendet.« Das Kanawunder muss im Zusammenhang mit den anderen Wundern und mit den Selbstaussagen Jesu im Johannesevangelium gesehen werden.

Wie Jesus bei der Auferweckung des Lazarus diesem das Leben gibt, weil »Jesus das Leben« ist; wie Jesus dem Blindgeborenen das Licht der Augen gibt, weil »Jesus das Licht der Welt« ist; wie Jesus bei der Brotvermehrung die Menschen mit Brot speist, weil »Jesus das Brot des Lebens« ist, so wird das Weinwunder in seiner ganzen Tiefe erst verständlich, wenn wir im wunderbar gespendeten Wein das Symbol sehen für Jesus als den Wein des Lebens: »Ich bin der wahre Weinstock.«

Wie das Brotwunder, so weist auch das Weinwunder auf die entscheidende Hingabe im Leben Jesu hin, auf die Hingabe des Leibes und Blutes des Herrn. Jesus IST das Brot des Lebens, indem er sein Fleisch als Nahrung für das ewige Leben reicht; und Jesus IST der Wein des Lebens, indem er sein Blut als Trank zum ewigen Leben gibt.« (a.a.O. S. 181f)

3. Der Berg der Berge

Von Kana geht es weiter die Straße nach Norden in Richtung See Genezareth. Doch bevor wir zum galiläischen Meer kommen, biegen wir rechts ab und folgen der Straße Richtung Süden, zum Tabor. Die Araber nennen ihn heute noch Dschebel al-Tur, d.h. einfach »der« Berg. Auch in der Heiligen Schrift kennzeichnet Lukas mit dem bestimmten Artikel den Ort der Verklärung: »Jesus stieg auf *den* Berg.« (Lk 9,28) Es ist, als müsse einfach jeder diesen Berg kennen. Zwar ist er nach unseren Verhältnissen nicht übermäßig hoch (588 m), aber er ragt weithin sichtbar über die fruchtbare Jezreel-Ebene hinaus und hat schon zu allen Zeiten die Menschen durch seine Schönheit und Regelmäßigkeit beeindruckt. Seine Form gleicht einem Kegel von solcher Regelmäßigkeit, als hätte ein Architekt ihn abgezirkelt. Der heilige Hieronymus gab seinem Staunen Ausdruck, wenn er über den Tabor bemerkte, er verfüge über eine »*mira rotunditas*« eine »bewundernswerte Rundheit«.

Diesen Berg nun hat Christus auserwählt für jenen einzigartigen Augenblick, den vielleicht schon die Hirten von Bethlehem ersehnten, über den die Bewohner von Nazareth gestaunt hätten, der den Hohen Rat von Jerusalem vor Bewunderung in die Knie gezwungen hätte: Christus zeigt den Glanz seiner göttlichen Natur. Für einen Augenblick lässt der Menschensohn es geschehen, dass seine Gottheit sozusagen für die menschlichen Sinne greifbar wird: »Da wurde er vor ihren Augen umgestaltet. Sein Gesicht leuchtete wie die Sonne, und seine Kleider wurden glänzend wie das Licht.« (Mt 17,2) Nur die drei dem Herrn am nächsten stehenden Apostel (Petrus, Jakobus und Johannes) durften diesen Lichtstrahl des Ewigen sehen, und zwar durch die verklärte Menschheit Jesu hindurch. An der Reaktion des Petrus erkennen wir, was diese Schau bedeutet: Es löst in der Seele ein unsagbares Glücksgefühl aus. So gesehen durften die drei einen Tautropfen des ewigen, unfassbaren Glückes der Anschauung Gottes im Himmel bereits hienieden kosten. Genau darin besteht das ewige Leben, dass sie »dich erkennen, den allein wahren Gott, und den du gesandt hast, Jesus Christus«. (Joh 17,3)

Pfarrer Milch pflegte hierzu stets zu bemerken, dass die meisten Menschen ein völlig falsches Bild von der Ewigkeit haben, weil man so schön betet: Herr, gib ihnen die ewige RUHE. Und bei ewiger Ruhe denkt man sich die Anschauung Gottes als eine Art Friedhofsruhe, wo die Seelen wie Wachkomapatienten die Zeit verdämmern. Die Schau Gottes oder *visio beatifica*, wie Thomas sagt, ist genau das Gegenteil: Sie ist höchstes Leben, ist pulsierende Kraft, ist völlig absorbierendes Glück, ein Hineingeworfenwerden in das unfassbare Geheimnis der Dreifaltigkeit, höchste Tätigkeit und höchste Ruhe in unsagbarer Erfüllung aller Seelenkräfte. Kein Wunder, dass Petrus, der impulsivste von den Dreien, seinem Glück Ausdruck verleihen und es festhalten will. Immer wieder kommt die handwerkliche und praktische Seite des Petrus zum Vorschein, der von Beruf eben einfacher Fischer war. Als er Jesus zum ersten Mal sah, war er dabei, Netze zu flicken. Als die Tempelsteuer fällig wird, packt er seine Angel wieder aus. Als es brenzlig wird, fuchtelt er mit dem Schwert herum und schlägt dem Malchus ein Ohr ab. Als alle traurig in Galiläa auf den Auferstandenen warten, sagt er: »Ich gehe fischen.« Hier auf dem Tabor sprudelt sein Herz über: »Herr, hier ist gut sein. Wenn du willst, baue ich hier drei Hütten, eine für dich, eine für Mose und eine für Elija.« (Mt 17,4) – Der gute Petrus!

Es mag erstaunlich klingen und rational nicht erklärbar sein, aber es ist, als wäre ein Hauch dieser göttlichen Verklärung an diesem Ort hängengeblieben. So wie die Pollen an den Bienen hängenbleiben, so wie Kleider geheiligt sind durch den, der sie getragen hat, und wir sie als Reliquie verehren, so war dieser Berg einmal einen kurzen Augenblick eingetaucht in ein Licht, das nicht von dieser Welt ist. Heißt es nicht in den Anrufungen der Herz-Jesu-Litanei »Sehnsucht der ewigen Hügel«? Damit steht dieser Berg dem Gottesberg Horeb, auch Sinai genannt, in nichts nach, der geheiligt ist durch den Dornbusch, das Feuer Gottes, das verzehrt und doch nicht zerstört. Aber ist das Licht aus dem Herzen Jesu, aus dem Innern des menschgewordenen LOGOS, nicht tausendmal mehr als der Dornbusch? Von jenem Ort hieß es: »Ziehe die Schuhe von den Füßen! Denn der Ort, an dem du stehst, ist heiliger Boden.« (Ex 3,5)

Mit ehrfurchtsvoller Scheu wandern wir also die Zypressenallee entlang, die den breiten Zugangsweg zum Ort der Verklärung säumt. An deren Ende leuchten uns bereits die großen

Steinquader entgegen, aus welchen die herrliche Franziskanerkirche im syrischen Stil erbaut ist. Zwei wuchtig-große Türme flankieren die längliche, dreischiffige Kirche, überragen den Platz weithin sichtbar und platzieren sich so selbstbewusst, dass sie sogar mehr als fünf Meter aus der Hauptfassade hervorragen, an welche sie sich eigentlich anschmiegen müssten, ginge man von einer gewöhnlichen Kirchenfassade aus. Weil die Turmvorsprünge wiederum mit einer kleinen Fassade aus Rundbogen und Giebel verbunden sind, entsteht vor dem eigentlichen Eingang zur Kirche eine Art dachlose Vorhalle. Erst wenn man diese betritt, sieht man an der Hauptfassade die großen, in Marmor gemeißelten Buchstaben aus dem 17. Kapitel des Matthäusevangeliums: »*Assumit Jesus Petrum.*« – »Jesus nahm den Petrus, Jakobus und Johannes mit auf einen hohen Berg.« (Mt 17,1) Architektonisch und von ihrer Lage her gesehen ist dies wohl eine der schönsten Kirchen im Heiligen Land. Sicher, die Altehrwürdigkeit der Grabeskirche mit den heiligsten Stätten der Erlösungsgeschichte ist mit nichts anderem zu vergleichen. Aber die liegt verborgen in der Altstadt von Jerusalem und ist mit Unmengen von Profanbauten so überwuchert wie einst das Schloss von Dornröschen mit Dornenranken. Gäbe es nicht ihre große Kuppel, man könnte sie nicht mehr vom Stadtbild unterscheiden. Die Verklärungskirche auf dem Tabor ist das genaue Gegenteil: Sie ist weithin sichtbar wie ein schneebedeckter Gipfel in einem frühlingsgrünen Tal.

Die frühesten Berichte von Pilgern gehen ins 4. Jahrhundert zurück. In der Kreuzfahrerzeit gründeten deutsche Benediktiner ein Kloster auf dem Tabor, das sie aber nach der Niederlage der Kreuzfahrer bei der Schlacht von Hattin (1187) wieder aufgeben mussten. Kloster und Kirche sanken in Trümmer, die noch heute vor der in den Jahren 1921 bis 1924 errichteten Verklärungsbasilika zu sehen sind. Die beiden bereits erwähnten Türme der Fassade erheben sich über den alten Kapellen des Mose und des Elija. Im Innern der Basilika führt vom Hauptschiff eine breite Treppe zu einer offenen Krypta, in der die Apsis und der alte Altar der byzantinischen Kirche noch erhalten sind. Leider ist dort gerade ein nachkonziliares Gemeinschaftsmahl im Gange, sodass wir die einladende Erhabenheit des Kirchenraumes schwerlich zu betrachtendem Gebet nutzen können. Auch draußen sieht die Lage nicht besser aus, denn auf den übermosten Steinquadern des ehemaligen Klosters hat sich eine, wie es scheint, neokatechumenale Gruppe niedergelassen, um dem in ihrer Mitte mit durchdringender Stimme Begeisterung verbreitenden Redner (flankiert von einem mit einer Gitarre bewaffneten Vorsänger) zu lauschen. Also wandern wir – vorbei an einem gelben Mimosenbaum und zart rötlich violetten Drillingsblumen – auf dem weitläufigen Plateau umher, und unser Blick kann sich nicht sattsehen an dem herrlichen Panorama. Bei klarer Sicht kann man sogar bis zum See Genezareth sehen. Es ist, als würde ich all diese Eindrücke fast trinken, um diesen heiligen Ort fest im Gedächtnis zu bewahren. Lukas, der Evangelist, gibt uns hier die Gottesmutter zum Vorbild: »Maria aber bewahrte alle diese *Worte* in ihrem Herzen.« (Lk 2,19) So gilt mit einer ganz kleinen Abwandlung für den Heilig-Land-Pilger: Er bewahrt alle diese Orte in seinem Herzen.

»Eine Frage ist noch offen«, sage ich, als wir den Bus wieder besteigen und uns zur Rückfahrt rüsten. »Warum sagt Jesus am Ende der Verklärung: ›Erzählt niemand etwas von der Erscheinung, bevor der Menschensohn von den Toten auferweckt ist.‹ (Mt 17,9)?« Die Antwort gibt der große dominikanische Theologe Garrigou-Lagrange in seinem lesenswerten Buch »Der Erlöser und seine Liebe zu uns« im 2. Kapitel. Die Tatsache, dass Gott Mensch wird, ist ein so außergewöhnliches Geschehen, dass es nur langsam geoffenbart werden konnte. Hätte Jesus unvermittelt sein Innerstes preisgegeben und sich als Gott-Mensch geoffenbart, hätten es viele vielleicht völlig falsch verstanden, oder es wäre zu einer oberflächlichen Begeisterung gekommen oder ähnliches. Denken wir nur an Pilatus, der bei den Worten »Sohn Gottes« »sich noch mehr fürchtete« und Jesus fragt: »Woher bist du?« Halbgötter wie Herkules oder Aeneas, der sagenumwobene Gründer Roms, spuken in seinem Kopf umher (vgl. Joh 19,8). Wir kennen ein ähnliches Phänomen aus der natürlichen Welt. Wenn man lange in einem sehr dunklen Raum sitzt, kann man das Sonnenlicht nicht ertragen. Das Auge muss allmählich angepasst werden. Genau so macht es Jesus mit seiner Gottheit. Er offenbart sie Schritt für Schritt, um seine Jünger und alle Menschen zum Glauben zu führen. Kana war das erste, zarte Wunder, hier auf Tabor ist der Abglanz seiner

Gottheit sichtbar, jedoch nur für drei auserwählte Menschen. Dem Rest bleibt sie verborgen. So sind die Ratschlüsse Gottes geheimnisvoll für uns Menschen und doch so beschaffen, dass sie uns zum Besten gereichen.

Als wir mit dem Bus den Berg hinunterfahren, kommt mir der gute Petrus wieder in den Sinn: »Herr, hier ist gut sein, ich will drei Hütten bauen.« Schade, dass wir nicht bleiben können.

4. Fünf Brote und zwei Fische

Als wir an diesem Morgen unsere Unterkunft in Nazareth verlassen, beschließen wir, nicht in der Klosterkirche der Schwestern zu zelebrieren, sondern in einer der Kirchen am See Genezareth. Wir besteigen wieder unseren kleinen Toyota-Bus und machen uns in Richtung Norden auf den Weg. Das Ziel des heutigen Tages ist das Nordufer, die Wahlheimat Jesu. Wir folgen der Straße bis nach Tiberias, welches bereits am Ufer des Sees liegt, um dort nach links abzubiegen auf die »via maris«, jene uralte Handelsstraße, die schon zur Zeit Christi das Landesinnere mit dem berühmten Hafen Ptolemais, dem heutigen Akko, verband.

Da wir an Tiberias vorbeifahren, nütze ich die Gelegenheit, um den Pilgern die historische Bedeutung dieser Stadt näherzubringen. Herodes Antipas ließ sie als seine prunkvolle Residenz erbauen. Seine alte Herrscherstadt Sepporis (nördlich von Nazareth) lag im Bergland von Galiläa, und die kalten Winter machten diesen Ort alles andere als angenehm. Hier unten am blauen Gestade des Sees herrschte ein ewiger Sommer. So entstand nahe bei den heißen Quellen von Amathus eine neue Stadt, die der Vierfürst – nach seinem kaiserlichen Gönner Tiberius – *Tiberias* nannte. Tiberias wird in der Heiligen Schrift nur beiläufig erwähnt (Joh 6,23), und ob Christus die Residenzstadt des Fürsten überhaupt je betreten hat, ist äußerst zweifelhaft, denn Herodes hatte bei der Errichtung einen Frevel begangen. Da ein Teil der im hellenistischen Stil erbauten Stadt mit Stadion, Forum und Akropolis – ein Gräuel des Modernismus für jeden gesetzestreuen Juden! – noch dazu auf einem Friedhof lag, blieb das Betreten der Stadt für toratreue Juden verboten. Die neue Stadtverwaltung hatte daher auch größte Schwierigkeiten, unter der jüdischen Bevölkerung der Umgebung die neuen Einwohner für Tiberias zu finden. Schließlich musste der Landesfürst, zum Teil mit Gewalt, Bewohner aus allen Gegenden zum Einzug zwingen. Josephus schreibt hierzu: »*Auch die Bettler, die im ganzen Lande aufgefangen wurden, erhielten hier Wohnung angewiesen und bekamen mancherlei Vorrechte. Um sie an die Stadt zu fesseln, ließ Herodes ihnen Häuser bauen und Ländereien zuteilen, da es ihm wohlbekannt war, dass ihnen nach jüdischen Vorschriften das Wohnen daselbst nicht gestattet war.«* (Jüd. Altert. XVIII, 2,3) Wer dächte da nicht augenblicklich an das Gleichnis des Herrn vom Hausvater, der die zum Gastmahl Geladenen herbeiholt? *»So nötigte er die Bettler und Lahmen zu kommen.«* Als Christus dieses Beispiel gebrauchte, werden seine Zeitgenossen verständnisvoll genickt haben: Ja, genau so ist es geschehen, als Herodes die Stadt Tiberias erbaute!

Wir fahren die »via maris« weiter Richtung Norden und kommen zur Ebene Gennesar, einer paradiesisch schönen Gegend am Ufer des Sees. Zur Zeit Jesu lag hier Stadt an Stadt, Dorf an Dorf: Magdala, die Heimat der heiligen Maria Magdalena, wurde von den Archäologen samt einer kleinen Synagoge vollständig ausgegraben. Hammat, Rakkat, Kinneret, Kafarnaum, Bethsaida, Chorazin sind nur die bekanntesten von ihnen. Drei hier mündende Bäche, das Wadi el-Hamman, das Wadi el-Rabadije und das Wadi el'Amud, haben eine ehemalige Bucht des Sees ausgefüllt und dadurch die große, fruchtbare Uferebene geschaffen. Schon der Talmud rühmt die Fruchtbarkeit dieser Gegend mit den poetischen Worten: »Die Früchte der Ebene Gennesar reifen so rasch wie der Hirsch läuft.«

In malerischer Schönheit liegt der See zu unserer Rechten und glänzt in der Morgensonne. Vom Ufer weg erheben sich gemächlich die sanften, grasbewachsenen Hügel des Galiläischen Berglandes. Die Gegend ist voll Liebreiz und Zierde, geradezu das Gegenteil der wüstenartigen Wadis der Jordanebene, wo Stein und Fels sich mit trockenem Sand abwechseln und nur selten ein Strauch oder einzelner Grashalm den Mut hat, dem lebensfeindlichen Umfeld ein hartes Dasein abzutrotzen. Hier ist besonders im Frühling die ganze Landschaft in saftiges Grün getaucht, überall blüht und wächst es. Man versteht, warum Christus diese Gegend als Heimat wählte: Die Gnade setzt die Natur voraus. Mit Sicherheit gibt es im ganzen Heiligen Land keinen geeigneteren Ort, die Bergpredigt zu halten. Die Kirche der Bergpredigt mit ihren weißen Arkadenbögen und der kupfergrünen Kuppel grüßt uns bereits von Ferne, dort oben auf dem Berg wollen wir am Nachmittag die heilige Messe zelebrieren. Doch vorerst machen wir am Ufer halt, an einer Stelle, die den griechischen Namen »*heptaregon*« – »Siebenquell« trägt. Der Name stammt von den sieben Quellen, die hier am

Seeufer entspringen; die wasserreichste unter ihnen heißt »Ain et-Tabga«. (»*Ain*« ist das hebräische Wort für Quelle).

Am Eingang erkläre ich meinen Zuhörern, worum es sich bei der Kirche am Siebenquell handelt. Zwei biblischen Ereignissen gilt das Gedenken an diesem Ort: dem Wunder der Brotvermehrung und der Erscheinung des Auferstandenen. Bevor wir also die erste Kirche, die Kirche der Brotvermehrung, betreten, welche im Jahre 1982 eingeweiht wurde, müssen wir – um das Geheimnis dieses Ortes zu verstehen – in den Chroniken der Ahnen blättern. Dort findet sich ein Bericht der Pilgerin Aetheria aus dem Jahr 381. Sie schreibt:

»*Dort am Meere ist eine Ebene mit viel Gras und Palmen und daneben sieben Quellen, die [unendlich] reichlich Wasser liefern. In dieser Ebene hat der Herr mit fünf Broten und zwei Fischen das Volk gespeist. Der Stein, auf den der Herr das Brot legte, ist zu einem Altar gemacht.*« Es handelt sich bei dem Bericht der Aetherea um eine der ältesten Beschreibungen des Heiligen Landes. Die erste christliche Kirche nicht nur am See, sondern in ganz Galiläa, die von einem Pilger gesehen und uns bezeugt wird, ist dem Gedächtnis der Brotvermehrung gewidmet. Sie wurde aller Wahrscheinlichkeit nach von Josef, Graf von Tiberias, im Auftrag des Kaisers Konstantin im 4. Jahrhundert erbaut. Eusebius, der Kirchenhistoriker, berichtet, dass jener erste christliche Kaiser verschiedene Kirchen in Galiläa erbauen ließ. Doch was ist aus dieser Kirche der Urchristen geworden? Arkulf, der um 670 das Westufer des Sees besuchte, beschreibt ebenfalls die viel gerühmte kleine, grasreiche Ebene am Siebenquell. Er sah aber dort kein Gebäude mehr, sondern »nur einige Steinsäulen am Rand der Quelle liegen«. Das Gras wuchs über das Ruinengelände, und jede Erinnerung erlosch. Bis im Jahre 1887 der »Palästina-Verein für das katholische Deutschland« den Uferstreifen um den Siebenquell herum erwirbt. Kroll schreibt hierzu: »*Als die ersten Siedler, zwei Bayern und zwei Westfalen, auf dem Gelände zwischen dem Tell-el-Oreme und der Talsohle des Wadi ed-Dschamus mit dem Bau ihrer Farm begannen, ahnten sie noch nicht, auf welchem welt- und heilsgeschichtlichen Boden sie standen. Schon bei den Fundierungsarbeiten ihrer Wohnhäuser stießen sie auf sorgfältig behauene Basaltsteine, Grundmauern und Mosaikreste.*« (a.a.O. 243)

Weitere Ausgrabungen im Jahre 1911 brachten dann den eigentlichen Schatz zu Tage, jenen Stein, welchen die Pilgerin Aetheria schon vor 1500 Jahren beschrieben hatte, verziert mit dem Mosaik der Brotvermehrung: Fünf Brote in einem Korb mit zwei Fischen.

Wir betreten das Innere der Basilika und betrachten den heiligen Stein, auf welchen Christus der uralten Überlieferung nach die Brote legte. Der Stein ist naturbelassen und aus dem ortstypischen Kalkstein, *Mizzi* genannt. Durch die Verehrung der vielen Pilger ist seine ursprünglich weiße Farbe fast ganz verschwunden. Das leise Plätschern des Sees und die Stille des Gotteshauses tauchen den Besucher wie von selbst ein in das, was sich hier zugetragen hat. Es ist, als würde man die Stimmen hören, nicht nur einzelne, sondern viele, ein ganzes Gewirr von Stimmen, Hunderte, ja Tausende von Menschen sind versammelt. Plötzlich tritt Ruhe ein. Alle lauschen den Worten des »ganz anderen« Rabbi, hängen an seinen Lippen, ihre Augen sind wie gebannt. Sie sind so fasziniert, dass sie alles vergessen, sogar sich selbst. Es ist genau so, wie Anna Katharina Emmerich es beschreibt: »Sie lieben den Menschen und fühlen Gott.«[2] So denken sie nicht einmal mehr an Essen und Trinken, bis sie schließlich von ihm selbst, aus seiner Hand – und aus der Hand der Jünger – Speise empfangen. Dieses irdische Brot ist Sinnbild für eine geistige Nahrung, die Speise der Seele, das Brot des Lebens: die Eucharistie.

Doch so weit waren viele von den Juden noch nicht. Die meisten sahen im Messias einen Nationalhelden. Er musste einfach die Römer besiegen. Das Wunder der Brotvermehrung hat einen unvorstellbaren Eindruck hinterlassen, so groß, dass sie sich in ihren allzu weltlichen Vorstellungen von einem irdischen Heilsbringer bestätigt glauben. Der soll unser König sein, er hat Wunderhände! Er wird die Römer besiegen und mit Brot zu jeder Zeit werden wir mit ihm ein sorgenfreies Leben haben! Johannes beschreibt, was Jesus daraufhin tat: »*Als Jesus merkte, dass sie kommen und ihn mit Gewalt zum König machen wollten, zog er sich wieder auf den Berg zurück, er allein.*« (Joh 6,15)

---

2 A.K. Emmerich: Das arme Leben unseres Herrn Jesus Christus, Aschaffenburg 1954, S.89

Während Jesus am Ufer des Sees den Menschen Nahrung spendet, geschieht etwa 170 Kilometer südlich etwas Schreckliches. Zum Osterfest kommt es in Jerusalem zu einem blutigen Handgemenge. Pilatus, der einen Aufstand befürchtet, lässt eine Schar galiläischer Festpilger (also Landsmänner Jesu) brutal von seinen Legionären auf dem Tempelplatz niederschlagen. Dieser Gewaltakt des Römers führt im ganzen Land zu heller Empörung. Selbst Herodes, der Landesvater der Ermordeten, sieht sich in seiner Autorität gekränkt. Was wird Jesus nun tun? Wird er sich in diesen Machtkampf um die nationale Freiheit seines Volkes einmischen? Jemand, der mit fünf Broten und zwei Fischen Tausende von Menschen zu speisen imstande ist, kann auch andere Wunder wirken. Jesus gibt auf diese Frage nur eine Antwort: »*Wenn ihr euch nicht bekehrt, werdet ihr alle ebenso umkommen.*« (Lk 13,3) Erst langsam kommen die Apostel, die Jünger und seine Zuhörer zum Glauben an die neue Lehre, die Lehre vom Verzeihen. Vom Vergeben. Vom Verachtetwerden. »Mein Reich ist IN dieser Welt, aber nicht VON dieser Welt.« Jesu Reich wirkt und arbeitet nicht mit den Mitteln des Diesseits, mit Macht und Revolution, Waffen und Knüppeln. »Selig sind die Sanftmütigen, denn sie werden das Land besitzen!« Wie absolut unverständlich musste das in den Ohren der Zeloten klingen, die es heute noch genau so gibt wie vor zweitausend Jahren, und genau wie damals lautet ihre These: Nur mit Waffengewalt können wir dieses Land besitzen.

Während der Betrachtung schweift mein Blick unwillkürlich in der Kirche umher. Da taucht wie aus dem Nichts ein fast lebensgroßer Storch vor mir auf, der im Schilfgras mit einer Schlange kämpft. Jetzt ist es so weit, denke ich: Trugbilder am helllichten Tag! Doch dann wird mir klar, um was es sich handelt: Meine Augen sind an dem einzigartigen über 1500 Jahre alten Tier-Mosaik hängengeblieben, das den ganzen Kirchenraum erfüllt; einem wahrhaft kunsthistorischen Schatz dieser Kirche. Vor Beginn der Grabungen plätscherte hurtig und munter ein künstlich angelegter Bach durch die Kirchenruinen, umwachsen von üppigen Büschen. Als der bis zu zwei Meter hohe Schutt weggeräumt war, lagen die Mosaiken, die als die schönsten in Palästina gelten(!), vor den Augen der Archäologen. Sie stellen die am See vorkommende Tier- und Pflanzenwelt dar.

Nicht weniger als zweiundzwanzig meist verschiedene Vögel – Störche, Reiher, Kormorane, Höckerschwäne, Wasserhühner, Wildenten – stelzen, schwimmen und tummeln sich zwischen Schilf- und Papyrusstengeln und anderen exotischen Blütenpflanzen auf dem Fußboden mitten in der Kirche. Wie waren noch mal die Worte Jesu bei der Bergpredigt: »Sehet die Vögel des Himmels. Sie säen nicht, sie ernten nicht. Und doch ernährt sie mein himmlischer Vater.« (Mt 6,26)

5. Das galiläische Meer

Wir verlassen die Kirche der Brotvermehrung und pilgern hinunter an das Seeufer. Achtzehn Meter in gerader Linie entfernt thront auf einer Felsplatte, die in den See vorspringt, die Kapelle der Erscheinung des Herrn und des Primates Petri. Die warmen Bäche des Siebenquells mit ihren Pflanzenresten locken die Fische an, dazu bildet die kleine Bucht einen gut geschützten natürlichen Hafen für Boote. Als wir hinunterkommen, haben wir Glück: Fischer sind dabei, ihre Netze zwischen den hohen Schilfgräsern auszuwerfen. Wir beobachten sie eine Weile, ohne dass sie uns sehen können. An diesem Beruf hat sich seit zweitausend Jahren nichts geändert. So werden Petrus und die anderen Apostel vom benachbarten Kapharnaum aus hier ihre Netze ausgeworfen haben. Als er darum in den Wochen nach der Auferstehung den sechs anderen Jüngern erklärte: »Ich gehe fischen!« (Joh 21,3), kann dieser Entschluss ihn ohne weiteres genau hierher geführt haben. Darum verehrt die Tradition seit Anbeginn an dieser Stelle den Ort, an welchem Jesus im Morgengrauen das Frühstück aus Brot und Fisch bereitet hat, während die Jünger jenen unvergesslichen Fischfang machten, der beide Boote beinahe zum Versinken brachte.

Hier hat Petrus das Hirtenamt empfangen, als Jesus ihm den Auftrag gab: »*Weide meine Lämmer, weide meine Schafe.*« Aetheria, die bereits zitierte Pilgerin im Heiligen Land, erwähnt noch keine Kirche, wohl aber die Treppen, die heute noch an der Außenseite zu sehen sind: »*Steinerne Stufen, auf denen der Herr stand.*« Malerisch blickt die kleine Kirche vom Primat Petri hinaus auf den See, fast wie ein kleiner, in schwarzem Basaltstein erbauter Leuchtturm. Das Schilf wächst weit in das seichte Wasser hinein, der Strand ist mit kleinen Kieselsteinen bedeckt, große weiße Felsbrocken ragen hier und da hervor. Das Wasser ist kristallklar, von leicht grünlicher Farbe. Man kann bis auf den Grund sehen. Hebt man die Augen über den in der Vormittagssonne glitzernden See, sieht man in der Ferne die Silhouette von Tiberias, Magdala und das Wadi el Hamam mit den hoch aufragenden Hörnern von Hattin. Draußen auf dem See ziehen lautlos andere Fischerboote vorbei. Natürlich gehen wir in die kleine Kirche und sehen dort die »*Mensa domini*«, den »Tisch des Herrn«, auf welchem Christus das Frühstück bereitete, aber noch viel schöner ist es, draußen am Ufer des Sees entlangzugehen und zu schauen und zu betrachten. Wir lassen die idyllische Stelle am See auf uns wirken. Unter einem großen Baum am Ufer lesen wir das Evangelium von der Erscheinung des Auferstandenen, der Übertragung des Primates. Wie einfach ist es hier zu betrachten!

Das alte Haus von Petrus in Kapharnaum… Fünf Jünger sind hier versammelt. Die Stimmung ist mies. Petrus starrt zur Decke, Jakobus spielt mit einer hölzernen Schale, Johannes liest, die übrigen Apostel sitzen nicht weniger geistesabwesend da. Die Zeit vergeht unendlich langsam. Wenn es damals schon Uhren gegeben hätte, würde jetzt das monotone Ticken einer uralten Wanduhr den zähen Fluss der Zeit geradezu fühlbar machen. Sind die Erscheinungen zu Ende? Warum schickt er uns nach Galiläa, wenn er dann nicht kommt? Endlich sagt Petrus mitten in die drückende Stille hinein: Ich hab's satt. Ich gehe fischen. (Joh 21,3) Er öffnet das alte Tor seiner Fischerhütte, und ja, da ist es noch. Sein altes Boot, die »*Melech ha Dam*«. Als kleiner Junge hatte Petrus seinem Schiffchen diesen Namen gegeben. Noch immer leuchten die alten, weißen Buchstaben am Bug, wohl etwas matt und bei manchen Buchstaben ist die Farbe abgebröckelt, aber doch. Petrus war damals zwölf Jahre alt. Er hatte von seinem Vater weiße Farbe bekommen und mit großem Stolz seinem Boot diesen Namen gegeben: »Königin der Wellen«. Ein sehr selbstbewusster Titel, das ist wahr, für das kleine Bötchen. Aber es war eben *sein* Boot, und er hatte es geliebt, damit hinauszufahren. Bis zu jenem Tag, da ER kam. Petrus fährt mit der Hand über das Holz und versinkt in Gedanken. Er kann das Boot nicht ansehen, ohne dass jener unvergessliche Augenblick vor ihm lebendig wird, da er die Worte aus SEINEM Mund hörte: »Von nun an sollst du Menschenfischer sein.« (Lk 5,10) »Hallo? Ich dachte, wir gehen fischen«, sagt Johannes, der jetzt mit dem Netz hinter Petrus steht. Er hat es bereits von Spinnweben befreit und von der Wand geholt. Alles ist noch genau so da, wie vor drei Jahren, als es der Vater allein hatte verräumen müssen, denn seine Söhne sind mit IHM gezogen. Die ganze Nacht fischen sie, und fangen nichts. Petrus hat auch nur halbherzig gefischt. Immer wieder gleitet sein Blick hinaus auf den von Sternen und Mondlicht beleuchteten See. Dann fasst er den Arm von Johannes, und Tränen rollen über seine Wangen. Die Nacht des 15. Nissan kommt ihm immer wieder in den Sinn. Wie oft hat Johannes ihn in den letzten Wochen schon getröstet. »Komm, Petrus. Wir haben alle versagt.« Dann weint Petrus wie ein kleines Kind. »Es tut mir so leid, Johannes, so leid.« Aber die eigentliche Wiedergutmachung kommt erst heute, hier am Ufer des Sees. »Petrus, liebst du mich mehr als diese?« Dreimal fragt Jesus den Apostelfürsten, bis ihm wieder die Tränen kommen. Da wird ihm mit einem Mal klar, warum Jesus ihn *dreimal* fragt. Er hat ja auch *dreimal* versagt.

Unsanft werde ich aus der Betrachtung gerissen. Eine Gruppe von 30 Mädchen kommt plötzlich zum See. An sich sind diese großen Gruppen nichts Ungewöhnliches. Schon während wir in der Heiligen Schrift lasen, kamen von Zeit zu Zeit Pilgergruppen an das Seeufer, blieben ein wenig, machten Fotos und verschwanden wieder. Eigentlich das typische Touristen-Verhalten: Hauptsache, man hat möglichst viel geknipst. Die Zeit für die einzelnen Stätten ist knapp bemessen. Da reicht es höchstens für ein paar schnelle Bilder, ein paar Worte des Reiseführers – der nach den Vorschriften des Landes ein Israeli sein muss und oft von der theologischen Bedeutung der Stätten herzhaft wenig Ahnung hat – verbunden mit ein paar Worten des begleitenden Priesters. Und dann, hopp, wieder ab in den Reisebus, der ebenfalls per Vorschrift von einem israelischen Reisebüro stammen muss. Wenn hier eine Bemerkung gestattet ist, dann möchte ich sagen: Genau so sollte man das Heilige Land nicht bereisen! Vielmehr sollte man sich den Ratschlag des heiligen Ignatius zu eigen machen, der ja ebenfalls nach Israel gepilgert ist, damals jedoch unter viel größeren Strapazen als heute: Sei eine Biene! Wenn sie Honig gefunden hat, hüpft sie auch nicht gleich wieder zur nächsten Blüte, sondern verweilt, bis sie all den Nektar geschlürft hat, den diese Blume ihr bereitet hat.

Erstaunlicherweise scheint sich diese Mädchengruppe exakt an den Ratschlag des großen spanischen Theologen zu halten. Sie wenden sich dem Strand zu und setzen sich, jede für sich, im Abstand von etwa fünf Metern einzeln ans Ufer und schweigen. Manche ziehen ein Buch heraus, andere verweilen einfach so mit Blick auf den See. »Unglaublich, Jugendliche, die Betrachtung machen«, sage ich staunend zu meinem Mitbruder. »Könnte glatt eine KJB-Gruppe sein!«

Endlich ist auch der dazugehörige Geistliche zu sehen. Ein in Clergyman gekleideter Priester von etwa 35 Jahren. Natürlich spreche ich ihn an: »Tell me, what happens here? – Sagen Sie mir, was geht hier vor?« Im Lauf des Gespräches stellt sich heraus, dass der Priester zu den Legionären Christi gehört und für Jugendliche eine Heilig-Land-Wallfahrt organisiert. Der Pater, Raphael ist sein Name, erklärt: »Diese jungen Mädchen haben sich für ein Jahr verpflichtet, in einem Haus der Legionäre zu leben, nicht wie Ordensschwestern, aber doch in einem gottgeweihten Leben. Manche verpflichten sich auf ein, manche auf zwei Jahre, und innerhalb dieser Zeit machen die Mädchen eine Wallfahrt ins Heilige Land. Dieses Jahr, in dem sie für die Legionäre Christi arbeiten, ist zugleich eine hervorragende Gelegenheit, über die Berufung nachzudenken. Unsere Pilgergruppe besteht aus 54 Teilnehmerinnen, zum größten Teil aus Amerika und England.« – »Lesen Sie die alte Messe?« – »Nein, aber wir versuchen, die neue Messe auf Latein zu lesen.«

Ich verabschiede mich von Pater Raphael mit einem mitleidsvollen und einem neidischen Auge. Mitleid habe ich, weil er nicht den Schatz des wahren, heiligen Messopfers besitzt, neidisch, weil er seiner Jugend etwas ermöglichen kann, was ich nur zu gern unseren Kernmitgliedern der KJB ermöglichen möchte: All jene Orte und Stätten zu erleben und in Betrachtung zu schauen, die für immer geheiligt sind durch das Leben des Gottmenschen.

Die Mädchen bleiben so lange, bis sie ihre Betrachtung abgeschlossen haben, und wandeln dann einzeln wieder zu ihrem Bus zurück. Die Idee, ein freiwilliges Jahr für Jugendliche in ihrer religiösen Gemeinschaft anzubieten, scheint mir genial. Es wird bestimmt viele von ihnen nachhaltig prägen und Berufungen wecken. In den Gesichtern ist viel guter Wille und große Bereitschaft. Ihr Pilgerbus bringt sie an den nächsten Ort, während wir noch ein wenig am Ufer verweilen. Doch jetzt ist aller Nektar getrunken, und auch uns führt der Weg weiter. Unweit des Ufergeländes, etwa zwei Kilometer in Richtung Nord-Osten, liegt Kapharnaum, die Heimatstadt Jesu.

6. Kapharnaum, wo Jesus zu Hause war.

Kapharnaum ist die Wahlheimat Jesu. In der Synagoge dieser Stadt heilte Jesus den Besessenen (Mk 1,23) und den Mann mit der verdorrten Hand (Lk 6,6). »*Alles staunte über seine Lehre; denn er lehrte wie einer, der Macht hat, und nicht wie die Schriftgelehrten.*« (Mk 1,22) Hier hielt Jesus auch die von Johannes ausführlich bezeugte »Eucharistische Rede« vom Brot des Lebens, hier in Kapharnaum warf sich Jairus, der Synagogenvorsteher, Jesus zu Füßen. Matthäus nennt Kapharnaum »seine Stadt« (9,1) und Markus erwähnt mit besonderer Betonung: Hier war Jesus »zu Hause« (Mk 2,1). Hinter dieser Redeweise verbirgt sich auch ein bisschen der Familienstolz des Fischers Simon Petrus, denn auch er wohnte in Kapharnaum mit seiner Schwiegermutter. Markus, das darf man nicht vergessen, gilt als der Dolmetsch Petri, und ihm diente die Predigt des Petrus als Grundlage für das heilige Evangelium.

»Das ist von der Heimatstadt Jesu heute noch übrig? Nichts als Ruinen?«, fragt eine Dame aus unserer kleinen Pilgergruppe. »Ja«, antworte ich lapidar. Das ist auch nicht wirklich erstaunlich, denn Kapharnaum hat den Segen Jesu verloren, ja wurde in gewisser Weise sogar von Jesus selbst verflucht: »*Und du, Kapharnaum, wirst du etwa bis zum Himmel erhoben werden? Bis in die Unterwelt wirst du hinabgeschleudert werden. Denn wären in Sodom die Machttaten geschehen, die in dir geschahen, es stände noch heute.*« (Mt 11,23)

So schlendern wir durch das Ruinenfeld der einst blühenden Uferstadt. Die beiden wichtigsten Orte sind das Haus Petri und die Synagoge. Über jener Stelle, wo einst das Wohnhaus Petri stand, wurde in der byzantinischen Zeit eine Basilika errichtet, und zwar in Form eines Achteckes. Die Grundmauern dieser achteckigen Kirche sind heute noch zu sehen. Wahrscheinlich, um sie zu wahren und die Ausgrabungen nicht für Neubauten beschädigen zu müssen, hat man in neuester Zeit eine frei schwebende Kirche darüber gebaut, die auf den ersten Blick aussieht wie ein unbekanntes Flugobjekt. Eine auf Säulen stehende, scheibenförmige Betonhalle mit Glaswänden an den Seiten und im Fußboden, um die darunterliegenden Ausgrabungen nicht gänzlich zu überdecken. Durch die runde Form entsteht ein (selbstverständlich kniebankloser) Gemeinschaftsraum ähnlich einer Boxarena, nur dass statt des Ringes in der Mitte die von einem Eisengeländer umgebene Aussparung für den Glasfußboden liegt. Auf dem Mahltisch – positioniert an einer der acht Seiten des Raumes – halten sehr viele Heilig-Land-Pilger eine nachkonziliare Gemeinschaftsfeier. Unsere Gruppe ist sich einig: Auch wenn Kapharnaum seine Privilegien als Heimatstadt Jesu verspielt hat, ein Konstrukt von solch architektonischer Hässlichkeit hat dieser Ort nicht verdient.

Wir blicken im Innern der »Kirche« über das Geländer, vorbei an den Blumentöpfen, die man unsinnigerweise auf die Glasplatte gestellt hat, hinab auf das Haus Petri, beziehungsweise das, was davon noch übrig ist. Hier also wurde die Schwiegermutter des Petrus geheilt. Markus berichtet dieses Wunder gleich im ersten Kapitel seines Evangeliums. In seinem kurzen, aber umso prägnanteren Stil beschreibt er das Ereignis wie folgt: »*Sie verließen die Synagoge und kamen in das Haus des Simon und des Andreas. Nun lag die Schwiegermutter Simons fieberkrank darnieder, und gleich sprachen sie mit ihm von ihr. Da ging er zu ihr, fasste sie bei der Hand und ließ sie aufstehen. Sofort verließ sie das Fieber, und sie bediente sie.*« (Mk 1,29ff) Interessantes Detail: »…und sie bediente sie.« Ihre erste Sorge ist es, die Gäste zu bedienen. Bestimmt war es ihr schon eine große Pein, ans Bett gefesselt zu sein, da dieser hohe Besuch ihr Haus betrat. Jetzt, da sie wieder bei Kräften ist, richtet sie unverzüglich Speis und Trank her, wie dies fürsorgliche Mütter eben tun, wenn jemand ins Haus kommt. Da hat sich seit 2000 Jahren nichts geändert.

»So, genug der Fensterguckerei, wir gehen nun zur Synagoge und betreten sie in echt. Sie ist um vieles besser erhalten als das Haus des Petrus«, erkläre ich unserer kleinen Pilgergruppe. Säulenreihen, auf denen stellenweise sogar noch die Kapitelle vorhanden sind, nehmen uns würdevoll in Empfang. Sie wurden bei den Ausgrabungen aus den herumliegenden Bruchstücken zusammengesetzt. Gemeinsam mit den übrig gebliebenen Blöcken von Türstürzen, Friesen und Gesimsen lässt sich noch heute die Schönheit des einstigen Baues erahnen.

»Das Wichtigste an diesem Ort beschreibt Johannes im 6. Kapitel, denn hier hat Jesus viele Anhänger verloren.« Meine Zuhörer blicken auf: »Jünger verloren?« Wir sitzen auf den großen Steinquadern, die den Innenraum der Synagoge im Rechteck umfassen. Hier haben sie also gesessen, die Schriftgelehrten, die Toratreuen, aber auch das einfache Volk, das guten Willens war. Alle in ihren langen Tuniken. Christus unter ihnen, auf einer dieser Steinbänke. Dann hebt Jesus an zur Eucharistischen Rede (Joh Kap. 6): »Ich bin das Brot des Lebens.« Das verstehen die Zuhörer natürlich nicht, und es heißt: »Da murrten die Juden über ihn, weil er gesagt hatte: Ich bin das Brot, das vom Himmel herabgekommen ist. Und sie sprachen: Ist das nicht Jesus, der Sohn des Josef, dessen Vater und Mutter wir kennen? Wie kann er sagen: Ich bin vom Himmel herabgekommen?«. Was nun folgt, ist alles andere als »ökumenisch« oder »im Geist des Miteinander« oder »im Sinne des gemeinsamen Verständnisses« oder gar »mitbrüderlich«. Anstatt seine göttliche Herkunft genauer zu erklären, geht Jesus einfach einen Schritt weiter und sagt, was für jeden Juden wie ein Schock klingen muss: »Das Brot, das ich geben werde, ist mein Fleisch für das Leben der Welt.« Menschenfleisch zur Speise geben? Es kommt, wie es kommen muss. Aus dem Murren wird offener Streit: »Da stritten die Juden untereinander und sprachen: Wie kann uns dieser sein Fleisch zu essen geben?« Und wiederum verzichtet Jesus auf jede Erklärung und setzt noch einen drauf: »Wer mein Blut trinkt, der bleibt in mir und ich in ihm.« Jetzt ist es endgültig zu viel. Blut galt als der Sitz des Lebens, und damit war es dem Kult vorbehalten, nicht der Speise! Es musste bei jedem Opfer am Fuß des Altares ausgegossen werden. Allein der Gedanke, Menschenblut zu trinken, ist für das Ohr eines gesetzestreuen Juden ein Frevel. Menschlich gesprochen hätte jeder von uns spätestens jetzt versucht, die Lage zu retten: Hört, ihr Juden von Kapharnaum! Es wird der letzte Abend kommen in Jerusalem, dort wird Jesus das Geheimnis der Eucharistie einsetzen, da wird unter den Gestalten von Brot und Wein das Fleisch und Blut Jesu gegenwärtig sein. Wenn ihr dann dieses lebendige Brot essen und diesen Kelch trinken werdet, dann trinkt ihr in Wirklichkeit nicht Wein, sondern das darunter gegenwärtige Blut des Erlösers. – Doch genau das geschieht eben nicht! Jesus fährt trotz des mittlerweile offenen Widerstandes einfach fort: »Der, welcher mich isst, wird um meinetwillen leben. Das sagte er, als er in der Synagoge zu Kapharnaum lehrte.« Es kommt, wie es kommen muss, und Johannes beschreibt die Wirkung dieser Rede: »Viele von seinen Jüngern, die dies hörten, sprachen: Diese Rede ist hart. Wer kann sie hören? [...] Von da an zogen sich viele seiner Jünger zurück und gingen nicht mehr mit ihm.«

Ein Fehler Jesu? Hätte er mehr erklären sollen? Ist er zu barsch, zu unverständlich aufgetreten? Waren das nicht schon »seine Jünger«, also jene, die ihm nachfolgen wollten? Hätte er sie nicht langsam zu diesem großen, eucharistischen Geheimnis führen sollen?

Die Antwort ist: Nein. Der Glaube an Jesus hat nun einmal etwas absolut Radikales. Nicht im Sinne einer radikalen äußeren Gewalt, sondern geistig gesehen: Im Sinne eines radikalen Vertrauens. Wir glauben an Jesus nicht deshalb, weil es uns »plausibel« erscheint. Weil das, was er sagt, »ganz gut klingt«. Weil wir es für logisch halten und damit für annehmbar. Wir glauben Jesus, weil Jesus es sagt! Das ist der höchste und eigentliche Grund des Glaubens, der gerade heute stets geleugnet wird. Die Lehre Jesu wird immer als schöne, passende Lebensregel dargestellt. Das hat nicht im Mindesten etwas mit Glauben zu tun. Wir glauben Gott, weil Gott es sagt. Die Autorität Gottes ist der einzige und völlig hinreichende Grund, warum wir die Glaubenswahrheiten annehmen. Genau das erwartet Jesus von denen, die ihm nachfolgen und begriffen haben, wer er ist. Darin bestand schon der erste Fehler derer, die ihn verlassen werden, dass sie in Jesus einen gewöhnlichen Menschen sahen: »Wie kann er sagen, er ist vom Himmel herabgekommen?«

Die richtige Antwort auf die scheinbar unverständlichen Worte Jesus hätte gelautet: Wir wissen nicht, wie es geschehen soll, dass wir dein Fleisch essen. Wir wissen nicht, wie wir dein Blut trinken können, Jesus. Aber eines wissen wir, dass Du der Sohn Gottes bist und dass Du all das machen kannst, dass Du es so einrichten wirst, dass diese Deine Worte genau in Erfüllung gehen. Ich glaube an Dich, auch wenn es schwer verständlich ist, auch wenn es meinen Verstand übersteigt, auch wenn ich es jetzt nicht begreifen kann. – Das ist der bedingungslose Glaube an Jesus, der nicht nur das glaubt, was er persönlich für richtig hält, wie das heute viele tun, die aus Jesu Worten das auswählen, was in ihr humanistisches Weltbild passt. Dann wird aus der Bergpredigt, den Worten von Buddha und aus Lehren irgendeines Anthroposophen ein Sammelsurium von persönlichen Vorstellungen, die man für »Glaube« hält. Das aber ist kein Glaube, sondern die oft religiös verbrämte Überzeugung von der Richtigkeit der eigenen Meinung. So spricht der perfekte Subjektivist, wie er heute praktisch allgegenwärtig ist. Oder wie es Gertrud von Le Fort in ihrem Jahrhundertwerk beschreibt: »Ihr seid wie eine Straße, die nie ankommt, ihr seid wie lauter kleine Schritte um euch selber! Ihr seid wie ein treibendes Gewässer, immer ist in eurem Munde euer eignes Rauschen! Ihr seid heute eurer Wahrheit Wiege, und morgen seid ihr auch ihr Grab!« (Hymnen an die Kirche, VII)

Glaube fängt da an, wo man nicht mehr sieht, nicht mehr versteht, nicht mehr fühlt. Dann erst kommt es zu diesem bedingungslosen Akt der Annahme dessen, was Gott gesagt hat. Auch heute geht es wieder um Glaubenswahrheiten, welche die Menschen zum Streiten und Murren bringen.

Über fünfzig Mal warnt die Heilige Schrift vor der ewigen Verdammnis. Dennoch findet heute der »aufgeklärte Christ«, das brauche man nicht mehr zu glauben, das gehöre in die Legendenkiste des Mittelalters. Es ist, als würde Jesus aufs Neue die Worte der Zweifler zu Kapharnaum hören: »Das Wort Hölle ist hart, wer kann es hören? Und sie gingen fortan nicht mehr mit Jesus.«

Die übrigen Pilger unserer Gruppe haben noch ein wenig Zeit und durchwandern das Gelände der Ausgrabungen. Ich bleibe auf einem der Quader sitzen. Mein Mitbruder macht sich auf den Weg, um Bilder zu machen. Wir sind Priester und damit in einer ganz besonderen Nachfolge Jesu. Hier in Kapharnaum, in der Synagoge aus Marmorsäulen, ging es sogar für die Apostel um Alles oder Nichts. Jetzt entscheidet sich, ob ihre Nachfolge wahrhaftig und bedingungslos ist. Jesus, der sonst alle Gleichnisse den Aposteln im Nachhinein noch einmal erläutert, gibt hier nicht einmal eine Andeutung dessen, was es bedeutet. Er fragt sie nur ganz lapidar: »Wollt auch ihr gehen?« Er erwartet von seinen Jüngern diesen wahren, bedingungslosen, auf IHN gegründeten Glauben. Wenn Jesus es sagt, dann stimmt es, weil Jesus es sagt. Petrus gibt die wunderbare Antwort: »Herr, du hast Worte des ewigen Lebens. Wohin sollen wir gehen?«

7. Jesus stieg auf einen Berg und fing an, sie zu lehren

Wer heute eine Diskussion über den Glauben führt, bekommt regelmäßig die Grundthese der Aufklärung zu hören: »Aber die Religionen sind doch eh alle gleich. Warum also ein Aufsehen machen wegen irgendwelcher bangloser Unterschiede?« Da antworte ich gerne: Im Gegenteil. Es gibt zwölf Gründe, warum die christliche Religion einzigartig, mit keiner anderen vergleichbar und deswegen die glaubwürdigste ist. Da staunen sogar manche überzeugte Katholiken nicht schlecht. »Zwölf Gründe gibt es, die unsere Religion einzigartig machen? Das habe ich gar nicht gewusst!« Alle zwölf Gründe können hier leider nicht behandelt werden. Einer aber muss Erwähnung finden, denn er hat hier seinen Ursprung: Das Christentum ist die einzige Religion der Erde, welche – im Gegensatz zu allen anderen Religionen – zur Feindesliebe verpflichtet!

Der Ort, an dem Christus diese neue Lehre verkündete, ist ein sanft abfallender Berg am Nordufer des Sees Genezareth. Der Evangelist Matthäus hat die Worte Jesu festgehalten. Von den fünf großen Reden des Matthäusevangeliums ist die Bergpredigt (5.–7. Kap.) die umfangreichste und theologisch wohl auch die wichtigste. Nach Matthäus (5,1) hält Jesus sie auf einem Berg, während Lukas die Rede auf ein Feld verlegt, zu dem Jesus (6,17) vom Berg hinabsteigt. Das ist kein Widerspruch, denn im Aramäischen wird das Wort »*tur*« – »*Berg*« auch für »Feld« gebraucht. Den großartigen Auftakt der Rede bilden die Seligpreisungen – bei Matthäus sind es acht, bei Lukas vier. »Selig sind die Armen im Geiste, denn ihrer ist das Himmelreich.«

Man muss die Seligpreisungen oftmals still und besinnlich lesen, damit die Worte Jesu unseren tiefsten Seelengrund bewegen. Und zwar mit dem rechten Verständnis. Kein Text des Evangeliums ist in der Neuzeit so oft missbraucht worden. Noch immer geistern sie in den Kirchenräumen herum, die »*Ey*-Jesus-liebt-Dich«-Prediger, angetan mit unendlich viel gutem Willen, selbstgestricktem Pulli und Wollschal, um es den Leuten so lange um die Ohren zu schlagen, bis es keiner mehr hören kann: »Jesus liebt uns alle! So steht's in der Bergpredigt.«

Ein Kartäusermönch, dessen Name unbekannt ist, hat in seinem Werk »Wo die Wüste erblüht« die Seligpreisungen ins rechte Licht gerückt: *»Die Seligpreisungen blühen auf den Trümmern des Egoismus.«* »Genau das ist es: Trümmer des Egoismus«, denke ich und setze mich in der ausgedehnten Grünanlage vor der Kirche auf ein Bänkchen. Noch ist Zeit bis zur heiligen Messe, die Pilger unserer Gruppe nützen die Gelegenheit, durch den hochgelegenen grünen Hain zu spazieren, der die Kirche der Seligpreisungen umgibt, und diese Idylle zu genießen. Neben den typischen Palmen und Zypressen ragen hier auch viele andere Baumarten zum Himmel, wie zum Beispiel die Atlantische Pistazie oder der Johannisbrotbaum. Die ganze Parkanlage ist umsäumt von schattigen Kieswegen und von mit Steinplatten gefassten Beeten. Die Blüten der Ziersträucher zaubern farbenfrohe Tupfer zwischen das Grün der Bäume, wobei sich da und dort sogar eine Blume versteckt. Blumen sind wie die Seligpreisungen. Viele Menschen sehen immer nur den zweiten, blumigen Teil. Der liest sich schön und geht ins Herz: »Ihrer ist das Himmelreich.« »Sie werden Söhne Gottes genannt werden.« »Sie werden Gott schauen.« Viele aber überlesen den ersten Teil. Der ist hart und trocken, so wie der Boden, auf dem die Blumen hier im Heiligen Land wachsen müssen: »Wenn sie euch verfolgen…«, »Wer arm ist…«, »Wer trauert …«, »Wem Unrecht angetan wird…«.

Wie viele Menschen haben mir als Priester schon ihr Herz ausgeschüttet: »Herr Pater, was mir diese Person angetan hat, das können sie sich gar nicht vorstellen.« Die Antwort liegt genau hier, an diesem Ort: »Sehen sie denn nicht, dass eben diese Person der erste Schritt ist zur Erfüllung ihrer ganz persönlichen Seligpreisung? Gott selbst hat diesen Menschen geschickt.« Und Katholiken, die vielleicht schon hundertmal den Text der Seligpreisungen gelesen haben, antworten dann ganz enttäuscht: »Herr Pater, Sie verstehen mich überhaupt nicht! So etwas kann man nicht ertragen.« Wie recht dieser Einsiedler hatte. Sie blühen auf den Trümmern des Egoismus. Immer muss zunächst etwas in der Seele sterben, bevor eine von ihnen erblühen kann.

Rings um den Berg der Seligpreisungen liegen die weiten Felder Galiläas. Der Norden Israels ist sehr fruchtbar. Viele

Kibbuzim, d.h. Kollektivsiedlungen der jüdischen Einwanderer, betreiben ausgedehnte Bewässerungsanlagen, um die fruchtbare Erde trotz der Trockenperioden im Hochsommer ertragreich zu machen. »Wenn das Samenkorn nicht in die Erde fällt und stirbt, bleibt es allein. Wenn es stirbt, bringt es viele Frucht.« Für jede Frucht muss erst ein Samenkorn auf die Erde fallen. »*Auf die Erde fallen*« heißt nichts anderes als demütig werden. Wer auf dem Boden liegt, riskiert sogar, dass andere auf ihn treten. »Sterben« bedeutet: sich nicht dagegen wehren, nicht verbittern. Den Verdemütigern nicht böse sein, sondern das Unrecht ertragen, eben: den Feind lieben. Erst dann kommt eine Frucht. Oder eben eine Blume, wie hier neben meiner Bank.

»Es ist Zeit«, winkt mein Mitbruder von der Eingangstür der Kirche. »Die Messe wird gleich beginnen.« Ein Kreuzgang aus weißem Basaltstein umrankt die Kirche, die unverzierten Säulen und Kapitelle mit dem hohen, schmiedeeisernen Tor, die beiden freihängenden Glocken über dem Eingang verleihen dem eigentlich gar nicht übermäßig großen Gotteshaus eine edle Schlichtheit. Um die Achtzahl der Seligpreisungen auch in der Architektur auszudrücken, entschieden sich die franziskanischen Bauherren im Jahr 1938 für eine oktogonale Kirche. Im Inneren flackert am Hauptaltar das ewige Licht, in den hoch über dem Rundbögen liegenden Glasfenstern leuchtet an jeder der acht Seiten eine der Seligpreisungen in großen Lettern auf den Betrachter herab. Die Kuppel ist mit einem Goldmosaik verziert, das von der durch das Westfenster scheinenden Sonne zum Strahlen gebracht wird und so den Innenraum in einen angenehmen Lichtschein taucht.

Mein Mitbruder darf am Hauptaltar zelebrieren, mich führt die Schwester in eine kleine Kapelle in der Krypta. In der Sakristei treffen wir einige Priester aus Amerika, die auch soeben zelebriert haben. Sie sind sehr freundlich und wir plaudern ein wenig. Als wir nach der Messe wieder ins Freie treten, weht starker Wind von Süden her. Wieder fasziniert mich der wunderbare Blick auf den See, das galiläische Meer. Das Blau des Wassers scheint von hier oben noch intensiver. Wir befinden uns auf etwa 250 Höhenmeter. Man möchte den Ort gar nicht mehr verlassen. Das ging schon dem Florentiner Pilger aus dem 13. Jahrhundert so: »Und dort sangen wir das Evangelium, und dort haben wir gepredigt, und dann haben wir uns auf das Gras gesetzt und haben gegessen mit Freude und mit Tränen der Freude.«

Nicht immer war dieser Ort so idyllisch, es gab auch Zeiten des Niedergangs und des Verfalls. Nach dem Abzug der Kreuzfahrer im Hochmittelalter konnte der See immer weniger besucht werden; es war einfach zu gefährlich. So erlosch über Jahrhunderte hinweg die Erinnerung an diesen wunderbaren Ort, bis eben die Franziskaner auf diesem Hang nordöstlich des Siebenquells jene malerische oktogonale Kirche errichteten. Sie erinnert fortan alle Pilger an jenen »Berg, den der Herr bestieg« und den wir nun schließlich doch verlassen müssen, zurück in Richtung unserer Unterkunft nach Nazareth.

8. Die Kaiserstadt am Meer: Caesarea Maritima

Jeder, der während einer Israel-Wallfahrt zunächst den Norden besucht, wird wenigstens einen Tag dafür verwenden, jene Orte zu sehen, die zwar nicht durch Christi Gegenwart, wohl aber durch ihre geschichtliche Bedeutung von Interesse sind. Die Kreuzfahrerstadt Akko und die größte Ausgrabungsstätte der Antike, Caesarea am Meer.

Die Krähe am Straßenrand mag sich über die acht verschlafenen Pilger wundern, die zu so früher Stunde am Eingangsportal warten. Vor uns liegt die durch ihre Größe beeindruckende archäologische Ausgrabungsstätte von Caesarea. Selbstverständlich muss man zuerst seinen Obolus bezahlen, um die Ruinen der über dreitausend Jahre alten Stadt zu betreten. Aber es lohnt sich allemal! »Die Stadt wurde im 2. Jahrtausend v. Christus durch die Phönizier gegründet. Dreitausend Jahre ist kein Pappenstiel, wenn man bedenkt, was zu dieser Zeit im wilden Germanien an Kultur zu finden war«, beginne ich meine Ausführungen »Mag ja sein, dass in Deutschland nichts los war, Herr Pater. Aber wir sind ja Franzosen, und in Frankreich war natürlich immer schon Hochkultur.« Ich muss herzlich lachen. Genau wie auch meine chauvinistischen Mitpilger, die mich als Österreicher natürlich ärgern wollen. In stoischer Ruhe übersehe ich diese Selbstüberschätzung, für die unsere gallischen Nachbarn ja bekannt sind, und fahre mit meinen überaus sachlichen Erklärungen unweit des Eingangs fort. Denn das Areal ist extrem weitläufig, und bevor wir uns alle aus den Augen verlieren, gilt es, möglichst viel über diesen Ort in Erfahrung zu bringen. Die Zeit, in der diese Stadt für uns interessant wird, ist gleichzeitig auch die Zeit ihrer Blüte. Marc Antonius schenkte die phönizische Stadt seiner Geliebten, Kleopatra. Als diese sich nach der Niederlage des Antonius bei Actium (31 v. Chr.) das Leben nahm, eilte ein junger, aufstrebender Politiker nach Rom, schmeichelte sich beim Sieger der Schlacht, Oktavian – besser bekannt als Kaiser Augustus – ein und erhielt zu seinem Königreich auch die Stadt Caesarea als einzigen Hafen. Der Name dieses Mannes war Herodes. Er wusste dieses Geschenk zu würdigen und begann in unüberbietbarem Ehrgeiz, die Stadt auszubauen. Nach zwölfjähriger Bauzeit war es so weit, in der 192. Olympiade (ca. 10 v. Chr) wurde die Stadt eingeweiht und erhielt den Namen des großen Gönners in Rom: Kaisareia oder Caesarea.

Flavius Josephus beschreibt die gigantomane Prachtentfaltung des Herodes. Mit gewaltigen Steinblöcken lässt er einen künstlichen Hafen anlegen. »*Zu beiden Seiten der Einfahrt befanden sich drei auf Sockeln ruhende kolossale Standbilder. Die an den Hafen stoßenden Gebäude waren ebenfalls von weißem Marmor, und die Straßen der Stadt liefen in gleichen Abständen voneinander alle auf den Hafen zu. Dem Hafeneingang gegenüber stand auf einem Hügel ein durch Größe und Schönheit ausgezeichneter Tempel des Cäsar und in demselben seine Kolossalstatue, die ihrem Muster, dem Olympischen Zeus, in nichts nachstand.*« (Jüd. Krieg I,21, 6f) Das Hippodrom, die Pferderennbahn, fasste 20.000 Zuschauer, das Amphitheater übertraf in seiner Größe sogar das Kolosseum von Rom. Das Besondere daran war, dass die Zuschauer über die Bühne auf das weite Meer als großartige Naturkulisse schauen konnten. »Die restlichen Anlagen, Amphitheater, Theater und Marktplätze, errichtete er würdig des kaiserlichen Namens.« (Jüd. Krieg I, 21,8) Auch bautechnisch war die Stadt ein Meisterwerk: »*Was die unter der Stadt sich befindenden Anlagen betrifft, so waren sie ebenso kunstvoll angelegt wie die Gebäude über der Erde. Die Kanäle [...] reichten bis zum Meerufer, während ein gleicher Kanal alle übrigen quer durchschnitt, so dass das Regenwasser und die Schmutzwässer der Stadt abfließen und die Meeresfluten von außen eindringen konnten, wodurch die ganze Stadt unterspült und rein gehalten wurde.*« (Jüd. Altert. XV, 9,6) Ein Meisterwerk der Baukunst, in dem der gesamte architektonische Erfahrungsschatz der Römer angewandt wurde und die somit – wie man heute sagen würde – eine High-Tech-Stadt des Altertums war.

Doch so hoch entwickelt das römische Heidentum in der Architektur war, so grausam war es in seinen Vergnügungen. Als Titus im Jahre 70 nach Christus Jerusalem eroberte, ließ er hier in Caesarea Festspiele mit gefangenen Juden halten. »Mehr als 2.500 betrug die Zahl derer, die teils in Tiergefechten, teils auf dem Scheiterhaufen, teils im Kämpfen miteinander zu Grunde gingen.« (Jüd. Krieg VII,3,1) Und wie das Heidentum, so ist auch diese Weltmetropole an den Gestaden Palästinas untergegangen. Mit Sonnenhut bewaffnet wandern wir durch die Bruchstücke und Ruinen der einstigen Pracht. Umgeworfene Säulen ragen aus dem Sand, umwuchert von Unkraut, reich verzierte Kapitelle liegen verstreut umher, die bei uns sofort in ein Museum kämen. Mosaike, steinerne Torsi, Treppen, unüberdachte Mauerreste lassen sich mit einiger Phantasie wieder aufstellen und die einstige Prachtentfaltung erahnen. Ein kühler Wind macht die Hitze erträglicher, Herodes hatte den Ort wahrlich gut gewählt. Auch der Hafen, an dem wir jetzt vorbeimarschieren, war mit seinen wuchtigen Wellenbrechern und den zu beiden Seiten der Einfahrt ruhenden kolossalen Standbildern wohl der bedeutendste im Bereich des heutigen Israel und vermutlich der zweitgrößte im östlichen Mittelmeerraum Doch alles ist vergänglich: Als sich im Jahre 1887 Mohammedaner aus Bosnien hier ansiedelten, fanden sie in den Tausenden von Marmorblöcken und Säulenstümpfen das billigste Baumaterial für die Neubauten des 19. Jahrhunderts.

»Herr Pater, welche Bedeutung hatte denn dieses monumentale Dubai der Antike für die Christen?« Wir haben das über hundert Meter lange Hippodrom durchwandert und sind beim herodianischen Theater angelangt. »Nun, für strenggläubige Juden – das als Vorbemerkung – war die Stadt natürlich tabu. Der Talmud nennt die Stadt kurz und bündig die ›Teufelsburg‹.« Für die Christen, und ganz besonders für uns Heidenchristen, ist die Stadt von ganz großer Bedeutung. Genau hier nämlich taufte Petrus, wie könnte es anders sein, den ersten Heiden! Ein schockierendes Ereignis für die Judenchristen, ein Akt zugleich von weltmissionarischer Bedeutung für das Evangelium. Der Name des ersten Heiden, der an Christus glaubte, war Kornelius, Hauptmann der Italischen Kohorte (10. Kapitel der Apostelgeschichte). Auch die Sendboten des Evangeliums wussten die Vorteile guter Verkehrsmöglichkeiten zu schätzen. In Caesarea befand sich ein Haus, in dem die Apostel und durchreisende Christen ein und aus gingen, das Haus des Diakons Philippus, der »zu den Sieben gehörte« (Apg 21,8) und mit seinen vier Töchtern für das Evangelium arbeitete. Neben der Taufe des Kornelius gibt es ein zweites wichtiges Ereignis, das diese Stadt für den katholischen Glauben unvergesslich macht: Der große Völkerapostel war zwei Jahre seines Lebens in dieser Stadt, als Gefangener des Landpflegers Felix. Mit einer gewaltigen Kohorte von zweihundert Mann, dazu siebzig Reitern und zweihundert Lanzenträgern wurde Paulus von Jerusalem nach Caesarea gebracht. Allein das zeigt, wie sehr der Hass der Pharisäer darauf brannte, ihren einstigen Glaubensgenossen, den zu Christus bekehrten Saulus, zu vernichten. Wie viel Aufwand es kostete, das Leben des Römers Paulus vor diesem Hass zu schützen! Interessanterweise schien Felix sich sogar ein wenig für den christlichen Glauben zu interessieren: »*Nach einigen Tagen kam Felix mit seiner Gemahlin Drusilla, einer Jüdin, beschied den Paulus zu sich und hörte ihn an über den Glauben an Jesus Christus. Als er aber von der Gerechtigkeit, der Enthaltsamkeit und dem künftigen Gerichte sprach, erschrak Felix und sagte: Für diesmal magst du gehen; zu einer gelegenen Zeit will ich dich rufen lassen. Zugleich hoffte er, Paulus würde ihm Geld geben. Darum rief er ihn oft zu sich und unterhielt sich mit ihm.*« (Apg 24,24)

Man sieht also: der Apostel hat den Glauben unverkürzt und ungeschminkt verkündet! Keine Spur von duckmäuserischem Verschweigen jener Glaubenswahrheiten, welche vielleicht bei den in Saus und Braus lebenden Römern anecken könnten. »Enthaltsamkeit!« Was wird heute mehr angegriffen als die Enthaltsamkeit des Zölibats oder die Ehemoral der Kirche! »Das künftige Gericht« – Jesus wird wiederkommen, und zu denen auf seiner Linken sagen: »Weichet von mir, ihr Verfluchten!« Wer wagt es heute noch, dem Zerrbild vom »blass-lächelnden Alles-Verzeiher-Jesus« die Wahrheit von der Gerechtigkeit Jesu gegenüberzustellen? Erst wenn ein katholischer Bischof des 21. Jahrhunderts wieder den Mut hätte, der modernen Zeit diese drei Punkte ungeschminkt zu verkünden, dann würde er anfangen, in den Fußstapfen des großen Völkerapostels zu wandeln.

Als Felix nach zwei Jahren abberufen wird, behält auch der neue Statthalter Porcius Festus den Paulus als Gefangenen. Die Oberpriester haben auf diesen Augenblick gewartet und streben eine neue Gerichtsverhandlung an, diesmal mit dem König Agrippa. Paulus hält eine unsterbliche Verteidigungsrede, sie ist nachzulesen im 26. Kapitel der Apostelgeschichte. Die Rede ist von solch gewaltiger Wirkung auf den König, dass dieser schließt: »Beinahe könntest du mich bereden, ein Christ zu werden.« ...Zu Festus aber sagt Agrippa: »Man könnte diesen Mann freilassen, wenn er nicht Berufung an den Kaiser eingelegt hätte.« So kommt es, dass Paulus die Stadt nach zwei Jahren Gefangenschaft in Richtung Rom verlässt.

Wir verlassen die Stadt noch nicht, sondern schlendern noch ein wenig durch den heißen Sand. »Er muss hier irgendwo liegen! Keine Angst«, tröste ich meine Begleiter, »er kann ja nicht verschwunden sein!« Nach einigem Suchen stehen wir schließlich vor ihm. »Es geht um die Inschrift«, erkläre ich, nicht ohne ein wenig Wichtigkeit in meine Stimme zu legen. Bevor dieser Stein hier gefunden wurde, konnten Atheisten und Kirchenfeinde gegen den katholischen Glauben mit folgendem Argument zu Felde ziehen: Der Pontius Pilatus, den ihr Christen jeden Sonntag im Credo erwähnt, hat gar nicht existiert! Außerhalb der christlichen Quellen gibt es keine Überlieferung, die uns seine historische Existenz bezeugt. Nun, die Archäologen und der liebe Gott haben diese Zweifler für immer zum Schweigen gebracht. Im Sommer 1961 legten italienische Ausgrabungen hier in Caesarea eben den in Stein geschlagenen Beweis für die Geschichtlichkeit des Pontius Pilatus frei, vor dem wir jetzt stehen. Man kann die Buchstaben »[...] NTIUS PILATUS, [...]ECTUS JUDA[.]E« klar erkennen. Der Stein nennt den Namen des Statthalters: [Pon]tius Pilatus Praefekt von Juda«. Tja, Gottes Mühlen mahlen langsam. So wie übrigens auch bei den Nachfahren des Herodes. Sein Enkelsohn, Herodes Agrippa I., schien den Großvater an Hochmut und Größenwahn übertreffen zu wollen und ließ sich in Caesarea gar als Gott feiern. Lukas beschreibt seine Hybris und was daraufhin folgte: »*Dann zog Herodes von Jerusalem nach Caesarea hinab und blieb dort. [...] Am festgesetzten Tag nahm Herodes im Königsgewand auf der Tribüne Platz und hielt eine große Rede. Das Volk aber schrie: Eines Gottes, nicht eines Menschen Stimme! Auf der Stelle schlug ihn ein Engel des Herrn, weil er nicht Gott die Ehre gegeben hatte und von Würmern zerfressen, verschied er.*« (Apg 12,19ff) Wer glaubt, das sei eine fromme Ausschmückung, der irrt sich. Flavius Josephus bezeugt als nicht-christlicher Schriftsteller exakt das Gleiche: »*Alsbald riefen seine Schmeichler ihm von allen Seiten zu und nannten ihn Gott [...] Bald darauf stellten sich heftige Schmerzen in seinem Leibe ein [...] Schnell wurde er in seinen Palast getragen [...] Noch fünf Tage ertrug er die Qual in seinen Eingeweiden, bis ihn endlich der Tod erlöste.«* (Jüd. Altert. XIX, 8,2)

Herodes und die Granden des Altertums sind vergangen, geblieben ist der Glaube an Jesus Christus, der uns – 2000 Jahre später – hierhergeführt hat, an jenen Ort, wo die Bekehrung unserer Vorfahren einst ihren Anfang nahm.

9. Akko, die Kreuzfahrerfestung am Meer

Hohe gewaltige Mauern, Bollwerke einstiger Macht, fest gegründet und von den Meereswogen umspült, die über die Jahrhunderte hinweg so manchem Angreifer getrotzt haben, nehmen uns in Akko in Empfang. Im Anblick dieser Festung muss man sich im Klaren sein, dass hier – fern von der Heimat – europäische Geschichte geschrieben wurde. Unsere Vorfahren haben hier gekämpft, Akko ist die Kreuzfahrerstadt schlechthin. Sie wurde als erste Stadt nach Jerusalem (Eroberung 1099) im Jahr 1104 durch Balduin, den jüngeren Bruder von Gottfried von Bouillon – wir werden in Jerusalem noch auf ihn zu sprechen kommen – erobert. Die Stadt wurde hart umkämpft, wurde von Saladin zurückerobert und fiel 1191 nach langer Belagerung durch Richard Löwenherz wieder an die Kreuzritter.

Wir betreten die Altstadt durch eins der vielen Tore in Richtung der Zitadelle. Diese Festung am Meer ist neben der Al-Jazzar-Moschee das am deutlichsten sichtbare Gebäude im Stadtbild. Dabei kommen wir an einer der fünf Kirchen der Stadt vorbei, welche zu dem im Jahr 1217(!) von Bruder Elias von Cortona gegründeten Franziskanerkloster gehört. Es ist das erste Kloster der Franziskaner in Palästina, das 1219 vom heiligen Franziskus selbst besucht wurde. Die Liebe des heiligen Franziskus zum Heiligen Land ist auch der Grund, warum heute der größte Teil der Pilgerorte von den Mönchen aus Assisi betreut wird. Was viele nicht wissen: Der heilige Franziskus selbst war Teilnehmer am V. Kreuzzug. »Was! Der heilige Franziskus ein böser Kreuzritter? Das ist unmöglich!«, wird mancher Leser jetzt denken.

Darauf sind zwei Dinge zu antworten. Erstens: Die Kreuzfahrer waren nicht die blutrünstigen, zwangsbekehrenden und skrupellosen Fanatiker, zu welchen eine anti-kirchliche Geschichtsschreibung sie verfälscht. Auf die wahren Beweggründe der Kreuzzüge kommen wir am Ende dieses Kapitels noch zu sprechen. Zweitens: Der heilige Franziskus ist zwar im Kreuzzugsheer mitgezogen, aber – wie könnte es anders sein für den Troubadour aus Assisi – ohne Schwert und Rüstung, völlig unbewaffnet. Sein Ziel war es, den Kreuzzug ohne Blutvergießen zu beenden, durch die, wie ihm schien, einfachste und zugleich logischste aller Lösungen: die Bekehrung des Sultans.

Wenn man die Festungsmauern von Akko sieht, kann man sich gut vorstellen, wie es gewesen sein muss, als Franziskus vor den Mauern der Stadt Damiette im Nildelta stand. Franziskus war über die mangelnde Tugend mancher Kreuzfahrer schwer enttäuscht: »Brüder, besinnt euch, nicht die Muslime versperren euren Weg, sondern euer eigener Teufel, euer Hass und eure Habsucht«, so redet er den Kreuzfahrern ins Gewissen, wie es Thomas von Celano berichtet. Er verließ das Lager der christlichen Kämpfer und begab sich alleine und mit seinem Bußgewand angetan zum Quartier des Sultans, wahrscheinlich sogar als Emissär des christlichen Heeres und seines Heerführers Pelagius. Da er immer wieder das Wort »Soltan«, »Soltan« wiederholte, beschlossen die Wachen der Stadt, den völlig unbewaffneten und ihnen etwas verwirrt erscheinenden Christen tatsächlich vor den Sultan zu bringen. Was sich nun vor den Augen des Sultan Al-Kamil ereignet hat, findet sich nicht nur in den wunderbaren Fioretti (Blütenlegenden) aus dem Leben des heiligen Franz. Diese Begebenheit ist auch in außer-franziskanischen Quellen belegt, beispielsweise bei dem Kreuzzugs-Chronisten Oliver von Paderborn. Doch hören wir selbst, wie sich die Israelreise des heiligen Franz zugetragen hat:

Von Begeisterung für Christi Glauben entflammt und von dem Wunsche beseelt, als Märtyrer sein Leben hinzugeben, zog Sankt Franziskus einst über das Meer und mit ihm seine zwölf heiligsten Jünger, um sich geraden Weges zum Sultan von Babylon zu begeben. Sie kamen in eine Stadt der Sarazenen. Dort waren alle Straßen von so grausamen Männern bewacht, dass kein Christ sie zu durchschreiten wagte, es sei denn, er büßte seinen Mut mit dem Leben. Gott aber gefiel es, dass sie nicht starben, sondern ergriffen, gebunden, geschlagen und vor den Sultan geführt wurden.

Und als sie vor ihm standen, predigte Sankt Franziskus, vom Heiligen Geist beseelt, so gotterfüllte Worte über den Glauben Christi, ja, er begehrte sogar, für seinen Glauben durch das Feuer zu schreiten, so dass der Sultan innige Ehrfurcht vor dem Heiligen empfand, sowohl wegen der Standhaftigkeit, die er im Glauben, wie auch wegen der Missachtung, die er der Welt gegenüber bekundete. Auch bewunderte er seine Enthaltsamkeit, weil er keine Geschenke annehmen, sondern ganz arm bleiben wollte, und sein mutiges Herz, weil er das Martyrium ersehnte. Seitdem hörte der Sultan gern auf seine Worte und bat ihn, oft zu ihm zu kommen, erlaubte auch ihm und seinen Gefährten, überall zu predigen, wo es ihnen beliebte. Ferner verlieh er ihnen ein Abzeichen, das sie gegen jede Unbill feite.« (Fioretti, Nr. 24)

Allein dieser kleine Abschnitt würde schon genügen, um Franziskus aus dem gefühlsweichen und sentimentalen Licht herauszuholen, in das er nur allzu oft gerückt wird. Franz ist bereit, sein Leben aufs Spiel zu setzten für den wahren Glauben, sich in glühende Feuerflammen zu begeben, um den Sultan von seinem falschen Glauben an Mohammed zu bekehren. Franziskus ist nicht der verträumte Schmetterlingsfänger und Naturliebhaber. Eigentlich muss sich der Heilige von Assisi im Grabe umgedreht haben, als das Religionstreffen von 1986 genau in seiner Kirche stattfand und man seinen geliebten Jesus, den Sohn Gottes und Stifter der einen wahren Religion, mit all den dort vertretenen Ideologien auf eine Stufe stellte!

Mittlerweile haben wir die Stadtmauern umrundet und sind auf dem Weg zur Festung am Meer. Akko scheint zwar nur eine kleine Stadt am Meer zu sein, historisch gesehen aber ist die Stadt von großer Bedeutung. Hier wurde nicht nur europäische, hier wurde auch deutsche Geschichte geschrieben: 1190 gründeten Lübecker und Bremer Kaufleute während der Belagerung der Stadt den Deutschen Orden, welcher 1198 in einen Ritterorden umgewandelt wurde. Akko war bis zum Verlust der Stadt im Jahr 1291 Sitz des Hochmeisters des Ordens, danach folgte Venedig und schließlich 1309 die Marienburg bei Danzig. Vor den Stadtmauern von Akko starb der Sohn Friedrich Barbarossas, Herzog Friedrich von Schwaben, nachdem er kurz zuvor den Kaiser und Vater in Tyros zu Grabe getragen hatte.

»Hier irgendwo muss es gewesen sein«, sage ich. »Was suchen Sie, Herr Pater?«, fragt einer der Pilger. »Na ja, ganz genau wird man den Ort sicher nicht mehr finden. Viele moderne Historiker halten es ja auch nur für eine Legende, obwohl das Ereignis schon im Jahr 1260 in einer Urkunde belegt ist.« »Was denn?« »Tja, beim Besuch von Akko schlägt das Herz eines jeden echten

Österreichers höher«, sage ich nicht ohne Stolz in der Stimme. Im Jahr 1191 wurde die schwerste Schlacht der Belagerung von Akko geschlagen, und der Babenberger und Herzog von Österreich, Leopold V. der Tugendhafte, war vom Kampf erschöpft und sein Gewand blutrot. Als er müde den Schwertgürtel abnahm, wurde dort, wo der Gürtel war, ein weißes Band sichtbar. Die Nationalfarben von Österreich waren geboren: Rot – Weiß – Rot. Aufgrund seines Mutes in der Schlacht verlieh ihm Heinrich VI. im Jahr 1191 zur Verewigung des Heldenmutes dieses Wappen. Das Gewand soll noch bis ins 16. Jahrhundert aufbewahrt worden sein, zuerst in Maria Enzersdorf, dann in Perchtoldsdorf, und erst um 1683 ist es in der zweiten Türkenbelagerung verschollen.

Bleibt nur noch zu berichten, dass Akko einer der letzten Stützpunkte der Kreuzfahrer war, nachdem Jerusalem von den Moslems im Jahr 1244 zurückerobert worden war. Am 18. Mai 1291 fiel die Festung in die Hand der Mamelucken, und mit dem Fall dieses großen, letzten Bollwerkes der Christen war die Ära der Kreuzzüge beendet.

Auf den großen, breiten Mauern lässt sich angenehm spazieren. »Passen Sie auf, Herr Pater! Sie fallen gleich hinunter«, warnen die Mitpilger. Na, so schnell stürzt man nicht ab, wenn man aus den Bergen kommt. Dafür genieße ich den salzigen Wind, der vom Meer hereinbläst. »Wer Akko erobert, erobert die Welt!« soll Napoleon 1799 ausgerufen haben, nachdem er die Stadt 61 Tage lang vergeblich belagert hatte. Von ihm zurückgelassene Kanonen stehen noch heute auf dem Festungswall. Der Seegang des Mittelmeeres bricht sich am felsigen Strand zu weißen, scharfen Wellen, die unaufhörlich versuchen, die Steine zu durchschneiden, wie einst die Belagerer. Aber die stehen fest und unbekümmert, das Wasser vermag sie nur zu befeuchten und ein wenig Tang zwischen die Fugen zu heften. Wie viele Menschenschicksale haben diese Mauern gesehen, wie viel Mut, Begeisterung und Hoffnung, aber auch Leid, Enttäuschung und Tod. Heute fahren die Autos an dem Festungswall vorbei. Das Rad der Zeit dreht sich unaufhörlich weiter. Wie unberührt vom Wandel der Lebensweise der Menschen stehen die Festungsmauern als Zeugen der Blütezeit des Mittelalters, als Andenken an die Kreuzritter.

Die Kreuzritter werden oft verleumdet als die Übeltäter des Mittelalters. Aber waren ihre Beweggründe wirklich so unehrenhaft, dass sie das verdient hätten? Die Antwort ist mit Sicherheit: Nein. Zunächst einmal muss der größte Irrtum entlarvt werden, der in fast allen Köpfen herumspukt: Bei den Kreuzzügen ging es NICHT um ein gewaltsames Ausbreiten des christlichen Glaubens. Das verbietet der Glaube in sich, denn Glaube kann nur freiwillig sein: »Credere nisi volens« sagt Augustinus schon im 4. Jahrhundert, und Thomas von Aquin wiederholt es für alle Theologen im Hochmittelalter. Was also bewog die Kreuzfahrer, diese übergroßen Strapazen auf sich zu nehmen, an denen viele schon auf der Reise starben, nicht zuletzt Kaiser Friedrich Barbarossa selbst? Die Antwort ist ebenso einfach wie nachvollziehbar, wird aber in den Geschichtsbüchern geflissentlich verschwiegen. Auslöser der Kreuzzüge war der größte Terroranschlag des Mittelalters: Die Zerstörung der Grabeskirche im Jahr 1009. Wir werden in einem späteren Kapitel noch darauf zurückkommen. Der fatimidische Kalif Abu Ali al-Mansur al-Hakim (996–1021) befahl dem Gouverneur von Ramla, das wichtigste Heiligtum der Christenheit »zu zerstören, ihre (christlichen) Symbole zu entfernen und alle Spuren von ihr und die Erinnerung an sie zu beseitigen«. Die Einrichtungen, darunter ihre kostbaren Ikonen, wurden entfernt und verbrannt, die Kirche aber bis auf die Grundmauern geschleift, »mit Ausnahme dessen, was nicht zerstört werden konnte oder nur mit Mühe auszugraben und fortzuschaffen war«. Das Heilige Grab selbst, die damals noch komplett erhaltene Felsenhöhle, die zur Stätte der Auferstehung Christi geworden war, sollte weggemeißelt werden. »*Da sie nicht imstande waren, ihn zu zerschlagen, setzten sie den Felsen einem mächtigen Feuer aus*«, berichtet ein Augenzeuge, der Benediktinermönch Ademar von Jerusalem, voller Entsetzen. Dann wurde das Feuer mit kaltem Wasser gelöscht, der brüchig gewordene Stein »abgebrochen«. Nur ein Stumpf trotzte der nackten Gewalt, darunter die Steinbank, auf der einst der Leichnam des Gekreuzigten lag.

Ein Aufschrei des Entsetzens ging durch die christliche Welt, als man in Europa von der Schändung der heiligen Stätte erfuhr. Ist es verwunderlich, dass hier die Empörung, Wut und Ohnmacht überging in den Ruf: Das lassen wir uns nicht bieten?

Wir erobern die heiligen Stätten zurück! Man darf nicht vergessen, dass es um die Jahrtausendwende zu einem Höhepunkt der Heilig-Land-Wallfahrten kam. Jeder wollte einmal im Leben das Land Jesu sehen. Der Terroranschlag auf die Grabeskirche war nur der Höhepunkt einer lang andauernden Demütigung, Verfolgung ja Hinmordung von Christen und christlichen Pilgern in Palästina. Die Christenverfolgung im Heiligen Land nahm ihren Anfang mit dem Eindringen der türkischen Seldschuken. Die Mohammedaner, die Jerusalem selber als einen heiligen Ort achteten, behinderten die christlichen Pilger im Allgemeinen nicht. Anders wurde dies jedoch, als die türkischen Seldschuken, ein kriegerisches Nomadenvolk aus Innerasien, sich in Kleinasien ausbreiteten und dort ein mächtiges Reich gründeten. Sie eroberten Jerusalem und erlaubten den christlichen Pilgern den Zutritt zur heiligen Stadt zunächst noch gegen Entrichtung eines Goldstücks. Der Geschichtsschreiber Wilhelm von Tyrus schreibt: »Aber die Armen, die auf der langen Wanderschaft alles verloren hatten und kaum mit heilen Gliedern an ihr Ziel gekommen waren, woher sollten sie nehmen, was ihnen als Tribut abgefordert wurde? Da lagen nun Tausende von ihnen, des Eintritts harrend, zusammengepfercht vor den Toren der Stadt, nackt und hungernd; lebend wie tot waren sie den Bürgern eine Last.«[3] Schikanen aller Art mussten auch die in Jerusalem ansässigen Christen erdulden. »Wenn sie ihren Gottesdienst hielten«, berichtet Wilhelm von Tyrus weiter, »stürmten die Ungläubigen tobend in die Kirche, setzten sich auf die Altäre, warfen die Kelche um, rissen den Patriarchen an Haaren und Bart zu Boden.« Solche Schreckensnachrichten hielten jedoch die abendländischen Christen nicht ab, weiterhin die Beschwerlichkeiten und Gefahren der weiten Reise ins Heilige Land auf sich zu nehmen. Aus den Schikanen wurden schließlich offene Verfolgung, Raub und Mord der Christenpilger. Ein Pilgerzug aus Mainz, Bamberg, Regensburg und Utrecht mit Tausenden von Gläubigen wurde am Karfreitag des Jahres 1064 bei Caesarea samt Frauen und Kindern niedergemetzelt. Die Mehrheit der Pilger war unbewaffnet. Sie versuchten, vor den Pfeilen der Moslems hinter den Karren, die sie mitführten und in denen sie ihre Frauen, Kinder und Kranken bargen, Schutz zu suchen. Das Massaker

---

3 aus: »Historia rerum in partibus transmarinis gestarum«

dauerte vom Karfreitag bis Ostern. Unter den Toten befand sich auch der Bischof von Utrecht. Solche Zwischenfälle waren nichts Außergewöhnliches, sie waren für die Pilger an der Tagesordnung. Der geschilderte erregte besonderes Aufsehen wegen der hohen Zahl der an der Pilgerschaft Beteiligten und der entsprechend großen Zahl der Opfer.

Wer will mit diesem Wissen immer noch richten über die Ritter, die sich aufmachten, um diesen Gräuel an heiliger Stätte ein Ende zu machen? Natürlich mischte sich in die ursprüngliche Idee auch Missbrauch, Abenteuerlust und Habgier, aber das wurde schon von den Christen selbst erkannt und angeprangert, wie das Beispiel des heiligen Franz zeigt. Jedenfalls sollte man bei der Bewertung der Handlungen und Taten von Menschen immer zuerst den historischen Kontext betrachten, um wenigstens zu *versuchen*, möglichst alle Umstände zu berücksichtigen.

Als wir auf der asphaltierten Straße Richtung Haifa dahinbrausen, vorbei an Tankstellen und Raststationen, wird mir einmal mehr bewusst, dass spätere Generationen ja auch über uns richten werden. Sie werden dann feststellen, dass es auch im 20. und 21. Jahrhundert einen Kreuzzug im Nahen Osten gab. Der hatte allerdings von Anfang an keine ehrenvolle Zielsetzung, sondern galt dem Öl, den Waffen und der geopolitischen Hegemonie.

10. Aufstieg zum Berge Karmel

Es ist eines jener Bücher, welches alle Alumnen eines Priesterseminars im ersten Jahr ihrer Ausbildung nur mit Ehrfurcht nennen, da sie gewöhnlich von ihrem Seelenführer die Weisung erhalten: Dieses Buch ist noch nichts für Sie. Das muss man später lesen, wenn man in der Aszetik und Abtötung des eigenen Willens weiter vorangekommen ist. Gehorsam legt man es also wieder beiseite und betrachtet wenigstens den Titel: »Aufstieg zum Berge Karmel«. Das Buch stammt aus der Feder des großen Mystikers und Theologen Johannes vom Kreuz. Heute werde ich das vollbringen, wovon ich schon als junger Seminarist geträumt habe: Ich erklimme den Berg Karmel!

Allerdings haben wir die Strapazen, welche Johannes vom Kreuz für diesen Aufstieg prophezeit, mit Hilfe der modernen Technik umgangen: Vom Landesinnere kommend, fahren wir mit dem Auto bis ans Ende der Gebirgskette, die den hebräischen Namen »Karmel« trägt. Kurz vor dem Meer bricht sie unvermittelt ab, und stürzt steil hinab bis an den 500 Meter tiefer liegenden Strand. Gewaltige Frachtschiffe und kleine Fischkutter steuern dort unten den größten Umschlaghafen Israels an: Haifa.

Mit meinem Mitbruder und Herrn Doktor P. aus Belgien stehe ich auf der Aussichtsterrasse und frage mich, ob Johannes vom Kreuz je hier war, auf jenem Berg, dem der Karmel-Orden seinen Namen verdankt. Die ersten Ordensbrüder, die Mitte des zwölften Jahrhunderts hier eine Niederlassung gründeten, waren fasziniert vom großen Einsiedler des Alten Testamentes, der ebenfalls hier wirkte, vom Propheten Elias. Doch dazu später. Die Brüder mussten im 13. Jahrhundert wegen der muslimischen Invasion auswandern und nahmen den Ordensnamen mit. So kam der Berg Karmel nach Europa, und alle Karmel-Klöster der Welt verdanken ihren Namen diesem Berg.

Der Name Karmel ist abgeleitet aus zwei Wörtern. »Kerem« bedeutet »Weingarten«, und »el« ist die allbekannte Abkürzung für »elohim«, das heißt auf Deutsch »Gott«. Wann immer ein Name mit »el« zu hören ist, sind zwei Dinge bereits klar: Der Name ist hebräischen Ursprungs und Gott ist darin genannt. Dabei spielt es keine Rolle, ob »el« vorangestellt oder angefügt wird: Michael, Gabriel, Samuel oder Elisabeth, Elias. Von den Kanaanäern wurde auf dem »Dschabal al Karmal«, wie ihn die Araber nennen, der Götze Baal verehrt. Um 1000 v. Chr. gliederte David das Gebiet in sein Reich ein. Heute ist der Karmel wegen seiner hohen Niederschlagsmenge und der daraus resultierenden Üppigkeit der Vegetation zum Nationalpark erklärt. Doch bereits in der Heiligen Schrift ist der Karmel ein Symbol der Fruchtbarkeit und Schönheit. »Wie die Blume möge sie üppig sprießen und jubeln, ja, jubeln und jauchzen! Die Herrlichkeit des Libanon wird ihr zuteil, die Pracht des Karmel und Saron.« (Is 35,2) »Dein Haupt über dir ist wie der Karmel, deines Hauptes Geflecht gleicht dem Königspurpur, gebunden in Zöpfen.« (Hoh 7,6)

Das Meer! Wie prächtig liegt es vor uns in Azurblau, von der Höhe des Berges aus majestätisch zu bestaunen. Gemäß den Worten des Psalmisten darf es das Land nicht betreten: »So hast du den Wassern Grenzen gesetzt, die sie nicht überschreiten. Sie dürfen nicht nochmals bedecken das Land.« (Ps 103,9) So hält es also gehorsam Abstand vom Festland, schickt seine Wellen an den Strand und natürlich seinen liebsten Gefährten, den salzigen Seewind, der uns ganz schön durch die Haare bläst! Er ist uns sehr willkommen, denn wir geraten ganz schön ins Schwitzen, als wir den schmalen Weg von der Plattform wieder hochpilgern zum Parkplatz. »Höchst anstrengend«, sagt Johannes vom Kreuz, »ist der Aufstieg zum Berge Karmel.« Wenn er sehen könnte, wie wir schon bei den letzten Metern schnaufen, er würde wohl mehr als schmunzeln. Zu alledem scheinen sich auch noch die Möwen über uns lustig zu machen. Genussvoll lassen sie sich knapp über unseren Köpfen vom Meereswind tragen und krächzen uns zu: »Unbeschuht müsste man sein! Seht uns an!« Aber ein Trost ist uns geblieben: Die eigentliche Herausforderung des Karmel besteht nicht in körperlicher Anstrengung, sondern ist geistiger Natur. Die Überwindung dessen, was tiefer in uns verankert ist als alle Boote der nahen Küstenstadt Haifa: der Eigenwille. Den zu überwinden ist das Größte. Und doch beten wir in jedem Vaterunser oft einfach hin, ohne nachzudenken: »DEIN Wille geschehe.«

Nach der kleinen Wanderung taucht schließlich die Kuppel des Klosters Stella Maris vor uns auf. Wir treten ein, und unsere Augen brauchen ein wenig, bis sie sich an das Halbdunkel gewöhnt haben. Dann aber findet die Seele Ruhe vor der großen Statue Unserer Lieben Frau vom Berge Karmel. In der Hand hält sie – wie könnte es anders sein – das Skapulier, auf ihrem Schoß thront, ebenso gekrönt wie die Muttergottes selbst, das Jesuskind. Ich bete mein Brevier, bis wir schließlich dem Sakristan folgen, der uns hinter die große Muttergottesstatue führt. Dort ist eine mittelgroße Kapelle, und an ihrem Altar darf mein Mitbruder zelebrieren. Ein schöner Ort, das heilige Messopfer darzubringen, auf dem Berg Karmel, dem Symbol der mystischen Hochzeit zwischen der Seele und Gott. Anschließend begeben wir uns wieder in das Hauptschiff. Dort werden wir Zeuge eines ungewöhnlichen Ereignisses, der Taufe von gleich acht Kindern. Ein wahrhaft orientalisches Durcheinander! Etwa fünfzig Personen, Eltern, Paten, Bekannte, Verwandte, Kinder umlagern das Taufbecken, der Pfarrer mittendrin. Der empfängt der Reihe nach die Babys und taucht sie vollständig unter, wie es im orientalischen Ritus üblich ist. Da den Kleinen das Wasser viel zu kalt ist, beginnen sie, aus Leibeskräften zu schreien. Ein treffliches Konzert, nur unterbrochen von dem Zureden der Mütter, die ihren Liebling zu beruhigen suchen, und den Ehemännern, die verzweifelt bemüht sind, die übrigen Kinder der Familie in Zaum zu halten, die schon längst begonnen haben, im Kirchenraum Unfug zu treiben. Zwischendurch übertönt wieder der Pfarrer lautstark das allgemeine Gerede in der Kirche, wenn er das nächste Kindlein Gottes mit breitem, zufriedenem Lächeln in das kalte, für die Seele aber reinigende Bad taucht. Der Orient, wie er leibt und lebt.

Doch nun zur eigentlichen Besonderheiten dieser Kirche. Unterhalb der großen Muttergottesstatue Unserer Lieben Frau vom Berge Karmel befindet sich eine Höhle aus Stein. Sie ist von den seit Jahrhunderten hier angezündeten Kerzen ganz schwarz und rußig, und wenn man sie betritt, riecht man geradezu den alten, feucht-rauchigen Felsen. Etwa drei bis vier Meter reicht sie in das Innere des Berges hinein. Am Eingang stehen Worte, die das Herz jedes Lateiners höher schlagen lassen »*Hanc aliquando speluncam incoluit magnus ille prophetarum dux et pater: Elias Thesbites.*« »Diese Höhle hat einstens bewohnt jener Führer und Vater der Propheten: Elias Thesbites.« Hier also verehrt die Tradition die Höhle, in welcher der große Mann Gottes sein karges Leben führte. Elias ist nicht nur irgendein Name unter den Propheten. Er ist *der* Prophet des Alten Bundes schlechthin. Das belegt schon die Tatsache, dass die Juden zur Zeit Jesu wussten: Bevor der Messias kommt, muss Elias wiederkommen, um seinen Weg zu bereiten. Der Mann, der in der Kraft des Elias kam, war Johannes der Täufer. Elias' Größe wird auch im Neuen Testament sichtbar, da Jesus bei der Verklärung auf Tabor keinen anderen Propheten erscheinen lässt als eben Elias – neben Mose, dem Altvater aller Patriarchen und Gesetzgeber des Alten Bundes.

Elias ist der Eiferer Gottes, der Wortgewaltige, der Wunder wirkt und Tote erweckt. Sein Gebet ist so mächtig, dass Gott ihn fast unfehlbar erhört: »So wahr der Herr, der Gott Israels, lebt, in dessen Dienst ich stehe, in diesen Jahren soll weder Tau noch Regen fallen, es sei denn auf mein Wort hin!« (1. Kön 17,1) Da regnete es nicht mehr in Israel, drei Jahre lang. Am Ende dieser Zeit trifft König Achab den Elias und macht ihm wegen der Dürre und der damit verbundenen Hungerkatastrophe Vorwürfe: »Bist du es wirklich, du Verderber Israels?« Der Gottesmann zögert nicht einen Augenblick, dem König den Vorwurf ins Gesicht zu schmettern: »ICH habe Israel nicht ins Verderben gebracht, sondern DU und deine Familie, weil ihr die Gebote des Herrn verließet und weil DU den Baalen nachgegangen bist!« Wer müsste jetzt noch erklären, was kommt. Ein Gottesgericht, wie es im Alten Bund vorher und nachher nicht gesehen wurde, außer an dem Tag, da die Rotte der gottlosen Anbeter des Goldenen Kalbes in der Wüste Sinai vernichtet wurde. Feuer fällt vom Himmel auf das Opfer des Elias, das er zuvor noch mit Wasser überschütten lässt. Die Baalspriester springen um ihr Opfertier herum, fügen sich Wunden zu und treiben es von Stunde zu Stunde toller, während Elias ironisch fragt: »Ruft recht laut! Er ist ja ein Gott. Vielleicht ist er beschäftigt oder ausgetreten oder verreist. Vielleicht schläft er auch und muss erst aufwachen.« (1. Kön 18,27)

Im Halbdunkel der Grotte kommt mir ein Gedanke: Ob es wohl jemanden gibt, der heute die gleiche Bitte an Elias richten darf wie einst sein Schüler Elisäus, der die Himmelfahrt des Elias miterleben durfte. »Möchten doch zwei Drittel deines

Geistes auf mich übergehen!« (2. Kön 2,9) Zwei Drittel, das war nach dem Gesetz des Mose der Anteil, der dem Erstgeborenen zufiel (Dt 21,17). Wie schade ist es doch, dass diese Zeit der wahrhaftigen Gottesmänner vorbei ist. Oder etwa doch nicht?

Ein Mann, der mit Sicherheit den Anteil des Erstgeborenen erhalten hat, ist jener katholische Erzbischof des 20. Jahrhunderts. Im Jahr 1986 rief er den römischen Kardinälen diese mahnenden Worte zu:

»Der erste Artikel des Credo und das erste Gebot des Dekaloges werden durch denjenigen, der auf dem Stuhl Petri sitzt, in aller Öffentlichkeit mit Füßen getreten. Das Ärgernis in den Seelen der Katholiken ist unvorstellbar. Die Kirche wird dadurch in ihren Grundfesten erschüttert. Wenn der Glaube an die Kirche, die einzige Arche des Heils, verschwindet, dann ist es die Kirche selbst, die verschwindet. Ihre ganze Kraft, ihre ganze übernatürliche Aktivität hat diesen Artikel unseres Glaubens zum Fundament. Wird Johannes Paul II. fortfahren, den katholischen Glauben zu zerstören, in aller Öffentlichkeit, insbesondere in Assisi, wo ein Festzug der Religionen in den Straßen der Stadt des heiligen Franziskus vorgesehen ist und diese Religionen aufgeteilt werden auf die Kapellen und Basiliken, um dort ihren Kult zu vollziehen zugunsten eines Friedens, wie er von der UNO konzipiert wird?«

Anlass für dieses Schreiben war das umstrittene und berüchtigte Religionstreffen von Assisi. Jesus, der wahrhaftige Sohn Gottes wurde damals mit unzähligen anderen Weltanschauungen auf eine Stufe gesetzt. Zur Zeit des Elias gab es nur noch 7000 Männer in Israel, die ihr Knie nicht vor dem Götzen Baal beugten. Wie viele Katholiken gibt es heute, die nicht mitmachen bei der »Religion aller Religionen«? Fast jedermann hat sich dem Dogma der Freidenker ergeben, das im 18. Jahrhundert erdacht, mit dem Konzil Eingang in das Denken des einstmals katholischen Volkes fand: »Egal, was du persönlich für einen Glauben hast, Hauptsache du bist ein guter Mensch.« In diese Vorstellung lassen sich alle integrieren, außer das rechtgläubige Israel, das mit Mose ruft: »Ich bin der Herr, dein Gott. Du sollst keine fremden Götter neben mir haben.« Und die katholische Kirche aller Zeiten, welche die Worte Jesu wiederholt: »Niemand kommt zum Vater als durch mich.«

(Joh 14,6) Für Israel kämpfte Elias, für die katholische Kirche Erzbischof Lefebvre.

Hier, an der Grotte des Elias, bete ich für die katholische Kirche. Möge Gott ihr wieder wahrhaft erleuchtete Hirten senden, begnadete Bischöfe, heilige Priester, die das 2000-jährige Erbe Jesu Christi treu und ohne Abstriche verwalten.

11. Jerusalem, die goldene Stadt.

Es gibt eine Legende, die Folgendes erzählt: Als Gott die Welt erschuf, da verfügte er über zehn Teile Schönheit. Acht davon verwendete er für die Stadt Jerusalem. Wir verlassen Nazareth mit unserem Minibus und fahren nach Süden. Ein letzter Blick zurück auf das liebliche Galiläa, die grasbewachsenen Hügel, dann führt uns die Straße durch die weite Jezreel-Ebene unweit der Küste entlang. »Kann ich mal die Karte sehen? Warum fährst du nicht über Nablus? Das ist kürzer«, fragt mein Mitbruder. Wir wären dann an der östlichen Seite des Landes, sprich dem Jordan entlang gefahren, weil man auf diesem Weg am Jakobsbrunnen vorbeikommt. Diese Route führt aber durch die sogenannte »Westbank«, das palästinensische Autonomiegebiet, und es ist im Augenblick nicht ratsam, mit israelischem Leihauto als Tourist durch dieses Gebiet zu fahren. Es gibt sehr viele Checkpoints, und eventuell wird einem die Passage verwehrt.

Wir erreichen Jerusalem und haben erst einmal Pech. Ein technisches Problem hat unser Leihauto lahmgelegt, wir müssen es auswechseln lassen. So stehen wir in Neu-Jerusalem im Stau, und unsere Geduld wird ordentlich geprüft. Endlich, die Hertz-Autoverleihstation! Doch dort beginnt das Warten von neuem. Bis der Ersatzwagen endlich eintrifft, ist viel wertvolle Zeit verronnen, Zeit, in der man hätte Jerusalem besichtigen können. Der neugebaute Teil der Stadt ist nicht im eigentlichen Sinn besonders sehenswert, er unterscheidet sich nicht übermäßig von anderen modernen Großstädten mit ihren Banken, Einkaufsstraßen und Hotels. Erst als wir Richtung Altstadt aufbrechen und unseren jetzt ohne technische Tücken laufenden Minibus vor dem Damaskustor parken, schauen wir auf die wohl beeindruckendste Stadt der Welt. Zum ersten Mal sehen meine Begleiter die Stadttore des irdischen Jerusalem, wie es schon vor 2000 Jahren bestand. Eine unglaubliche Faszination geht von diesem Anblick aus. Egal, von welcher Seite man sich der Altstadt nähert, sei es von Norden entlang der prächtigen Stadtmauer mit dem Damaskustor – wie wir es gerade machen – oder von Westen über das Jaffa-Tor mit dem majestätischen Blick auf die Festung des Herodes oder von Osten, vom Ölberg, kommend, jenem Weg folgend, welcher den Blick auf den Tempelplatz in seiner ganzen Größe möglich macht, egal also, von welcher Seite man sie betritt, das ist die Stadt der Städte. Es ist die heilige Stadt, der Lieblingsaufenthalt Gottes, wie es in der Heiligen Schrift heißt. Der Ort seiner Wahl, seines Volkes, seines Erlösungsopfers. Hier fand das wichtigste Ereignis der Weltgeschichte statt, die Kreuzigung des Gottessohnes zur Tilgung der Sündenschuld der Menschheit. Um diese Mauern, um diese Stadt hat Christus geweint: »Jerusalem, Jerusalem, wenn doch auch du erkannt hättest!« Das ist die Stadt, die Christus mit innigster Zärtlichkeit geliebt hat: »Ich wollte deine Bewohner sammeln wie eine Henne ihre Küchlein!« (Mt 23,37) Hier wurde über ein halbes Jahrtausend tagtäglich ein Opfer vollzogen, das Vorbild, Symbol und Hinordnung auf das Opfer Jesu war: das Tempelopfer des Alten Bundes.

Damals, als den Christen die gewaltige, Jahrhunderte übergreifende Herkulestat der Bekehrung des heidnischen Weltreiches bevorstand, waren in Rom und Athen Jupiter und Zeus die vermeintlichen Herrscher einer grausamen Welt. Wotan forderte von den Germanen die Schädel seiner Gegner, Moloch ließ sich Kinder bei lebendigem Leib opfern, für den Sonnengott Ra mussten tausende Sklaven das Leben lassen, da warst du bereits die Stadt des einen, wahren Gottes. Die Stadt JHWHes, die goldene Stadt, denn das Gold deines Tempels erstrahlte machtvoll in der Morgensonne, die Rauchsäule der immerwährenden Tempelopfer war weithin zu sehen.

Wir schreiten ehrfurchtsvoll durch das Damaskus-Tor, folgen der Al Wadi Straße, die sich mit der Via dolorosa an der 3. und 4. Kreuzwegstation vereint.

Beim Anblick dieser Stadt beginnt dem Betrachter die ganze Tragweite der geschichtlichen Auserwählung zu Ruhm und Fall dieses Ortes klar zu werden. Christus musste hier geopfert werden, doch gleichzeitig war die Tat, die seinen Tod verursachte, das Ende dieser Stadt. In diesen Mauern stachelten die Pharisäer das einfache Volk zum Geschrei auf. »Kreuzige ihn! Kreuzige ihn!« Die unsichere, aber auch spöttische Frage des Pilatus lautete: »Regem vestrum?« – »Euren König soll ich kreuzigen?« Die Antwort des Volkes besiegelte das Ende der Auserwählung und gab einer anderen Stadt das Vorrecht, Stadt Gottes genannt zu werden: »Wir haben keinen König als den Kaiser!« Den Kaiser von Rom, müsste man hinzufügen. Eben dieser Kaiser hat dreihundert Jahre später Christus als König anerkannt. Die einst heidnische Weltbeherrscherin am Tiber hat das gerufen, was Jerusalem hätte rufen sollen: Christus ist mein König! So sehr hat das Christentum die Stadt Rom verändert, dass nach dem Untergang des Kaisertums der Stadt ein neuer Herrscher erstand: Der Papst, Bischof von Rom und Nachfolger des Mannes, zu dem Christus sprach: Du bist der Fels, auf dem ich meine Kirche baue. Auf Rom ist das übergegangen, was eigentlich die Berufung Jerusalems gewesen wäre: die Stadt des Statthalters zu sein. Aber sie hat es nicht erkannt. Es ist unglaublich, wie viel göttliche Auserwählung und Verwerfung hier nebeneinander liegen. Jerusalem, Jerusalem! Man kann sich an dieser Stelle mit dem heiligen Paulus die Frage stellen, ob diese Stadt den Verrat an ihrem eigenen König zurücknehmen und Christus anerkennen wird. Man könnte fragen, wann die Bewohner dieser Stadt rufen werden: »Baruch ha ba'a bschem Adonai! – Gepriesen sei der da kommt im Namen des Herrn.« Paulus selbst gibt die Antwort: »Am Ende der Zeiten, wenn die Vollzahl der Heiden das Heil erlangt hat, dann wird die Stunde der Juden gekommen sein.« (vgl. Röm 11,25) In Gottes Hand steht es geschrieben, und der menschliche Verstand ist wie ein Staubkorn vor der unendlichen Weite des göttlichen Heilsplanes. Uns steht es nicht zu, zu wissen, wann und wie Gott seine Pläne verwirklicht.

Man kann das Wort von Huntington in übertragener Form anwenden und ohne Übertreibung vom »Clash of religions« sprechen, um die Wucht zu beschreiben, welche von dieser Stadt ausgeht. Neben den heiligsten Stätten der Christenheit – Abendmahlssaal und Ölgarten, Kreuzweg und Grabeskirche, dem Obergemach des Pfingstfestes und einer Vielzahl anderer Kirchen und Heiligtümer – ist Jerusalem auch der Ort, an dem zwei verfeindete Weltanschauungen aufeinanderprallen: Der Islam und das Judentum. Das wird für den Besucher der Stadt so richtig spürbar vor allem abends, wenn die Sonne ihre letzten Strahlen auf die Stadtmauern wirft. Dann sieht man orthodoxe Juden in schwarzem Anzug und Hut von »Mea Shearim«, dem jüdischen Viertel unweit der Altstadt, zur Klagemauer eilen, während zugleich die Luft geradezu schwanger ist vom Ruf des

Muezzin, der aus den Megafonen von unzähligen Minaretten der Stadt dröhnt. Und oben, auf dem Tempelplatz, glänzt statt des Heiligtums des »Ha Schem« (jüdisch für das Wort J-H-W-E, dessen Aussprache dem strenggläubigen Juden untersagt ist) die goldene Kuppel der Omar-Moschee in der Abendsonne.

So viel unaufgelöste Spannung, Auserwählung und Heilserwartung kann nicht ohne Folgen bleiben. Es ist wohl eines der skurrilsten psychiatrischen Phänomene, aber mittlerweile unter den Ärzten anerkannt: Das Jerusalem-Syndrom. Jedes Jahr werden Dutzende ausländische Touristen davon befallen. Beim Anblick der Stadt halten sie sich plötzlich für einen Propheten oder irgendeine geschichtliche Person, von Moses bis Paulus oder sogar Jesus. In den 1930er Jahren beschrieb der israelische Psychiater Heinz Hermann das Krankheitsbild bereits als Jerusalem-Fieber. Doch war es Dr. Yair Bar El, ehemals Direktor der Psychiatrischen Kfar Shaul Klinik, der sich zwischen 1979 und 1993 eingehender damit beschäftigte. Er behandelte 470 Touristen, die vorübergehend für verrückt erklärt worden waren. Die Betroffenen ließen sich einen Bart wachsen oder hüllten sich in altertümliche Gewänder. Ein Mann verlangte vom Küchenpersonal seines Hotels, ihm das letzte Abendmahl zu bereiten. Ein Trost: Laut den Ärzten bleibt nur in den seltensten Fällen eine anhaltende Identitätsstörung.

Meine Begleiter staunen nicht schlecht, als ich ihnen von diesem Phänomen erzähle. Nur der Doktor meint lapidar und trocken: »Herr Pater, das Phänomen gibt es bei uns in der Kapelle auch. Dazu braucht man gar nicht nach Jerusalem zu reisen.« Wir müssen alle so laut lachen, dass sogar die Händler zu uns herüberblicken. Die Straßen der Altstadt sind eng und nur zu Fuß begehbar. Marktschreier und Beutelschneider säumen jede Elle der von den Touristen übervölkerten Straße. Wir durchwandern jene Gassen, über welche der Kreuzweg des Herrn führte, und die daher den geschäftstüchtigen Orientalen zum Feilbieten ihres Ramsches dienen. Würde man die ganze Billigware aus Fernost austauschen gegen orientalische Stoffe, fein gewebte Perserteppiche und kostbaren Schmuck, hätte man wohl einen Anblick wie zur Zeit Christi. Unsere Schritte führen uns in Richtung auf den Ort, der an jenem schicksalhaften Freitagmorgen das gesamte Volk anzog:

Das Prätorium des Statthalters Pontius Pilatus. Was kann man davon noch sehen? Nun, die Festung Antonia, Basis einer speziellen Einsatztruppe der Römer, ist im Laufe der Jahrhunderte vollständig zerstört worden.

Wohl aber wurden in den Jahren 1931 bis 1937 bei Ausgrabungen unter dem Kloster »Notre Dame de Sion« Kalksteinplatten von etwa zwei Metern Länge entdeckt, die das Niveau der Straße zur Zeit Christi zeigen. Auf den großen Quadersteinen, die man in der Krypta des Klosters besichtigen kann, wenn man bei den Schwestern ein wenig Eintritt zahlt, sind heute noch Spiele eingeritzt, mit welchen sich die Soldaten damals die Zeit zu vertreiben pflegten. Lithostrotos heißt der Ort auf Griechisch. Dort begann der Leidensweg des Herrn. Beim Verlassen dieser unterirdischen Gewölbe sieht man in der Kirche den sogenannten Ecce-Homo-Bogen. Er zeigt die Stadtmauer des alten Jerusalems aus hadrianischer Zeit. Der linke Teil des Bogens füllt den ganzen Altarraum. Hier also hat Pilatus den zerschundenen, zerschlagen und beklagenswerten Mann der Schmerzen vor die blutrünstige Menge gestellt. Er gab den Schreiern nach, so wie es oft in der Geschichte geschieht, aus Furcht vor dem Ende seiner Karriere. Er wollte ein »amicus caesaris«, ein »Freund des Kaisers«, bleiben.

Wir knien in der Kirche und stellen uns jenen Freitagmorgen vor, als das ganze Volk versammelt ist. Bestimmt haben hier einige wenige Mutige gestanden und aus voller Kehle gerufen: »Jesus, wir wollen Jesus!« Aber ihr couragiertes Auftreten ist ungehört verhallt und von der Masse überschrien worden. Ist es heute nicht ähnlich? Immer wieder sehen wir, dass die flehentlichen Rufe einiger weniger gläubiger Seelen vom Geschrei und Lärm der Masse übertönt werden. Der Gottlosen sind viele, die Frommen immer nur wenige. So scheint es wenigstens. »Muss das denn immer so sein?«, frage ich mich.

Wir verlassen das Kloster der Sionsschwestern, um dem Kreuzweg zu folgen, der hier seinen Anfang nimmt. Einst bestand die Aufgabe der Schwestern darin, für die Bekehrung des jüdischen Volkes zu beten. So hat es der Gründer, der gottselige Alfons Maria Ratisbonne, bestimmt, der sich selbst durch die Erscheinung der Gottesmutter der Wunderbaren Medaille vom Judentum zum katholischen Glauben bekehrt hat und Priester wurde. Vor vielen Jahren konnte ich einmal eine der Schwestern direkt fragen, ob sie denn heute noch für dieses Anliegen bete: »Nein, nein!«, war ihre erstaunte Antwort. »Die Juden sollen gute Juden bleiben!« Ach, wenn die Menschen doch erkennen würden, dass derjenige, den das nachbiblische Judentum ablehnt, die höchste und schönste Frucht aus ihrem eigenen Volk ist! Eigentlich müsste man bei den Juden nicht so sehr von Bekehrung sprechen, als vielmehr von einer »Meta-noia«, das Wort, das schon Johannes verkündete: Ein »Um-Denken«. Derjenige, den sie einst ablehnten, war selbst Jude, aus dem Stamm Juda, aus dem Hause Davids: *Joshua miin Nazareth*, oder wie wir ihn nennen: Jesus der Christus, Gottes Sohn und hochgelobt in Ewigkeit.

12. Fünf Hallen und eine Schatzkarte

Es gibt kaum einen Ort in diesen Gassen dieser Stadt, der nicht durch die Gegenwart des Gottmenschen geheiligt ist. Natürlich ist vieles durch die Jahrhunderte überbaut und verändert worden. Aber immer noch geht von der Altstadt ein unüberwindlicher Zauber aus. Die Christen des ersten Jahrtausends haben viele Andenken an das Leben Jesu in das Abendland gebracht, nicht zuletzt um sie vor der Zerstörung zu retten. Allen voran das Grabtuch Jesu, heute im Dom von Turin. Die Werkzeuge der Erlösung, das Kreuz, die Nägel, die dreisprachige Inschrift wurden von Kaiserin Helena im 4. Jahrhundert wiedergefunden und nach Rom gebracht, ebenso wie die »santa scala«, die heilige Stiege, jene Treppe, die Jesus gefesselt hinaufgeführt wurde, um das ungerechte Urteil des Pilatus entgegen zu nehmen. Aus Ehrfurcht vor dieser Tat betreten die Pilger in Rom diese Treppe nur kniend. Im Grunde müsste man dann den Kreuzweg hier in Jerusalem vom Ort der Verurteilung bis hin zur Grabeskirche ebenfalls auf den Knien gehen. Aber das ist allein schon ob des fortwährenden Gedränges von Passanten und Pilgern unmöglich. Die orientalischen Verkäufer haben es im Feilbieten ihrer Ware zu einer beachtlichen Perfektion gebracht. Als Priester in Soutane wird man – dem Kreuzweg folgend – sogleich auf Polnisch angesprochen, denn rein mathematisch gesehen ist die Wahrscheinlichkeit, dass ein Priester noch den Talar trägt, für Polen am höchsten. Wenn das nicht funktioniert, dann folgt Englisch: »Father, look! I make a special price, only for you!« Dann zeigen die Verkäufer eine Vielzahl von modernen Messgewändern im bunten Regenbogen-Style, die neben Jerusalem-T-Shirts und Erinnerungsschals auf einer Stange hängen.

So wälzen wir uns langsam und geduldig durch die engen Gassen hin zu einem für das Leben Jesu bedeutsamen Ort, der gleichzeitig ein Paradebeispiel für die Ausgrabungsarbeiten des 19. und 20. Jahrhunderts in Jerusalem darstellt: Der Betesda-Teich.

»Aus drei Gründen ist dieser Ort für uns interessant«, erkläre ich den Pilgern, welche in der St. Anna Kirche Platz genommen haben. Es ist schön kühl in der Kirche, welche die Kreuzfahrer hier zum Andenken an die Großmutter Jesu errichtet haben. Der romanische Stil mit den wuchtigen Säulen und dem weitauslagernden Kreuzrippengewölbe versetzt einen deutschen Pilger gedanklich unwillkürlich in den Speyrer Dom. Es ist doch erstaunlich, wie der Technologie-Transfer im Mittelalter ohne Internet und Mobilfunk funktionierte. Doch nun zu den drei Gründen: Erstens wegen der Heilung eines Mannes, der 38 Jahre lang gelähmt war. Zweitens, weil Jesus hier den Grundstein zur Kreuzigung gelegt hat und drittens, weil an diesem Ort zwei Wissenschaftszweige, die Papyrologie und die Archäologie gemeinsam die Zuverlässigkeit der Evangelien bezeugen.

Wir beginnen mit dem letzten Punkt. Wie uns bereits das Beispiel des Pilatus-Steins in Caesarea gezeigt hat, gab und gibt es immer wieder Zweifler an der Historizität der Ereignisse, die im Evangelium berichtet werden, allvorderst wenn es sich um ein Wunder handelt. Das gilt natürlich auch für jenes Heilungswunder, das Johannes im 5. Kapitel für diesen Ort hier beschreibt (vgl. Joh 5,116). Nach den Worten des Evangelisten »stieg von Zeit zu Zeit ein Engel vom Himmel herab und brachte das Wasser in Wallung«. Wer dann zuerst in das Wasser steigen konnte, wurde von seiner Krankheit geheilt, was auch immer sein Leiden war. Selbstredend brachte das die kritischen Exegeten und Zweifler auf die Bühne. Ein Engel? Vom Himmel herabsteigend und Wasser bewegend? Um ihren Zweifel an dem ganzen johanneischen Bericht wissenschaftlich zu begründen, führten sie zwei Argumente gegen dieses Kapitel an. Erstens: Kein Geschichtsschreiber aus der Zeit Jesu, nicht einmal der in Jerusalem geborene und ortskundige Flavius Josephus, nennt diesen Namen, »Betesda«. Zweitens ist die Zahl fünf, welche Johannes für die Säulenhallen angibt, eine typisch jüdische Symbolzahl. Entsprechend der fünf Bücher Mose (Pentateuch) hat Johannes hier einfach ein fünfhalliges Gebäude erfunden, denn ein Wasserbecken ist bekanntlich rechteckig, damit vierseitig und kann somit nur vier Hallen aufweisen. So lautete noch im Jahr 1936 die These von Alfred Loisy, dem französischen Religionsgeschichtler: man wollte die Erzählung mit dem Engel einfach nicht wahr haben.

Aber genau so nennt und beschreibt Johannes diesen Ort, und genau so wurde der Sachverhalt auf ganz erstaunliche Weise wissenschaftlich bestätigt.

Zunächst die Bestätigung durch die Papyrologie, also die Wissenschaft von den antiken Handschriften.

Im Jahr 1959 wurde in Qumran (siehe nächstes Kapitel) neben den vielen Schriftrollen und Gemeindetexten eine Rolle gefunden, die nicht auf Pergament geschrieben, sondern in Kupfer geschlagen war. Anscheinend war sie den Bewohnern des abgeschiedenen Wüstenklosters besonders wichtig, denn durch das Material wollte man einen frühzeitigen Zerfall verhindern. Diese Rolle (3Q15) konnte man erst nach intensivem technischen Aufwand – sie musste präzise in schmale Längsstreifen geschnitten werden – entziffern. Bald aber war den Papyrologen klar, warum die Mönche sich für Kupfer entschieden hatten: Es war ein Verzeichnis von Gold und Silberverstecken in und um Jerusalem, eine zweitausendjährige, jüdische Schatzkarte! Und welcher Name fand sich in der 11. Kolumne, 12. Zeile? »Bet Eschdatajin«, das ist die Pluralform von »Bet Eeschda«, oder »Beth-esda«, also der Name, wie ihn Johannes angibt, verbunden mit einem weiteren Hinweis: »-ajin« ist die Pluralform, was bedeutet, dass es wenigstens zwei Teiche gab. Wenn die Trennwand der beiden Teiche breit genug ist, um darüber eine Halle zu errichten, dann stehen wir genau vor dem, was uns Johannes berichtet: Dem fünfhalligen Teich am Schaftor.

»Und den werden wir jetzt bestaunen gehen. Was Qumran berichtet, hat die Archäologie gefunden.« Mit diesen Worten bitte ich die Pilger, die Sankt Anna-Kirche zu verlassen. Wir erforschen die weitläufigen Ausgrabungsstätten von Betesda, die nur ca. 30 Meter von der Kirche entfernt sind. Die Wissenschaftler haben Mauern ans Licht gebracht, die fast fünfzehn Meter in die Tiefe ragen und einen erschaudern lassen. »Das muss ja ein gewaltiges Becken gewesen sein!« – »War es auch«, sage ich und pflücke unbewusst einen roten Klatschmohn. Die Pflanzen scheint es keinen Deut zu kümmern, dass diese Steine den Historikern heilig sind. Farn, Gras und Mauerblümchen holen sich wieder, was von Rechts wegen ihnen gehört: Die Erde, welche zwischen den Felsblöcken, vor allem aber am Grund des Teiches sichtbar wird.

»Und wie hat man den Teich gefunden? Qumran hat ja nur den Namen erwähnt, oder?«, fragt ein Pilger, als wir uns über ein Eisengeländer beugen, um vorsichtig in die Tiefe zu blicken.

»In der Tat, für die Archäologen war es etwas schwieriger und eigentlich ist man nur durch Zufall dem Teich des Johannes auf die Spur gekommen.« Im Jahr 1866 fand man bei Restaurierungsarbeiten an der St. Anna Kirche – die wir gerade verlassen haben – unter den Füllsteinen für das mittelalterliche Gewölbe das Fragment eines Fußes aus weißem Marmor mit griechischer Inschrift. Eine Votivgabe an den griechischen Heilgott Aeskulap. Aber wie kommt sie in das mittelalterliche Gewölbe der Kirche? War hier vorher ein römischer Tempel zu Ehren des Gottes der Gesundheit? Damals wusste noch niemand von dem Teich. Erst als man 1873 mit Grabungen begann, fand man eine aus dem Felsen gehauene, überwölbte Zisterne und eine weitere Kreuzfahrerkirche, viel kleiner und nur noch in Ruinen vorhanden. Hatten die Kreuzfahrer zwei Kirchen hier gebaut? Wenn ja, aus welchem Grund? Gab es außer der Mutter Anna ein weiteres Andenken an diesem Ort?

Der ganze Fund wurde geheim gehalten, um Grundstücksspekulationen zu verhindern. Die Weißen Väter, welche bekanntlich einst auch im Priesterseminar Herz-Jesu zu Zaitzkofen residierten, leiteten die folgenden Untersuchungen und erwarben zunächst die umliegenden Grundstücke. Dann erst konnte Schritt für Schritt das Geheimnis um den fünfhalligen Teich gelüftet werden. Es waren in der Tat zwei große Teiche, die zum Vorschein kamen. Noch heute kann man sich die gewaltigen Schuttmassen vorstellen, welche weggeräumt werden mussten. Bis zu 25 Meter Erde und Steine wurden abgetragen, um an den Boden der Teiche zu gelangen. Und was für Teiche! Der südliche Teich hatte eine Größe von 60 x 50 Metern und zusammen mit dem nördlichen schätzt man die Größe der gesamten Anlage auf 5.000 Quadratmeter. Im Lauf der Ausgrabungen konnte auch das Rätsel um den weißen Marmorfuß und die zweite Kreuzfahrerkirche gelöst werden. Noch vor den Kreuzfahrern hatten die Christen in der byzantinischen Zeit (also ca. im 4. Jahrhundert) eine große Kirche direkt über der Trennwand der beiden Teiche errichtet. Weil die Kirche breiter als die Trennwand war, hat man sie an den Seiten mit großen, 25 Meter hohen Arkaden gestützt, die man heute noch sehen kann. Von dieser allerersten byzantinischen Kirche sind ebenfalls noch fast 20 Meter hohe Mauern erhalten sowie kunstvoll verzierte Säulenkapitelle und

Mosaike. Als man eben daran ging, jene Mosaike der Byzantiner freizulegen, fand man unter dieser Kirche, die von ihrem Alter her zu den fünf ältesten Kirchen Jerusalems gehörte, ein römisches Tempelgebäude zu Ehren eben jenes Aeskulap, des Gottes der Gesundheit. Weil die Archäologen ihre Arbeit gründlich machten, fand man, dass dieses römische Heiligtum eine Badeanlage aus jüdischer Zeit abgelöst hatte. Die Erinnerung an diesen Heilteich blieb also im Andenken der Stadtbevölkerung erhalten! Wo die Juden ein Heilbad unterhielten, errichteten die Römer ein Heiligtum für Gesundheit und Genesung zu Ehren des Gottes Aeskulap. Genau wie Johannes es beschreibt, ist der Sachverhalt ans Tageslicht gebracht worden.

Nach diesen umfangreichen Erläuterungen darf sich jeder der Wallfahrer selbst mit der Kamera auf den Weg machen, um den schönsten Marmorstein, das feinste Mosaik oder auch nur die geniale Teichanlage als digitales Andenken mit nach Hause zu nehmen. »Herr Pater, warum hat man denn überhaupt so eine große Wasseranlage gebaut? Und warum steht nichts davon im Alten Testament?«

»O doch«, sage ich. »Im Alten Testament ist der Teich sehr wohl erwähnt.« Im Buch Jesus Sirach wird der Hohepriester Simon wegen seiner Sorge um den Tempel gelobt. Er habe »einen Wasserteich gegraben, ein Becken wie ein Meer im Umfang« (Sir 50,3). Dabei dürfte es sich um eben den Betesda-Teich handeln.

Was die Größe der Anlage betrifft, darf man nicht vergessen, dass der Wasserbedarf für den Tempel extrem hoch war. Tausende von Opfertieren mussten gewaschen und gereinigt werden. Nicht weniger die vielen Opferschalen und Gefäße, die zuvor mit Tierblut gefüllt waren. Dieses Blut wurde anschließend am großen Brandopferaltar ausgegossen, die Tierleiber wurden verbrannt. Das werden wir alles noch genauer sehen an jenem Ort, wo es stattgefunden hat, auf dem Tempelplatz. Alles musste immer den jüdischen Reinheitsvorschriften entsprechen und deshalb war Wasser von großer Wichtigkeit. Durch ein kompliziertes Kanalsystem konnten beide Becken gesondert gefüllt und geleert werden. Mithilfe einer unterirdischen Verbindung war es möglich, das Wasser des Nordbeckens unter dem Südbecken hinweg zum Tempelgelände zu leiten. »Dann war der Betesda-Teich wohl eine High-Tech-Anlage der damaligen Zeit?« – »So könnte man sagen.« »Doch nun zum dritten Punkt, dem einschneidenden Ereignis aus dem Leben Jesu«. Die Pilger haben sich wieder gesammelt.

Es ist ein Sabbat des Jahres 29. n. Chr., das Pfingstfest war gekommen. Jesus pilgert nach Jerusalem und betritt eben diesen Ort. Der Anblick ist erbärmlich, mitleidserregend. »In diesen lag eine große Menge von Kranken, Blinden, Lahmen und Ausgezehrten, die auf die Wallung des Wassers warteten.« (Joh 5,3) Jesus heilt nur einen einzigen, einen Bettlägerigen, der seit 38 Jahren krank ist. Anschließend gibt er ihm den Auftrag, rein äußerlich gesehen den Sabbat zu brechen. Also nicht den Sabbat, wie Gott ihn vorgeschrieben hat, sondern den Sabbat der Pharisäer mit seinen unzähligen Sondergesetzen und Menschensatzungen. »Steh auf, nimm Dein Bett und geh!« Genau das, was Jesus beabsichtig hat, geschieht. Die Pharisäer nehmen Anstoß. »Darum sagten die Juden zu dem Geheilten: »Es ist Sabbat. Da darfst du das Bett nicht tragen!« […] Darum verfolgten die Juden Jesus, weil er dies an einem Sabbat getan hatte.« (Joh 5,10.16)

Hätte Jesus – rein menschlich gedacht – das Wunder nicht einen Tag später vollbringen können? Natürlich hätte er, aber Jesus *wollte* nicht. Ebenso wie alle seine anderen Taten, an denen das verquere Denken der Pharisäer Anstoß nehmen musste. Jesus beginnt die Eiterbeule aufzustechen, den Finger in die Wunde zu legen. Er weiß schon jetzt, welche Folgen das haben wird. Aus dem Hass über die Sabbatheilung folgt der Hass auf den Gottessohn. Dieser Hass – ein grundloser, wie wir noch sehen werden – wird das Lamm zur Schlachtbank bringen. So besteht eine fast mystische Verbindung zwischen dem Betesda-Teich und dem Kreuzesopfer. So wie die Tiere hier gewaschen und gereinigt und später durch das Schaftor zum Tempel geführt wurden, so legt Jesus hier den Grundstein für den Karfreitag. Hier nennt Johannes zum ersten Mal offen den Grund, der Jesu Ermordung herbeiführen wird: »Deshalb trachteten ihm die Juden erst recht nach dem Leben, weil er nicht bloß den Sabbat brach, sondern auch Gott seinen Vater nannte und sich damit Gott gleichstellte.« (Joh 5,17). Keine andere »Anklage« wird der Hohepriester Kaiphas schlussendlich finden, um Jesus dem Tode zu überliefern: »Ich beschwöre dich bei dem lebendigen Gott, dass du uns sagst, ob du der Messias bist, der Sohn Gottes.« (Mt 26,63). Den Grundstein hierzu legte Jesus in der fünffachen Säulenhalle von Betesda mit der Offenbarung seines Wesens: »Wer den Sohn nicht ehrt, ehrt auch den Vater nicht« (Joh 5,23).

13. Das gebrochene Herz auf Golgota

Gleich nach der Messe und dem guten Frühstück, das uns Schwester Marie-Noell zubereitet hat, machen wir uns auf den Weg nach Jerusalem. Wir haben unsere Unterkunft im Pilgerheim der »Töchter der Barmherzigkeit« des heiligen Vinzenz von Paul in Bethanien aufgeschlagen, nur wenige Kilometer von Jerusalem entfernt. Das Haus liegt in der besetzten Zone. Wer dort ein Quartier wählt, hilft den Christen im Heiligen Land, deren Leben seit der zweiten Intifada unvergleichlich viel härter geworden ist, nicht zuletzt durch die alles dominierende israelische Mauer. Wir werden sie in Bethlehem noch selber zu Gesicht bekommen.

Heute aber verlassen wir Bethanien in Richtung Altstadt, um dem Höhepunkt unserer Wallfahrt entgegenzueilen: der Grabeskirche. Jener Ort also, der geheiligt ist durch den Tod und die Auferstehung unseres Herrn Jesus Christus. Wer sie betritt, ist zunächst erstaunt: Sie ist nicht zu vergleichen mit den Hauptkirchen Roms, dem Petersdom, St. Johann im Lateran, Santa Maria Maggiore. Nicht allein ob der Größe wegen. Sie ist von anderer Art, man könnte fast sagen, eine andere Gattung von Kirche. Diese Art Kirche gibt es im Abendland nur noch sehr selten. Es hat sie einst gegeben, doch mit der Christianisierung des Abendlandes kam Epoche um Epoche und jede brachte ihren eigenen Baustil mit sich. Im Frühmittelalter die Romanik, im Hochmittelalter die Gotik, in der Renaissance der Klassizismus, in der Neuzeit – nach dem 30jährigen Krieg – der Barock. Darum stellen die uns bekannten Kirchen meist eine architektonische Einheit dar, weil sie in einer bestimmten Epoche in einem Guss erbaut wurden. Ausnahmen sind nur dort zu finden, wo man spätere Stilelemente in eine schon bestehende Kirche integrierte, so zum Beispiel die Barockisierung der gotischen Kirchen. Wollte man aber etwas Vergleichbares zur Grabeskirche im Abendland finden, müsste man Alt-Sankt Peter besuchen, das heißt den Petersdom vor seiner Zerstörung durch Julius II. im 16. Jahrhundert. Viele haben diesen Papst, einer jener berühmt-berüchtigten Renaissance-Päpste, deswegen als den größten Modernisten aller Zeiten bezeichnet. Seinen Namen wählte er übrigens nicht aus Verehrung zum gleichnamigen

Heiligen, sondern aus Reminiszenz an den ersten Kaiser der Stadt – Julius Caesar. Das zeigt schon in etwa, was dieser Mann zu tun bereit war. Eine unerhörte Tat, die seinesgleichen nicht kannte: Er ließ das über tausend Jahre alte größte und wichtigste Heiligtum der Stadt Rom dem Erdboden gleichmachen. Diese erste Peterskirche war der Grabeskirche in Jerusalem ähnlich. Sie war ein wahres Amalgam, ein Gemisch aus den verschiedensten Baustilen, den unterschiedlichsten Architekten und Bauherren, die alle im Laufe der Jahrhunderte etwas angebaut, erweitert, erneuert oder hinzugefügt hatten. Genau so zeigt sich die Grabeskirche, wenn man sie heute betritt: voller Nischen und Winkel, kleinen Kapellen und Heiligtümern, Kirchen in der Kirche, an die Nebenschiffe angebaute Seitenschiffe und Apsiden, Krypta mit Unterkrypta und weiteren Gängen noch tiefer zu Fundorten heiliger Reliquien.

Diese vielen Unterteilungen wurden auch deswegen über die Jahrhunderte hinweg aufrechterhalten, weil die Grabeskirche selbst unter mehrere Hausherrn aufgeteilt ist. Jeder christliche Ritus, von den Griechen über Kopten bis hin zu uns Lateinern hat einen Anteil am heiligsten Ort der Welt. So beanspruchen neben der katholischen Kirche noch folgende christliche Denominationen ihren Anteil: das Griechische Patriarchat von Jerusalem, die Armenische Apostolische Kirche, die Syrisch-Orthodoxe Kirche von Antiochien, die Koptische Kirche und die Äthiopisch-Orthodoxe Kirche. Der Anteil der Katholiken ist neben der franziskanischen Kreuzfahrerkapelle der lateinische Chor und die Stelle direkt auf dem Golgota-Felsen, welcher gleichzeitig die 11. Station des Kreuzweges darstellt: »Jesus wird ans Kreuz genagelt.« Daneben, die 12. Station – »Jesus stirbt am Kreuz« –, ist im Besitz der orthodoxen Kirche. Der Kreuzweg, den wir am Ecce-Homo-Bogen begonnen haben, findet seinen krönenden Abschluss hier in der Grabeskirche.

»Voilà, der Ort der Kreuzigung!«, sage ich, nachdem wir das Hauptportal durchschritten haben, und deute dabei auf den zweigeschossigen Kapellenbau direkt rechts neben dem Eingang. »Ja, und wo ist der Felsen?«, flüstern die Pilger mit unterdrückter, aber aufgeregter Stimme. »Man sieht ja nichts mehr von Golgota! Ich dachte, man könnte den Felshügel sehen!« – »Tja, um den Felsen frei stehend und unverbaut zu sehen, hätten Sie ein klein wenig eher die Jerusalem-Wallfahrt antreten müssen, so vor ca. 1400 Jahren.« – Die Pilger blicken mich verdutzt an.

»Ganz einfach: Bis zur Zerstörung aller Kirchen in Jerusalem im Jahr 614 durch die Perser war der Golgota-Felsen freistehend und oben auf der Mitte stand ein edelsteinbesetztes Kreuz, so wie man es auf dem antiken Mosaik der hl. Pudenziana in Rom sehen kann.«

Auch für die bereits erwähnte Pilgerin Aetheria (383), welche ihre Heilig-Land-Wallfahrt bis ins Detail beschreibt, ist das Votivkreuz auf dem freistehenden Felsen gleichsam der Orientierungspunkt, nach dem sie den Ablauf der liturgischen Feiern am Gründonnerstag und am Karfreitag beschreibt. Das schöne Kreuz war von Kaiser Theodosius II. (408–450) gestiftet, wir kommen später noch darauf zurück. Die gesamte Umbauung, so wie wir sie heute sehen, stammt aus der Zeit des Wiederaufbaus der Grabeskirche nach dem Persersturm und blieb mit Ausnahme einiger Änderungen nach dem großen Brand im Jahr 1808 unverändert.

»Aber ein Trost besteht dennoch: Wir werden den Felsen gleich berühren können«, ermutige ich die Pilger.

Ehrfurchtsvoll gehen wir die alte Steintreppe hinauf, erreichen den Altar der Orthodoxen zu Ehren der Kreuzigung Jesu und knien ganz nah an die Mensa des Altars. Die Öffnung im Marmorfußboden unter dem Altar stellt die einzige Möglichkeit dar, den Ort zu berühren, an dem einst das Kreuz Christi stand. Meine Hand fühlt den kalten Stein. »Ave crux, spes unica!« – »Sei gegrüßt Kreuz, einzig Heil!« Hier wurde es vollbracht, das Erlösungsopfer der Menschheit.

Ein Schauer durchfährt mich. Es ist, als würde ich die Hammerschläge hören. Die Mutter sehen, die unter dem Kreuz steht. Das stille, jammernde Schluchzen Magdalenas durchbricht die lähmende Stille. Ohne jedes Zutun gerät man an diesem Ort in den Bann der letzten Augenblicke Jesu, jene Augenblicke, die er »*seine* Stunde« nannte. Wie konnte das geschehen? Wie war das möglich? Es ist Freitag, der 14. Nisan, der Rüsttag vor dem Pessachfest. Am frühen Nachmittag begann im Tempel die feierliche Liturgie zur Vorbereitung des Osterfestes. Vor den Augen des Hohenpriesters wurde ein makelloses Opferlamm geschlachtet. Dann versammelten sich die Ältesten der Vierundzwanzig Priesterordnungen, und es begann das hochheilige

Sühneritual des Pascharüsttages. Josephus schätzt die Zahl der geschlachteten Osterlämmer auf 18.000 Tiere. Posaunen und Hornsignale verkündeten weithin hörbar das große Ereignis, dass Gott am blutbesprengten Opferalter mit seinem Volk Frieden und Versöhnung schloss. Draußen, vor den Toren der heiligen Stadt, verblutete langsam und qualvoll das wahre Lamm Gottes, von seinem Volk nicht erkannt, von seinen Jüngern verlassen, nur von einigen Frauen und einem Apostel beweint. Ja, die Posaunen hatten Recht: Versöhnung war gebracht. Ewige, immerwährende, unauflösliche Versöhnung im Blute Jesu, von dem ein einziger Tropfen die ganze Welt zu heilen vermag (Thomas von Aquin). Von nun an wird es keine Tieropfer mehr brauchen, denn dieses Opfer ist nicht wie das Tempelopfer ein Schatten, sondern die Realität.

Der schwache Schein der vielen Öllichter, welche die Orthodoxen im Altarraum aufzuhängen pflegen, spiegelt sich in den oft ganz in Silber gefassten Ikonen. Sie brennen geduldig und langsam, geben die Substanz ihres Wachses tropfenweise an den Docht, der sie dem Feuer übergibt. Bis sie schließlich ganz aufgebraucht und verbrannt sind. Wohl deshalb vergleicht der heidnische Philosoph Seneca die Qualen einer Kreuzigung, welche bei den Römern für Schwerverbrecher üblich war, mit dem Wachs der Kerzen: »Den Verurteilten schwand das Leben Tropfen für Tropfen hin.« (Epistulae 101,4)

Man hat dem Filmemacher Mel Gibson vorgeworfen, sein Film »Die Passion« sei zu brutal und zu bluttriefend gewesen. Ich behaupte das Gegenteil: Gibson hat eine schwer verkürzte Darstellung des Sachverhaltes auf die Leinwand gebracht. Denn wollte man neben der Geißelung, der Dornenkrönung, dem Kreuztragen und der Annagelung allein die Kreuzigung darstellen, so müssten die Zuschauer drei Stunden lang im Kino verharren und in verschiedenen Kameraperspektiven immer wieder ein einziges Ereignis mit ansehen: Das qualvolle Sterben eines Mannes am Kreuz. Ich bin sicher, schon nach zehn Minuten würden die ersten den Saal verlassen, weil sie die Qualen dieses Todeskampfes nicht ertragen könnten. Damals konnte Maria den Saal nicht verlassen. Es war kein Film, er war bittere Wirklichkeit vor ihren Augen, die sie vor Schmerz nicht mehr schließen konnte. Jene Frau, welche drei Stunden dem grausamen Sterben ihres eigenen Kindes zusehen musste, ist in dieser Stunde selbst gestorben. Nicht körperlich, aber seelisch. Keine gewöhnliche Frau, keine normale Mutter könnte das ertragen. Diese Stunden haben ihr Augenlicht gebrochen, ihre Seele zerschlagen, ihr Herz gemartert und ihr Innerstes vernichtet. Hier wurde sie zur Königin der Märtyrer. Es ist der Ort, an dem ich jetzt kniee. »Mutter, drück die Wunden, die Dein Sohn für mich empfunden, tief in meine Seele ein!« (Stabat Mater)

So verweilen wir mit dem am Kreuz qualvoll leidenden Jesus, bis wir seine letzten Worte hören: »Es ist vollbracht«. Dann ertönt jener Schrei, den uns die drei Evangelisten Matthäus, Markus und Lukas berichten, und der für uns so wichtig ist: »Jesus schrie nochmals mit lauter Stimme und gab seinen Geist auf.« (Mt 27,50) Viele Katholiken glauben heute immer noch, dass Jesus – wie dies bei der Kreuzigung für gewöhnlich der Fall war – erstickt sei. Irgendwann reicht die Kraft des am Kreuz Hängenden nicht mehr aus, sich zum Atemholen nach oben zu ziehen, der Körper sackt nach unten, die Lungen bekommen keine Luft mehr und der Verurteilte erstickt kläglich. Der Schrei, den Matthäus berichtet, beweist uns, dass diese Todesursache bei Jesus nicht zutreffen kann. Jemand der erstickt, ist außerstande zu schreien, er röchelt nach Luft. Ein zweites Detail ist von ebenso großer Bedeutung, von dem uns Johannes berichtet. Jesu Herz wird von einem Soldaten durchstochen, um den Tod sicherzustellen, was Pflicht der Henkersknechte war. Dabei »strömt Blut und Wasser heraus«. (Joh 19,34) Johannes legt großen Wert auf dieses Detail, denn er schreibt weiter: »Der dies gesehen hat, legt Zeugnis davon ab, und sein Zeugnis ist wahr.« Obwohl Johannes hier basierend auf dem historischen Ereignis wohl besonders die mystische Bedeutung vor Augen haben dürfte – das Blut der Erlösung und des Messopfers sowie das Wasser der Taufe symbolisieren die beiden fundamentalen Sakramente –, wird er mit dieser Beschreibung zugleich zum wichtigsten medizinischen Zeugen. Jesus verstarb um drei Uhr nachmittags, nach römischer Zählung die neunte Stunde. Anschließend blieb sein toter Leib noch zwei Stunden am Kreuz, also zwei weitere qualvolle Stunden für die Gottesmutter, welche sie allein durchleiden musste, denn ihr geliebtes Kind war bereits tot; nur sein heiliger Leib hing von allen verlassen, einsam am blutigen Henkersgalgen. Der Sabbat begann nach jüdischem Brauch erst gegen 17.00 Uhr. In diesen zwei Stunden geschah medizinisch etwas Bezeichnendes, und es ist nicht zuletzt das Verdienst von Frau Magister Wally, die ihm Rahmen der Grabtuchforschung immer wieder auf diese Tatsachen hingewiesen hat: Im Herzen Jesu sammelte sich Wasser. Die Mediziner sprechen von einer sogenannten Herzbeuteltamponade, also einer Flüssigkeitsansammlung im Herzbeutel. Dabei können sich verschiedene Flüssigkeiten im Herz sammeln, in der Regel ist es Blut, es kann aber auch seröse Flüssigkeit sein, also Wasser; dann spricht man vom Hydroperikard. Ursache hierfür kann einerseits eine grobe äußere Gewalteinwirkung sein – z.B. eine Stich- oder Schussverletzungen –, was aber für das Herz Jesu nicht zutreffen kann, denn als der Soldat es durchsticht, ist das Wasser bereits vorhanden. Daher bleibt als Grund für die Ansammlung des Wassers nur die sogenannte Myokardverletzung, auch Herzwandruptur genannt. Das ist einfach ausgedrückt das Zerreißen der Herzwand. Die Mediziner kennen dieses Phänomen bei andauernder Extrembelastung nach einem vorangegangenen, unbehandelten Herzinfarkt. So konnte dieses spontane Zerreißen aller Schichten des Herzmuskels bei Extremsportlern beobachtet werden, welche trotz einer schweren körperlicher Schwächung oder Krankheit weiterhin großer Anstrengung ausgesetzt wurden. Das wortwörtlich zu nehmende Zerreißen des Herzens ist natürlich ein extremer Schmerz, bei dem der Betroffene nicht anders kann, als laut aufzuschreien, genau wie es die drei oben erwähnten Evangelisten berichten. Wenn man nun noch das Blutschwitzen im Ölgarten zum Befund hinzunimmt, so ist es nicht unwahrscheinlich, dass Jesus – als er die Schuld der Menschheit auf sich nahm, und auch in Voraussicht der grausamen, jetzt bevorstehenden Qualen – bereits einen Herzinfarkt erlitt. Das Ausdringen von Blut aus den Hautporen lässt auf eine unvergleichlich hohe psychosomatische (seelisch-leibliche) Belastung schließen. Was sich in den anschließenden zwölf Stunden zwischen Getsemani und Golgota abspielte, hätte je einzeln betrachtet genügt, den Tod herbeizuführen. Die Geißelung, bei der die Henker die jüdische Höchstzahl von »40 weniger einen Schlag« mit grausamer Wut auf Jesus niederprasseln ließen. Da jede Geißel über drei mit spitzen Bleikugeln besetzte Striemen verfügte, zählt man auf dem Grabtuch von Turin etwa 120 über den ganzen Körper verteilte Wunden! Die Nacht im Kerker ohne Flüssigkeitsaufnahme, die grauenvolle Dornenkrönung, der Marsch zur Todesstätte, bei dem Jesus bereits so schwach ist, dass man einen Mann aus Cyrene zwingen musste, das Kreuz zu tragen, die rasenden Schmerzen bei der Annagelung. Dazu all die Schläge zwischen den Gerichten, die andauernden Misshandlungen. Das Grabtuch gibt ein beredtes Zeugnis über all das, was Jesus gelitten hat. Aber er wollte daran nicht sterben, er wollte all das so lange erdulden, bis sein Herz an den übergroßen Qualen zerriss. Jesus starb also wahrhaft und wirklich an gebrochenem Herzen. Was für ein gewaltiges, neues Bild wirft das auf die uns so lieb gewonnene Herz-Jesu-Verehrung.

Plötzlich erklingen Schellen. »Sind das Engelsglocken? Bin ich im himmlischen Jerusalem?«, frage ich mich unwillkürlich beim süßen Klang der kleinen Glöckchen. Nein, es ist die Frömmigkeit der orthodoxen Mönche am Nebenaltar, die mich in das Hier und Jetzt der Gegenwart zurückholt. Eine ihrer Gebetszeiten hat begonnen, der Mönch inzensiert den Altar und die betenden Pilger. Weil die Griechen an den Weihrauchfässern kleine Schellen zu befestigen pflegen, erklingt bei jeder Bewegung der Ketten ein lieblich-heller Klang.

Der Mönch kommt genau zur rechten Zeit, denn die Grabeskirche birgt noch viele Schätze, die gehoben werden wollen.

14. Adam, der Mittelpunkt der Erde und keine Messe für Lefebvre

»Aber sagen Sie, Herr Pater, was heißt eigentlich Golgota?«, fragt ein Pilger, als wir die Nordtreppe wieder heruntersteigen. »Golgo-l-ta, wie es eigentlich im Aramäischen heißt und später auf Golgota verkürzt wurde, entspricht dem hebräischen »Gulgolet«, das bedeutet übersetzt »Schädel«. Dabei ist diese Bezeichnung kein Hinweis auf eine Stätte, wo die Schädel der Toten sichtbar gewesen wären, wie zum Beispiel von nicht begrabenen Verbrechern. Der Volksmund deutet den Namen gerne so, aber das wäre ein Verstoß gegen das jüdische Gesetz, das die Bestattung der Toten streng vorschreibt (Dt 21,22.23). Der Talmud beweist, dass dies auch für die hingerichteten Verbrecher galt (Sanh. 6,5). Zudem wäre es äußerst sonderbar, dass sich ein reicher Ratsherr am Ort von Verbrecherschädeln eine Grabstätte errichten lässt. In Wirklichkeit ist die Bezeichnung »Schädel« auf die Form des Felsens zurückzuführen, der eben die Bewohner an einen Totenschädel erinnerte. Bei Ausgrabungen im Jahr 1974 hinter dem Mauerwerk der Golgotakapelle erreichte man nach 10 Meter Tiefe den Felsgrund. Das Ergebnis bestätigte diese Vermutung: Das Gelände wurde als Steinbruch verwendet. Wegen der schlechter werdenden Qualität des Kalksteins brach man die Arbeiten in der Antike ab, übrig blieb eine Felsformation, die ein wenig grotesk aussah und an einen Schädel erinnerte. Kroll schreibt hierzu: »Dass die Verwendung solcher Ortsnamen im alten Jerusalem üblich war, zeigen viele andere Bezeichnungen wie ›Ofel‹ – ›Beule‹, ›Gabbatha‹ – ›Kahlheit am Vorderkopf‹ usw.«[4] Der Ort dieser Schädelstätte war den Urchristen natürlich heilig und ist daher von der Tradition mit Sicherheit bezeugt. Es wäre völlig unerklärlich, wie den Judenchristen von Jerusalem, einer Gemeinde, von der wir eine lückenlose Bischofsliste besitzen, das Andenken an den Ort der Erlösung entschwinden sollte.

Direkt neben dem Felsen von Golgota und damit fast am Eingangsportal der Kirche findet sich ein großer, länglicher Marmorblock. Am Ostertag und auch das Jahr hindurch pflegen die orientalischen Christen den Stein mit Öl zu salben. Jeder

---

4   Kroll, a.a.O. S. 359

fromme Christ küsst den Stein beim Betreten der Grabeskirche. Mehr auf Hygiene bedachte Europäer berühren ihn wenigstens mit der Hand. Dieser Stein ist nämlich der Überlieferung nach der Ort, auf dem der Leichnam Christi gelegen hat, als er am Karfreitag des Jahres 30 vom Kreuz herabgenommen wurde, um von Nikodemus vorläufig, schnell und in aller Eile gesalbt zu werden. Das eigentliche Einbalsamieren wollten die Frauen – wie jedermann weiß – am Sonntagmorgen nachholen. An jenem unvergesslichen Sonntagmorgen …!

»So, hier können Sie den Felsen nun auch sehen.« Ich gehe den Pilgern voran in die sogenannte Adamskapelle, welche direkt unter der Golgotakapelle liegt. Ihre Apsismauer berührt den Felsen. Um ihn sichtbar zu machen, hat man in der Mauer ein Fenster eingearbeitet. Dadurch wird der Felsen sichtbar und auch der Spalt, von dem uns die Leidensgeschichte berichtet. Man möchte am liebsten die Scheibe entfernen und auch hier den bloßen Felsen mit der Hand berühren. Wie schreibt ein Kirchenvater so treffend: Da die Menschen ihr Herz nicht zerrissen beim Tod des Gottessohnes, so spaltete sich der Fels. Da die Menschen nicht weinten, beim Tod des Gottessohnes, so weinte der Himmel. Da die Menschen nicht erschüttert waren vom Tod des Gottessohnes, so bebte die Erde.

»Diese Kapelle verdankt ihren Namen dem Grab Adams, das hier verehrt wird«, erkläre ich. – Das ruft bei den Zuhörern Erstaunen hervor: »Sind die Gebeine des ersten Menschen wirklich hier? Hat man sie über eine so lange Zeit bewahren können?« – »Nun, man muss ehrlich sein«, beschwichtige ich meine Zuhörer. Vor Jesu Geburt haben die Juden bereits das Grab Adams verehrt, jedoch nicht hier, sondern in Hebron, immerhin eine Tradition, die über tausend Jahre alt sein dürfte. Das Grab Adams ist eher heilsgeschichtlich und theologisch gesehen hier. Paulus erklärt im Römer- und Korintherbrief die Parallele zwischen Adam und Christus: »Denn wie in Adam alle dem Tod verfallen sind, so werden in Christus alle das Leben haben« (1 Kor 15,22). Dieser Zusammenhang rechtfertigt die Adamskapelle, auch wenn sich seine Gebeine aller Wahrscheinlichkeit nach nicht hier befinden.

»Doch jetzt weiter! Wir werden eine Reise antreten zum ›Mittelpunkt der Erde‹, wie einst Professor Lidenbrock und sein nervenschwacher Neffe in dem gleichnamigen Roman von Jules Verne. Nur dass wir den Mittelpunkt des Erdkreises unvergleichlich viel schneller erreichen werden, als die beiden.« Mit diesen Worten führe ich die Pilger weiter zum Hauptschiff und von dort über den Kaiserbogen, der mächtig in der Mitte der Kirche thront und so den Blick auf den Hochaltar freigibt hin zur Mitte des Catholikon, des Chores der Griechen.

»So, Sie stehen nun am Mittelpunkt der Welt.« Dabei zeige ich auf eine kleine Steinkugel im Boden zu unseren Füßen, welche auch als »Nabel der Welt« bezeichnet wird. Man kann darüber schmunzeln und sich fragen, warum gerade hier der Mittelpunkt der Erde sein soll. Aber auch wenn es geographisch gesprochen nicht sofort ersichtlich ist, so ist es doch wie bei der Adamskapelle heilsgeschichtlich eindeutig: Durch den Kreuzestod Jesus wurde die GANZE Menschheit erlöst, und damit gehen von diesem Ort alle Gnaden der Weltgeschichte aus, ja sogar die Gnaden *vor* Christi Opfertod haben hier ihren Ursprung, denn sie wurden verliehen im Glauben an den kommenden Messias. Ein schönes Detail ist die Tatsache, dass im Griechischen die vier Buchstaben des Wortes Adam zugleich die Anfangsbuchstaben der vier Weltgegenden sind, nämlich **A**natole=Osten, **D**ysis=Westen, **A**rktos=Norden (vgl. die deutschen Wort Arktis und Ant-Arktis) und **M**esembria=Süden.

»Ist das nicht alles ein wenig mystisch?«, zweifelt einer der Pilger. »Sicher«, pflichte ich bei. »Aber bedenken Sie: Auch nichtgläubige Menschen pflegen willkürliche Einteilungen zu treffen. Wer sagt denn, dass der Null-Meridian, also der Ausgangspunkt zur Vermessung des ganzen Globus, gerade durch einen Vorort von London gehen muss? Etwa, weil die Engländer eingedenk ihres kolonialen Weltreiches zu singen pflegen: ›Rule Britannia, Britannia rule the waves‹?« Damit punkte ich natürlich bei meinen französischen Pilgern, denn wie jedermann weiß ist England noch nie der beste Freund der »Grande Nation« gewesen.

»Da wir schon bei den Nationen sind. Vor der Messe bleibt uns noch etwas Zeit, wir können einen kleinen Rundgang durch die Grabeskirche machen. Ich zeige Ihnen auch, wo Erzherzog Maximilian von Österreich seine Verehrung für das Kreuz verewigt hat, der spätere Kaiser von Mexiko.« – »Ah toujour l'Autriche«, »Ah, immer dieses Österreich!«, beschweren sich unsere linksrheinischen Erbfreunde. »Et notre roi, le roi de France! Il est où?« »Tja, wo der französische König ist, weiß ich leider nicht. Aber ich kann Sie trösten, wir werden auch noch einen berühmten Franzosen treffen, später, in der Sakristei.«

Wir verlassen den altehrwürdigen Domherrnchor und schreiten vorüber an der Verspottungskapelle des griechischen Ritus. Dort wird unter dem Altar der Rest einer alten Säule aus der Zeit Jesu verehrt, welcher an die Geißelung Jesu erinnert. Eine Treppe mit 29 Stufen führt uns in die Katakomben der Grabeskirche, genauer gesagt in die Sankt Helena-Kapelle. »Sie ist der Kaiserinmutter geweiht, aber das Kreuz selber hat sie nicht hier gefunden.« Weitere 13 Stufen geleiten uns noch tiefer, bis wir schließlich die Grotte der Kreuzauffindung bestaunen. Auf diesen Ort geht unser liturgisches Fest vom 3. Mai zurück. Es handelt sich um eine Art aus dem Felsen herausgeschlagene Zisterne. Südseitig ist die Höhle so niedrig, dass man sich bücken muss. Der Ruß der Kerzen hat den Felsen geschwärzt. Das gilt übrigens auch für sehr viele andere Stellen in der Grabeskirche, vor allem den kleinen Nischenkapellen, wo ja ständig Öllampen brennen. In der Mitte der Grotte symbolisiert eine vor dem Felsen hochgezogene Mauer mit halber Wölbung eine kleine Kapellenapsis. Darin thront eine steinerne, zweimannshohe Säule mit einer Bronzestatue der hl. Helena, stehend mit Mantel und Krone, wie sie innig-ehrfürchtig das Kreuz Christi mit den Händen umfasst.

»Und hier ist auch Erzherzog Maximilian.« Stolz zeige ich auf einen Stein unter dem Altar mit der lateinischen Inschrift »Archid. Austri. A.D. MCCMLVII HOC ALTARE EREXIT« – »Der Erzherzog von Österreich hat im Jahre des Herrn 1857 diesen Altar errichtet.« Sieben Jahre später wurde er Kaiser von Mexiko, und genau zehn Jahre später musste er selbst das Kreuz umfassen, so wie die heilige Helena, deren Statue er hier errichten ließ. Er wurde von der revolutionären Armee gefangen genommen und auf Befehl des neuen Präsidenten hingerichtet. Die Möglichkeit zur Flucht – die ihm in der Nacht vor dem Verrat angeboten wurde – hatte er abgelehnt.

»Ehvor wir zur Messe eilen, erlaube ich mir, ihr geschätztes Augenmerk auf folgendes Detail zu lenken.« Wir haben wieder die viel geräumigere und reich verzierte Sankt-Helenakapelle erreicht, mit dem sehenswerten Fußbodenmosaik. »Blicken Sie bitte nach links, also auf die Nordseite: Der Seitenaltar ist dem heiligen Dismas geweiht. Dieser Heilige hat eine – so glaube ich – wichtige Botschaft für jeden von uns!« Nicht selten stellt man im Laufe seines Lebens fest, dass man etwas falsch gemacht hat. Wenn der Fehler gravierender war, kann es sogar sein, dass man als Folge davon ein großes Kreuz zu tragen hat. Als Priester habe ich schon oft erlebt, dass dann eine ganz besondere Art von Versuchung auftritt. Der Widersacher pflegt dann den Mühlstein des folgenden Irrglaubens auf die Seele zu wälzen: »Nein, das ist gar kein Kreuz, das hast Du ja selbst verschuldet. Das ist eigene Dummheit und Altlast Deiner bösen Vergangenheit. Das kann niemals vor Gott wertvoll sein. Das alles wird Dir in der Jesus-Nachfolge immer im Weg sein.« Heiliger Dismas hilf, dieser Versuchung ein für alle Mal die Maske der Bosheit vom Gesicht zu reißen! Du selbst bist der denkbar beste Gewährsmann, dass es zwei Wege der Nachfolge Jesu gibt: Das ungerecht auferlegte Kreuz, wie wir es bei Jesus und vielen Heiligen finden. Und das gerecht auferlegte Kreuz, das wir tragen, weil wir selber daran schuld sind. Das Tröstliche an Deinem Beispiel ist, dass beide Kreuze zum selben Resultat gelangen: Die Nachfolge Christi. Es sind nur zwei Bedingungen zu erfüllen: Man muss erstens das Kreuz der Marke »Eigenbau« *für* und *mit* Jesus tragen, und man darf zweitens vor allem eines nicht: Den anderen die Schuld in die Schuhe schieben. Dismas ist zuallererst bereit zum Eingeständnis der eigenen Schuld: »Wir leiden diese Strafe mit Recht, denn wir empfangen, was unseren Taten entspricht.« (Lk 23,41 ff) Dann hat er Mitleid mit Jesus »dieser aber hat nichts Unrechtes getan«, was nichts anderes bedeutet als den Anfang der Liebe. Schließlich bezeugt er den Glauben ans Jenseits und seine Hoffnung auf das ewige Leben: »Jesus, gedenke meiner, wenn Du in dein Reich kommst!« Was niemand für möglich gehalten hätte, passiert: Der Letzte wird zum Ersten. Der »Loser« auf dem Elektrischen Stuhl der Antike ist plötzlich der erste Heiliggesprochene der Weltgeschichte: »Wahrlich, ich sage Dir: heute noch wirst Du mit mir im Paradies sein.«

»Doch jetzt nichts wie fort und hinauf zur Messe, man wartet bestimmt schon auf uns.« Der Franziskanerpater grüßt uns freundlich, als wir die altehrwürdige Sakristei betreten. Da wir uns bereits zuvor in die Zelebrationsliste des Tourist-Information-Center eingetragen haben, weiß der Franziskanerpater Bescheid und weist uns ziemlich moderne Messgewänder an. Leider dürfen wir nicht auf Golgota – also auf dem Altar der Annagelung – zelebrieren, sondern werden in eine angebaute Nebenkappelle aus der Kreuzfahrerzeit geführt, die von den Franziskanern betreut wird. Mit ihrem alten Felsgewölbe ist sie sicherlich auch historisch wertvoll, aber natürlich nicht vergleichbar mit Golgota. Nun, man kann nicht alles haben, denke ich, während mein Mitbruder zelebriert. Außerdem darf man eines nicht vergessen: Die Messe selbst ist ja unendlich wertvoller als der historische Ort der Kreuzigung. So ist es ja auch, wenn wir zu Hause die Messe feiern: Wo Jesus unter den Gestalten von Brot und Wein wahrhaft gegenwärtig sein Kreuzesopfer durch die Hände des Priesters erneuert, dort ist auch wahrhaft Golgota.

Mein Mitbruder hat die kleine Elevation erreicht. Er hebt die Hostie und den Kelch in die Höhe und bezeichnet so den Zustand Jesu am Kreuz: Erhöht am Pfahl, Blut und Leib beginnen sich zu trennen, bis zum Tod. Der Tod, der, wie wir bereits betrachtet haben, durch den Riss der Herzwand eintrat. Wenn der Priester den Leib Jesu in der Gestalt des Brotes bricht, kann man es hören, das Brechen des Herzens Jesu. Das ist mystisch gesprochen der Tod Jesu während der Messe, sein Herz zerbricht. Seit alters her wird in Lanciano in Italien ein Stück Fleisch aufbewahrt, von dem die Tradition erzählt, es sei eine Hostie, die sich bei der Messe eines von Zweifeln geplagten Priesters im 8. Jahrhundert in Fleisch verwandelt habe. Natürlich glaubten die aufgeklärten Freidenker des 20. Jahrhunderts nicht mehr an diese wie sie sagten »Legende« und unterzogen das Stück Fleisch einer wissenschaftlichen Untersuchung. Umso größer war das Erstaunen, als man den wissenschaftlichen Befund in den Händen hielt: Es handelt sich um menschliches Fleisch aus einem Herzmuskel, das Blutbild entspricht demjenigen von frischem Blut und ist in der Blutgruppe mit dem des Grabtuchs von Turin identisch. Ein Herzmuskel, und der Priester hält es in der Hand, dieses Herz, in der äußeren Gestalt von Brot, und bricht es für die Sünden der Menschen. Als Wiedergutmachung.

Wie oft beten wir zum Herzen Jesu und hören nicht, wie es bei der Messe für uns gebrochen wird.

Als wir anschließend wieder die Sakristei betreten, tröste ich die Franzosen: »Sehen Sie hier, das Schwert und das Jerusalem-Kreuz von Gottfried von Bouillon († 1100), dem tapferen französischen Eroberer Jerusalems. Früher war sein Sarkophag übrigens zusammen mit Balduin I., dem König von Jerusalem, direkt vor dem Golgotafelsen.« »Ah, gloire! Victoire! Vive la France!«, rufen die Franzosen, und so muss ich die Aufmerksamkeit schnellstmöglich auf etwas anderes lenken, ehvor wir die Blicke aller Besucher der Grabeskirche auf uns ziehen. Rechts hinter der Eingangstür hängt in einem Bilderrahmen mit zersprungener Glasscheibe ein Dokument, auf dem zu lesen ist: »Priestern der von Erzbischof Lefebvre gegründeten Bruderschaft ist es streng verboten, hier gottesdienstliche Handlungen vorzunehmen.« Als der Sakristan sich kurz entfernt, nütze ich die Gelegenheit zu einem Foto und drücke mit einem breiten Grinsen auf den Auslöser. Als der Franziskanerpater zurückkehrt, bin ich natürlich längst wieder brav beim Aufräumen der Kelchwäsche. Später, als wir draußen sind, nehme ich mir die Zeit, den Text ganz zu übersetzen: »Diese Priester dürfen nur hier zelebrieren, wenn sie – jeder einzeln – schriftlich erklären, sich von der Bruderschaft von Erzbischof Lefebvre loszusagen« Kommt gar nicht in Frage! Im Gegenteil, mein ganzer Stolz ist es, ein Priester der Priesterbruderschaft zu sein. Meine Mitpilger, denen ich das Bild auf dem kleinen Anzeigefenster der Digitalkamera zeige, müssen ebenfalls herzhaft lachen. Wenn der Sakristan gewusst hätte, wer die beiden Priester in Soutane sind … Aber er hat ja nicht gefragt. Und falls er gefragt hätte, hätten wir es ja auch so machen können, wie einst ein Priester geistesgegenwärtig auf die Frage des misstrauischen Sakristan »Are you Lefebvre?« – »Bist Du Lefebvre?« mit der Miene größter Einfalt antwortete: »No, **I** am not Lefebvre.« – »Nein, *ich* bin nicht Lefebvre«. Es gibt ja nur einen Erzbischof Lefebvre, und der hat die Pilgerschaft zum himmlischen Jerusalem bereits vollendet.

15. Das Grab unseres Herrn und Heilands Jesus Christus

Wir kommen zum bedeutendsten Ort der Christenheit neben Golgota, dem Grab unseres Herrn Jesus Christus. Wenn man die Sakristei der Grabeskirche verlässt, steht man nach wenigen Schritten direkt davor. Eine kleine Kapellina, die auch *Aedikula* genannt wird, birgt den Ort der Auferstehung und damit das wichtigste Ereignis unseres Glaubens. Napoleon soll auf der Höhe seiner Macht einmal gefragt worden sein, ob er denn nicht auch – so wie die Revolutionäre es taten – eine neue Religion begründen wolle. Seine Antwort war: »Wenn Sie mich jetzt töten, ins Grab legen und ich in drei Tagen wieder lebendig vor ihnen stehe, dann will auch ich ein Religionsstifter werden.«

Doch noch sind wir nicht bei der Auferstehung. Wir müssen uns zunächst dorthin zurück begeben, wo wir unterbrochen wurden: Nach Golgota. Wir begleiten den stillen Zug mit der Gottesmutter, Johannes, den heiligen Frauen, Nikodemus und Josef von Arimathäa von dem nur 20 Schritt entfernten Felsen zum Grab. Es ist nämlich noch nicht alles ausgestanden, Maria musste noch zittern. Im alten Rom war mit dem Tod des Verurteilten die Sache noch nicht zu Ende. Das römische Recht kannte eine degradierende Begleitstrafe: den Verlust der Totenehre. Angehörigen wurde es verboten, die Leiche zu bestatten bzw. Totenklage zu halten. Wenn der Leichnam eines Verurteilten freigegeben wurde, so war dies ein besonderer Gnadenakt, der allerdings im Allgemeinen auf Bitten der Angehörigen gewährt wurde. Jetzt schlägt die Stunde des Josef von Arimathäa. Johannes nennt ihn einen Mann, der auf das Reich Gottes wartete, der aber seine Gesinnung aus Angst vor den Pharisäern verbarg. Es ist interessant, wie sich hier aufs Neue das Wort Jesu bewahrheitet: »Die Letzten werden die ersten sein, und die Ersten die letzten.« (Mt 20,16) War nicht Petrus der erste der Apostel? Hat er nicht damit geprahlt, Jesus nie im Stich zu lassen? Wo ist er jetzt? Vielleicht haben er und andere sich sogar bei Jesus beschwert über die beiden »Halbkonservativen«. Den Nikodemus und den Josef. Sie sollten doch entweder ganz glauben und offen für Jesus einstehen oder es lassen. Das Halbherzige sei nichts. Gibt es nicht auch heute in unseren Reihen solche vorschnellen Richter? Jeder, der nicht gleich die Kirchenkrise in ihrem vollen Umfang und Ausmaß erkennt, wird verurteilt und zum Modernisten gestempelt? Bei der Beerdigung Jesu ist alles anders. Der »feige« Nikodemus und der »Duckmäuser« Josef stehen da, wo die großen Herrn Vorzeige-Schüler und Summa-cum-laude-Seminaristen des ersten Priesterseminars hätten stehen müssen. Was mancher in Übereile urteilend für halbherzige Schwachheit hielt, war in Wirklichkeit ein Sauerteig, der noch am Aufgehen und Durchsäuern war. Jetzt stehen sie an erster Front und ihre Tat wird in alle Ewigkeit in Erinnerung bleiben. Ohne ihren Mut wäre der hochheilige Leib Jesu irgendwo verscharrt worden, oder noch schlimmer zum Fraß der Raben geworden. »Richtet nicht, damit ihr nicht gerichtet werdet«, warnt uns Jesus. (Mt 7,1)

Pilatus gab also den Leichnam Jesu frei, oder wie der Evangelist sagt: »Er schenkte ihn Josef.« (Mk 15,45) »Josef kaufte ein Linnentuch, nahm Jesus herab und wickelte ihn in das Linnen. Dann legte er ihn in ein Grabmal, das in den Felsen gehauen war, und wälzte einen Stein vor die Tür des Grabes.« Johannes erwähnt die Gewürze: »Sie banden ihn in leinene Tücher samt den Gewürzen, wie es der Begräbnissitte der Juden entspricht.« (19,40). Nikodemus, der diese Mischung von Myrrhe und Aloe brachte, zeigt sich mehr als großherzig. Hundert Pfund sind umgerechnet 32 kg!

Johannes ist es auch, der uns den Ort des Grabes verrät, vor dem wir jetzt stehen: »Dort hinein nun legten sie Jesus wegen des Rüsttages der Juden; denn das Grab war in der Nähe.« (Joh 19,42) Man war in Eile, der Sabbat nahte, der nach altem Brauch bekanntlich bereits am Freitagabend beginnt. Zudem war die Kreuzabnahme keine leichte Aufgabe, wollte man doch den Leichnam Jesu mit der gebührenden Ehrfurcht behandeln. Nach jüdischem Gesetz durfte das Blut, das nach dem Tod ausgetreten war, nicht abgewaschen werden, denn es galt als Sitz des Lebens und musste folglich beim Toten verbleiben. Vom Ort der Kreuzigung trugen die Männer den Toten hierher, eben in jenes Privatgrab des Josef von Arimathäa. Es war nach jüdischen Gebräuchen und passend für einen reichen Amtsträger eingerichtet: Ein offener Treppenzugang führte zum Eingang, der mit einem Rollstein verschließbar war. An diesem Rollstein vorbei gelangte man in einen Vorraum mit Sitzbänken, von diesem wiederrum in die Grabkammer, an deren rechter Seitenwand ein

Troggrab in den Felsen ausgehauen war. Diesen Anblick bot das Grab Jesu, als man den göttlichen Leib zur letzten Ruhe bettete.

So betreten wir ehrfurchtsvoll das Grab. Der Vorraum trägt heute den Namen »Engelskapelle«, Steinbänke an beiden Seiten zieren das Innere. Schließlich der ergreifende Augenblick, der Höhepunkt unserer Wallfahrt: Wir knien vor der weiß-bräunlichen Marmorplatte, die jene Stelle bezeichnet, wo »sie ihn hingelegt haben« (Mk 16,6): Das Grab unseres Herrn und Heilandes Jesus Christus.

Meine Augen heften sich an den Anblick des Grabes und nehmen begierig jedes Detail auf, denn die Zeit ist kurz bemessen. Die Grabkammer bietet für zwei, maximal drei Personen Platz. An drei Seiten ist der weiße Marmor umrahmt von einem Aufbau, nur die Vorderseite, wo man kniet, ist offen und man kann die flache Hand auf den Stein legen. Über und über ist alles verziert. Links ein großes silbernes Relief mit dem Auferstandenen und den schlafenden Wächtern, rechts ein Ölgemälde hinter Glas mit demselben Motiv, frische Blumen, unzählige Kerzenständer. Ein gesticktes Altartuch hängt über dem Aufbau in der Mitte mit den griechischen Worten: »Christos aneste« – »Christus ist auferstanden«. Wenn man über sich nach oben blickt, sieht man an die dreißig Öllampen von der Decke herabhängen. Es herrscht eine heilige Stille an diesem Ort. Hier hat sich das wichtigste Ereignis unseres katholischen Glaubens zugetragen. Hier hat Christus den Tod besiegt und seine Gottheit unter Beweis gestellt. Paulus sagt es am klarsten: »Ist aber Christus nicht auferweckt worden, ist unsere Predigt nichtig, nichtig auch euer Glaube!« (1 Kor 15,14)

Hier, unter dieser Marmorplatte, ist der Fels, auf dem der Leichnam ruhte. Alle hatten sie Jesus verlassen. Es wurde Freitagabend, und es wurde Nacht. Immer noch liegt Jesu Körper still und regungslos auf diesem Felsen. Obwohl ihn die Menschen so grässlich zugerichtet haben, so entstellt und misshandelt, geht doch eine erhabene, stille Größe vom Leib des Menschensohns aus, wie sie auch auf dem heiligen Grabtuch von Turin deutlich wird. Niemand ist am Sabbat beim Leichnam. Sie dürfen nicht kommen, das verbietet das mosaische Gesetz. Doch die Gedanken Aller kreisen nur um dieses Eine, den unfassbaren Tod des Messias als Verbrecher. Am Sonntag ist Magdalena die erste.

Aber sie sucht den Leichnam und sollte doch Jesus, den lebendigen suchen! O Maria, kleine Maria, was tust du da? Schmunzelnd sehen wir Jesus, wie er die verzweifelte Seele fragt: »Frau, was weinst Du?« Da mussten sogar die Engel sich zurückhalten. Als ob Jesus nicht wüsste, dass sie seinetwegen weint. »Maria!« Als er ihren Namen nennt, fällt es ihr wie Schuppen von den Augen. Aber Maria war draußen, vor dem Grab. Wir sind dem Ort der Auferstehung noch näher. Wir tun etwas, das nie ein Mensch durfte: Wir bleiben ganz einfach im Grab knien, während der ersten Stunden jenes Sonntagmorgens. Heute, hier am Grab, dürfen wir die ersten sein und das bislang Unerhörte sehen: Der regungslose Leichnam – Jesus war wirklich tot, die durchbohrte Herzwunde ist ein wichtiger Beweis hierfür – fängt an, sich zu bewegen; die Augen öffnen sich. Ohne jedes Zutun von außen. Die Seele vereint sich wieder mit dem Körper durch die Kraft der Gottheit. Jesus ignoriert den Tod, so als wäre er einfach eine Illusion. Nicht gültig, eine Täuschung. Ein kalter Schlaf. Jesus erwacht, wie er so viele Male erwachte im Haus zu Nazareth. Darum singt die Kirche mit dem heiligen Paulus »Tod, wo ist dein Sieg? Tod, wo ist dein Stachel? (1 Kor 15,55) Er erhebt sich, sein Körper beginnt zu strahlen und er durchdringt die Leichentücher, die wie der Kokon eines Schmetterlings von ihm abfallen. Nur sein Abdruck bleibt auf dem Linnen und damit besitzt die Christenheit für alle Zeiten ein getreues Abbild des Antlitz Jesu. Er verlässt das Grab und es geschieht das gleiche wie bei den Leichentüchern. Es ist, als wäre der Stein nicht existent. Genau wie später die verschlossenen Türen leistet der Felsen seinem Körper keinen Widerstand. Das lässt auf ein typisches Merkmal des Auferstehungsleibes schließen, er ist ohne jede irdische Schwere und Behäbigkeit. So wird auch unser Leib sein, wenn wir auferstehen zum ewigen Leben am jüngsten Tag. Wem Jesus zuallererst erscheint, bedarf wohl keiner weiteren Erklärung, selbst wenn die Evangelien es nicht berichten: seiner hochheiligen Mutter. Dieser Augenblick ist so innig, so unsagbar tröstend, dass niemand in der Lage wäre, ihn zu beschreiben. Da muss des Dichters Tinte vertrocknen, da muss des Sängers Stimme verstummen, da gilt einmal mehr das Wort des kleinen Prinzen: »Man sieht nur mit dem Herzen gut. Das Wesentliche ist für die Augen unsichtbar.« (Antoine de Saint-Exupéry)

Aber wir bleiben noch ein wenig knien, denn jetzt hören wir, wie der Stein weggewälzt wird. Dennoch ist niemand zu sehen. Ein Engel hat das Grab geöffnet und sich draußen auf den Stein gesetzt. Wohl hören wir Stimmen: »Was sucht ihr den Lebendigen bei den Toten?« Es sind die guten Frauen, die schon früh morgens hierher gekommen sind. Die Unterhaltung dauert nicht lange, dann sehen wir Frauenköpfe sich in unsere Richtung beugen. Sie reißen die Hände an den Mund! Sie blicken sich an. Sie eilen wie vom Blitz getroffen hinweg. Damit hatten sie nicht gerechnet! Sie suchten einen Leichnam zum Einbalsamieren und fanden den bloßen Fels, vor dem wir jetzt knien. Es vergeht eine Weile, vielleicht eine halbe Stunde, da hören wir wieder Schritte. Dann blickt der Kopf eines Jünglings in das Grab. Es ist Johannes, der jedoch nicht eintritt. Endlich vernehmen wir das Schnaufen eines Mannes. Er scheint ganz außer Atem zu sein. Petrus, der etwas beleibtere, kommt später als Johannes und beritt ehrfürchtig das Grab. Er berührt den Felsen, streicht über die Linnen und man sieht, wie er voller Verwunderung Johannes anblickt, der nun auch gebückt durch den Eingang des Grabes schreitet. In seiner scharfen Beobachtungsgabe beschreibt Johannes sogar die Ordnung der Tücher: »Er sah die Leinenbinden daliegen sowie das Schweißtuch, das auf seinem Haupt gelegen hatte. Es lag aber nicht mit den Leinenbinden zusammen, sondern für sich zusammengefaltet an einer Stelle.« Unter diesen Linnentüchern befindet sich die bereits erwähnte wichtigste Reliquie der Christenheit, das Grabtuch Jesu, auch »Turiner Grabtuch« genannt, weil es seit 500 Jahren im Dom von Turin verwahrt wird. Es trägt das wahre Antlitz Jesus und die Abdrücke der Wundmale der Passion. Seine Entstehung ist bis heute ungeklärt, denn das Bild auf dem Tuch ist ein in die Fasern des Leinens eingebranntes Negativ. Der italienisch Fotograph Secondo Pia sah am 28. Mai des Jahres 1898 als erster Mensch das wahre Antlitz auf dem Grabtuch, als er die erste Fotografie, die je von dem Tuch gemacht wurde, in seiner Dunkelkammer entwickelte. Auf dem Negativ war das Antlitz in der korrekten Darstellung von hell und dunkel zu sehen. Johannes schließt seinen Bericht mit dem kurzen, aber entscheidenden Satz: »Er sah und glaubte.« (Joh 20,3ff)

»Hallo, könnten wir vielleicht auch das Grab betreten?« – Fremde Pilger warten vor dem Eingang, so müssen wir die heilige Stätte schweren Herzens wieder verlassen und stehen draußen, vor der Aedikula. Dort stellen mir die Pilger die Gretchenfrage der Grabeskirche: »Herr Pater, der Felsen ist unter der Marmorplatte, aber wo ist denn die Grabeshöhle? Sie müsste doch aus dem Felsen herausgehauen sein! Stattdessens steht hier eine pseudobarocke Kapelle?«

»Pseudobarock ist nicht ganz der richtige Ausdruck, es ist türkischer Rokokostil«, korrigiere ich den Fragesteller. »Aber Sie haben natürlich recht, diese Frage ist berechtigt.« Die Kapelle, die sich hier anstelle einer Felsenhöhle erhebt, ist ein sechs Meter breites, sechs Meter hohes und acht Meter langes, rechteckiges Häuschen. Neben dem erwähnten Hauptstil scheint sie zudem ein Sammelsurium von Bauelementen in mehr oder weniger ansprechender künstlerischer Kombination zu vereinen: Das flache Dach ist mit einer Balustrade umgeben und zeigt einen phantasievollen Aufbau, der an ein barockes Zwiebeltürmchen erinnert. Die Wände sind ausnahmslos mit Marmor verkleidet und mit Säulen geschmückt. Die Fassade zieren vier gewundene Säulen, vor der übermannsgroße Kerzenleuchter aus Messing ihren Platz behaupten. Öllämpchen hängen an jeder freien Stelle und an einem unberührten Fleck gibt eine Tafel Auskunft, wer all das errichtet hat: »Herr, gedenke deines Knechtes, des Kaiserlichen Baumeisters Komnenos von Mytilene, 1810.«

»Also stammt das Grab aus dem Jahr 1810.« Die Pilger sind erstaunt und ein wenig enttäuscht zugleich. »Was ist denn aus der Grabkammer geworden? Ist das Grab Jesu gar nicht hier«?

Wer wissen will, wie es von der Felsenhöhle des Josef von Arimathäa zur Aedikula im türkischen Rokokostil aus dem Jahr 1810 kam, dem bleibt nur eines: »Kommen Sie mit mir auf eine Reise durch die Zeit von zwei Jahrtausenden!«

16. Eine Reise durch zwei Jahrtausende

»Willkommen an Bord unseres Zeitschiffes DMC-13. Mein Name ist Captain Emmett LS Ephraim, bitte nehmen Sie Platz und halten sie sich an die Bordregeln. Nein, anschnallen müssen Sie sich nicht, das ist ja eben der Unterschied zu einem *Raum*-Schiff: Die Bewegung ist nicht räumlich sondern zeitlich. Vom Ort her gesehen bleiben wir genau hier, direkt vor dem Grabesfelsen in Jerusalem. Wir bewegen uns nur in der Zeitachse.

Achtung, es geht los! Ach ja, die wichtigste Bordregel: Was auch immer geschieht, verlassen Sie nicht den DMC-13. Auch wenn das nun Folgende Sie schockieren wird und Sie am liebsten eingreifen möchten: Das ist strikt verboten. Zudem gibt es einen Sicherheitsmechanismus, der das verhindert, was sich schon mehrmals als notwendig erwiesen hat. Es gab bisher immer wieder Passagiere, die vor Entsetzen das Schiff verlassen wollten. Der Ablauf ist einfach: Wir werden zu allen wichtigen Ereignissen anhalten, dadurch erhalten Sie in einer Reise von 15 Minuten einen vollständigen Überblick über alles, was sich in den letzten 2000 Jahren an diesem Ort zugetragen hat.

Wir beginnen bei jener Höhle im Felsen und dem umliegenden Garten. Bitte sehen Sie sich noch einmal um: Das Grab des Nikodemus, die Kammer vor dem Grab, beide in den Felsen gehauen. Davor der große Rollstein. Bitte prägen Sie sich alles zur späteren Betrachtung gut ein, so wie jetzt werden Sie es nie wieder erblicken. Los geht's! Unser erster Reiseabschnitt dauert nur ca. 100 Jahre, dann müssen wir bereits wieder anhalten. Dort drüben sehen sie Kaiser Hadrian. Der Bar Kochba-Aufstand ist soeben blutig niedergeschlagen worden, und der Kaiser gibt gerade den Befehl, einen heidnischen Tempel über dem Ort des Grabes zu errichten, zu Ehren der Göttin Aphrodite. In der Vita Constantini heißt es: ›Das Grab des Heiles suchten sie vor dem Blick der Menschen zu verbergen. Mit viel Mühe schleppten sie Erde herbei und überdeckten die heilige Höhle in der Tiefe mit einer mächtigen Aufschüttung. Darauf errichteten sie den ›Schlupfwinkel Aphrodites‹ (Vita Const. III,26). Sozomenos von Gaza (geb. um 400) gibt uns auch den Grund für dieses Handeln an: Damit ›so mit der Zeit der wahre Grund, warum der Ort verehrt wurde, in Vergessenheit käme‹ (HE II,1).

Als Captain Ihres Fluges erlaube ich mir eine Bemerkung: Das Errichten des Venustempels war auf den ersten Blick natürlich eine reine Bosheit gegenüber den Christen und Sie werden empört sein über diese Tat. Auf den zweiten Blick war es auch göttliche Vorsehung. Denn gerade durch den Venus-Tempel wurde der Ort in solcher Weise gekennzeichnet, dass ein Vergessen unmöglich war. Schlimmer wäre es gewesen, ihn einfach mit gewöhnlichen Häusern zu überbauen. Sie sehen also: Selbst wenn Menschen Handlungen setzen um Böses zu bewirken, so lässt die göttliche Weisheit eben das geschehen, weil es in der Ordnung des Gesamten einmal zum Guten gereichen wird. So wie ein genialer Künstler, der einen hinterhältig zugefügten schwarzen Strich in seinem Gemälde nicht ausradiert, sondern auf ihm weitermalt und ihn so vollkommen integriert, dass das Bild auch mit dem Strich wieder schön, ja vielleicht noch schöner erscheint.

Achtung, unsere Zeitreise geht weiter. Ah, da sind wir schon: Das Jahr 326. Der Befehl des Kaisers Konstantin ist bereits in Jerusalem angelangt. Rom hat sich zu Jesus von Nazareth bekehrt, zum ersten Mal herrscht ein christlicher Kaiser. Sehen Sie, die Arbeiter sind schon am Werk, mit Seilen reißen sie die Statue der römischen Liebesgöttin um. Hier kommt ein weiterer Trupp mit Schaufeln und Karren. Wochen, ja Monate lang räumen sie den Schutt weg. Man geht noch weiter und meißelt rund um das Grab Jesu den ganzen Felsen weg, sodass es schließlich freistehend in der Mitte eines großen, ebenen Platzes thront. Endlich, der Staub der Arbeiter legt sich, und wir sehen wieder unsere Felsenhöhle mit dem Stein, den man jetzt ganz umrunden kann. Hier sehen Sie auch den amtierenden Kaiser Konstantin einen Brief diktierend, und zwar an den damaligen Bischof von Jerusalem: ›*Denn es ist nur gerecht, wenn der heiligste Ort auf der ganzen Welt auch nach Gebühr geschmückt wird.*‹ Der Kaiser hat also gewaltige Pläne, die er durch den syrischen Architekten Zenobios umsetzen lässt, damit ›über dem Grabe des Erlösers das Neue Jerusalem erbaut‹ werde, wie der Chronist des Kaisers sagt. Über dem jetzt freistehenden Felsblock erbaut man das schönste Grabmal, dessen man mit der damaligen genialen Baukunst der Römer fähig war, ein gewaltiges Mausoleum. Auf einem kreisförmigen Säulenkranz, der mehr als doppelt so hoch ist wie die heutigen Säulen, ruht eine herrliche Kuppel, die übrigens so wie das Pantheon in Rom mit einem Auge, also einer Öffnung hoch oben in der Mitte, prahlen kann. Im Inneren dieses Kuppelbaus entsteht ein zweiter Säulenkranz von fast zwanzig Metern Durchmesser rund um das Grab Jesu: Die sogenannte ›Anástasis‹ (griechisch für Auferstehung) war vollendet. Sie war so beeindruckend, dass sogar der sonst eher gefühlsarme Pilger von Bordeaux (333) in Bewunderung ausbricht: ›*Eine Kirche von wunderbarer Schönheit.*‹

Damit nicht genug: Auch der Grabesfelsen selber wird vom Kaiser auf das herrlichste geschmückt und verziert. Aber was ist das? Die Arbeiter hören mit den Meißel- und Hammerschlägen nicht mehr auf. Sie machen sich an den Vorraum des Grabes! Im Überschwang der Prachtentfaltung meißeln sie die Kammer vor dem Grab einfach weg! Ein historisch gesehen unwiederbringlicher Schaden. Somit verfügt der freistehende Grabesfelsen nur noch über einen einzigen Raum. Dieser Anblick war schon für Eusebius, den Geschichtsschreiber des 4. Jhdt. ungewöhnlich: ›*Es war seltsam, diesen Grabfelsen zu sehen, wie er sich allein inmitten eines geräumigen Geländes erhob, aber nur einer einzigen Höhle Platz bot.*‹ (Theophaniae Fragm. III,30). Über das Zerschlagen des im Evangelium ausdrücklich erwähnten Vorraumes war man schon damals erbost. Kyrill schreibt in seinen Katechesen: ›*Heute sieht man nichts mehr von ihr, weil damals die Vorhöhle wegen der Anbringung der gegenwärtigen Verzierungen weggehauen wurde.*‹ (Kat XIV,9)

Ansonsten hatten die römischen Architekten eine Meisterleistung vollbracht. Die Anastasis-Rotunde ist nur einer von drei großangelegten Teilen der Konstantinsbasilika. An diese mächtige Kuppel schließt sich das Atrium an, ein quadratischer, ebenfalls mit Säulenreihen geschmückter offener Innenhof. Ja richtig, was Sie dort sehen, ist der uns bereits bekannte, damals ebenfalls noch freistehende Golgotafelsen. Er ist in dieses prächtige Atrium integriert und somit überdacht. Hinter uns sehen Sie schließlich die fünfschiffige Basilika – *Martyrion* genannt – welche dem Andenken der Passion geweiht ist, mit dem uns schon bekannten Nabel der Welt. Bitte sehen Sie sich um, glücklicherweise verfügt unser Zeitschiff über einen 360° Rundblick: Viele Archäologen würden alles für diesen Anblick geben, den

Sie jetzt genießen: Die Konstantinische Grabeskirche, der erste und schönste Sakralbau über dem Heiligen Grab in seiner ganzen Pracht. Sie war so beeindruckend, dass die Kreuzfahrer selbst beim Anblick ihrer Ruinen noch erschauerten.

»Ruinen, Captain Emmett? Ruinen? Hat man denn all diese glänzende Herrlichkeit zerstört?« – »Nicht nur einmal!«

»Ich darf Sie bitten, wieder Platz zu nehmen. Mithilfe des DMC-13 werden wir uns knapp dreihundert Jahre weiter bewegen, also in das Jahr 614. Sie kennen bestimmt die ägyptischen Pyramiden. Was geschah mit den Pharaonengräbern? Richtig, fast alle wurden von Grabräubern geplündert. Dieses Schicksal werden Sie in Kürze selbst miterleben, es steht auch dem von uns so verehrten Grab Jesu bevor. Damit Sie aber einen passablen Eindruck haben von den Schätzen, mit welchen der Grabesfelsen mittlerweile behängt war, hören wir die letzte Beschreibung des Grabes vor der Plünderung durch die Perser. Sie stammt von einem anonymen Pilger aus Piacenza im Jahr 570, also vierzig Jahre vor der nun folgenden Katastrophe: ›*Wir warfen uns nieder und küssten die Erde und betraten dann die Heilige Stadt, in der wir das Grabmal des Herrn verehrten. Weil das Grabmal aus dem natürlichen Felsen gehauen ist, ist auch das Troggrab (puteus) aus diesem Felsen herausgehauen, wo der Leichnam des Herrn geruht hat. [...] Der Felsen selbst ist geschmückt mit Gold und Edelsteinen, und der Stein des Grabmals ist mühlsteinartig. Unzählige Schmucksachen sind dort. An eisernen Stiften hängen Armbänder, Handspangen, Halsketten, Ringe, Kopfschmuck, Gürtel, Wehrgehänge, Kaiserkronen aus Gold und Edelsteinen und Schmucksachen von Kaiserinnen. Das Grabmal ist so ungefähr nach Art einer Pyramide mit Silber überdeckt unter goldenen Balken.*‹«

»Das ist so recht typisch katholisch, so war es und so wird es immer sein. Denken Sie bei dieser Beschreibung des Grabes Jesu der ersten Jahrhunderte nicht automatisch an unsere schönen Wallfahrtsorte wie Mariazell, Altötting, Lourdes? Dort haben die Volksseele und die Frömmigkeit der Pilger das Gleiche vollbracht. Überall sind Votivtafeln, Geschenke, Schmucksachen, Wertgegenstände aufgehängt und hinterlegt, welche die Pilger über die Jahrhunderte als Geschenk der Gottesmutter dargebracht haben. Genau so war es auch mit dem Grab Jesu, mit einem einzigen

Unterschied und Nachteil: Die Sachen waren noch kostbarer und wertvoller als heute, so dass sie die Aufmerksamkeit von Übeltätern auf sich zogen. »Es wäre schön, wenn Sie jetzt eingreifen könnten, aber ich muss Sie nochmals bitten, auf Ihren Sitzen zu bleiben. Sie können nur zusehen.« Durch das Hauptportal der Grabeskirche dringen Horden von Persern, große Turbane auf ihren Häuptern und mit Säbeln bewaffnet. Es sind die Truppen des Sassanidenkönigs Chosroes II. Wie Aasgeier stürzen sie sich auf die kostbaren Votivgeschenke. Priester, die das Grab schützen wollen, werden kurzerhand festgenommen und als Gefangene nach Persien entführt, darunter auch der Bischof von Jerusalem, Patriarch Zacharias. Auch das prächtige Edelsteinkreuz auf Golgota nehmen die Barbaren mit und als keiner mehr in der Kirche weilt, werfen sie Feuerfackeln. »Nein! Die Kirche!« – »Bitte beruhigen Sie sich. Sie können es nicht verhindern, auch wenn Sie es unmittelbar miterleben dürfen.« Vor unseren Augen geht das Heiligtum des Konstantin in Flammen auf.

Der nächste Zeitsprung dauert nur vierzehn Jahre. Der Persersturm ist vorüber, er war zwar heftig, aber nicht andauernd. Wir schreiben den 3. Mai 628, ein Kaiser zieht in die Grabeskirche ein, man hat sie aus den Ruinen wieder errichtet, allerdings viel kleiner. Er trägt ein Kreuz auf seinem Rücken. Ja, richtig, es ist jenes Edelsteinkreuz mit den eingelassenen Kreuzesreliquien, das auf Golgota stand. Er konnte es durch einen mutigen Feldzug nach Persien den Christenhassern wieder entreißen. Jedes Jahr gedenken wir seiner glaubensstarken Tat am Fest der Kreuzerhöhung, denn Heraklius, so ist der Name des Kaisers, hat das Kreuz Jesu für die Christenheit zurückerobert. Was für ein erhebender Augenblick: Der Kaiser selbst trägt das Zeichen der Erlösung. Aber was ist das? Er ist nicht wie ein Edelmann gekleidet, sondern wie ein Bettler. Die Legende klärt uns auf: Als sich der Kaiser anschickt, die Stufen nach Golgota hinaufzusteigen, wird das Holz plötzlich so schwer, dass er es nicht mehr tragen kann. Nach vielen vergeblichen Versuchen mahnt ihn der Bischof, den prächtigen Ornat abzulegen, um das Kreuz nach dem Vorbild Christi in Demut zu tragen. Erst dann kann er sein Vorhaben vollenden.

Ein Blick durch das Panoramafenster des DMC-13 gibt uns Gewissheit: Der monumentale Bau des Kaiser Konstantin, der nur dreihundert Jahre Bestand hatte, wurde nicht mehr aufgebaut, dazu war die politische Lage zu instabil. Einzelne Teile sind in vereinfachter Form anhand der alten Grundmauern wieder errichtet. Das Grab selber ist jetzt mit einer Mauer ummantelt, um den Felsen zu schützen. Vor dem Eingang errichtet man einen auf vier Säulen ruhenden Anbau. Wir nähern uns also langsam der Grabkapelle in der heutigen Form. Diese Vorhalle entspricht bereits in etwa der heutigen Engelskapelle vor der Grabkammer.

Aber es sollte noch viel schlimmer kommen. Das Grab Jesu wird nicht nur geplündert, es wird auch bis auf die Grundfesten zerschlagen und zerstört. Der Anfang dieses schrecklichen Endes wird schon zehn Jahre später eingeleitet, im Jahr 638: Jerusalem wird abermals erobert, dieses Mal vom Islam. Omar ibn el-Khattab, der 2. Kalif von Mekka, zieht mit großem Gefolge in die Stadt ein, um die Kapitulation der Christen entgegen zu nehmen. Von nun an kommt es wahrlich zu einem langsamen, 400 Jahre dauernden Absterben des Heiligtums und des christlichen Lebens in Jerusalem. Das Schicksal der Christen im Orient wird immer drückender, wie wir es bereits bei der Besichtigung von Akko, der Kreuzfahrerfestung am Meer (Kapitel 9) gesehen haben.

Als nächsten Zeitpunkt unserer Reise wählen wir den Palmsonntag 936. Tumult ist an der Tür der Basilika zu hören. Fackeln werden an den Eingang geworfen, die Tür brennt ab. Da! Schon dringen die Soldaten des Kalifen Ibn Moy ein und werfen das Feuer auch auf die Anastasis. Die Kuppel bricht mit gewaltigem Lärm zusammen. Der Bischof von Jerusalem! Helft ihm! Gott steh ihm bei, er verbrennt in den Flammen! Um ihnen diesen allzu grässlichen Anblick zu ersparen, reisen wir unverzüglich zwanzig Jahre weiter. Die Grabesrotunde war notdürftig wiederhergestellt, aber schon wieder entlädt sich der Hass der Ungläubigen über dem Heiligtum. Wieder entweihen islamische Horden die Kirche, diesmal allerdings begnügen sie sich nicht mit Feuer. Alles soll zerstört werden. Ademar, ein Benediktinermönch in Jerusalem, ist Zeitzeuge († um 1034) und schreibt: *»Da sie nicht imstande waren, den Felsen des Grabmonumentes zu zerschlagen, setzten sie es einem mächtigen Feuer aus. Dann wurde das Grab des Herrn abgebrochen.«* Der Chronist Rodulf

(† 1046) fügt noch hinzu: »*Die Steinbank versuchten sie mit Axthieben zu zerschlagen, waren es jedoch nicht imstande.*« (Historia sui temporis I,3). Dieser traurige und für die gesamte Christenheit entsetzliche Tag fällt auf das Fest des Erzengels Michael 1010. An diesem Tag wurde die Felshöhle, die Josef von Arimathäa für sich hatte aus dem Stein hauen lassen, für immer vernichtet. Das Troggrab wird ebenfalls zerschlagen. Nur der Felsen selbst, auf dem der Leichnam ruhte, bleibt als letztes Andenken bestehen.

Doch die Christen im Orient geben sich nicht geschlagen, auch wenn immer noch keine Hilfe aus dem Abendland erscheint. Kaiser Monomachus (1048) lässt aus den Trümmern die dritte Grabeskirche errichten, wobei jedoch große Teile der Konstantinsbasilika in Ruinen liegen bleiben. Der Chronist berichtet: »*Alles sehr bescheidene Bauten.*« Da vom einstigen Höhlengrab nichts mehr übriggeblieben war als ein nackter Felsstumpf, errichtet man ein neues Grabmonument aus Mauerwerk. Wir erreichen schon fast die Gestalt der jetzigen Kapelle. Die Überreste des Felsens, welchen die Moslems nicht zerstören konnten, werden mit Marmor verkleidet, so wie wir es heute noch vorfinden, aber drei kleine Öffnungen beibehalten, um den Pilgern den Anblick des Steines zu ermöglichen.

Doch nun bitte ich um Ihre besondere Aufmerksamkeit: Zum ersten Mal seit 500 Jahren betritt wieder ein christliches Heer die Grabeskirche. Unser Zeitschiff hält am 15. Juli 1099. Ein entscheidendes Datum, denn Jerusalem wird von den Christen zurückerobert. Die aufgestaute Wut, die monatelangen Strapazen der Belagerung in Hitze und ständiger Wassernot lassen die Männer jedes Maß vergessen. Erst nach der Eroberung wird ihnen das Blutbad bewusst, das sie angerichtet haben. Sie tun Buße, vertauschen die Rüstung noch am selben Abend mit dem Büßerhemd und ziehen barfuß in die Grabeskirche ein, wie der Chronist berichtet. Dieser Bußgottesdienst der Kreuzfahrer vom 15. Juli 1099 steht im diametralen Gegensatz zum »Entschuldigungstrend« der heutigen Kirche. Denn heutzutage ist es Mode geworden, sich für *die anderen* zu entschuldigen, allen voran für die vermeintlichen Übeltaten der Katholiken in der Geschichte. Dabei sollte man zwei Dinge nicht vergessen: Jeder ist für seine eigenen Taten verantwortlich. Denn eh man sich's versieht wird eine spätere Generation die großen Entschuldiger von heute noch viel ärgerer Dinge anklagen: Der globalen Ausbeutung ganzer Kontinente, der Kriege für das Blutgeld der Rüstungsindustrie, der Tötung von Millionen wehrloser Babys im Mutterschoß und vieles mehr. Zweitens haben die Christen zu ihrer Zeit auch selbst erkannt, wenn Unrecht geschah, und sich dessen selbst angeklagt, wie das Beispiel der Kreuzritter im Bußhemd belegt. Im Gegensatz zur heutigen Zeit haben sie sich für die Vergehen ihrer *eigenen Generation* entschuldigt. Heute glaubt die erleuchtete Gemeinschaft von Edelmenschen keiner Buße für die eigenen Fehler mehr zu bedürfen und sieht die Altvorderen in peinlicher Selbstüberschätzung als Dummköpfe, Einfaltspinsel oder Verbrecher im Namen eines engstirnigen Glaubens, von dem man glaubt, ihn allein heute in der einzig richtigen Weise verstanden zu haben.

Die Kreuzfahrer standen nun vor einer historisch schwierigen Entscheidung: Sollten sie die Konstantinsbasilika aus den Trümmern wieder in ihrer alten Pracht errichten oder sich auf die Renovation des bescheidenen Baues von Kaiser Monomachus (1048) beschränken?

Sie wählten einen Mittelweg: Der vorhandene Rundbau über den Grundmauern der Konstantinsbasilika wurde übernommen, das Grab und Golgota wurden in die Kirche einbezogen. Der Felsen, der vom einstigen Grab noch zu sehen war, wurde von einer Kapelle samt Vorbau eingefasst. Die Kreuzfahrer wollten aber auch die modernste Baukunst des Mittelalters unter Beweis stellen. Die Ostseite der bestehenden kreisrunden Kirche wurde weggebrochen und an deren Stelle der mächtige Kaiserbogen errichtet, den wir bereits durchschritten haben auf unserem Weg zum Mittelpunkt der Erde. So hatten die Architekten aus dem Frankenland die Möglichkeit, weiterzubauen und eine mächtige spätromanische Kirche mit fünf Längsschiffen und zwei Querschiffen, einem Hauptchor (dem uns schon bekannten Domherrenchor bzw. »Chor der Griechen«), einer großen Apsis für den Hochaltar (Martyrion) und einem Chorumgang hinter der Apsis mit drei weiteren Apsiden anzubauen: Die heutige Grabeskirche! Dabei haben sie zweifelsohne eine Meisterleistung vollbracht, denn neben dem Grab und Golgota galt es, auch alle anderen heiligen und von der Tradition verehrten

Kapellen und Krypten einzubeziehen: Im Nordosten war ein kleiner, viereckiger Raum, das Gefängnis Christi, im Osten eine Unterkirche, zu der man über mehrere Treppen hinabstieg und welche den Ort der Kreuzauffindung durch die Kaiserin Helena bezeichnet, den wir ebenfalls bereits besucht haben; die Kapelle der Passion, die Longinuskapelle, die Kapelle der Kleiderverteilung, die Verspottungskapelle: Mit bemerkenswertem Geschick haben die Kreuzfahrer all das in den neuen Monumentalbau integriert.

»Bitte nützen Sie die Zeit zur Betrachtung, denn die Kirche der Kreuzfahrer unterscheidet sich von der heutigen Grabeskirche vor allem dadurch, dass die einzelnen Stätten der Erlösung nicht durch hohe Mauern getrennt waren, sondern offene Arkaden mit Emporen das Hauptschiff durchzogen. Wie Sie sehen, kann man das Grab und Golgota mit einem Blick überschauen! Dazu kommen der reiche Mosaikschmuck, die Marmorverzierungen, das Gold der Kuppel über dem Grab. All das verlieh dem ganzen Raum einen überirdischen Glanz.

Es ist der 15. Juli 1149, also 50 Jahre nach der Rückeroberung von Jerusalem. Sie sehen den Patriarchen Fulcher aus Aquitanien im Festornat. Er weiht die neue errichtete Grabeskirche der Kreuzfahrer ein – Deo Gratias. Diese Grabeskirche der Kreuzfahrer wird zeitlich am längsten überdauern, genauer gesagt fast 700 Jahre!

»Ich weiß, werte Zeitfahrgäste, Sie würden gerne noch weiter in der Schönheit dieser wundersamen hochmittelalterlichen Hallen schwelgen, aber wir müssen weiter, ich möchte fast sagen: Die *Zeit* drängt.« Unser letzter Landezeitpunkt: Die Nacht vom 11. auf den 12. Oktober 1808. Unweit der armenischen Kapelle hören wir mitten in der Nacht eine Stimme. Ein betrunkener Pilger hat etwas in der Hand, einen Leuchter wie es scheint. Er lallt und singt vor sich hin, ehe er einschläft. Den Leuchter aber lässt er stehen, wo ihn die Müdigkeit übermannt. »Nein, Sie können nicht eingreifen. Bitte sehen Sie einfach zu, was passiert.« Die hölzerne Balustrade, neben welcher er den Leuchter stehen lässt, fängt innerhalb kurzer Zeit an zu brennen. Von der Balustrade geht das Feuer über auf die ganze Kapelle. Als um 3.15 Uhr der Brand bemerkt wird, ist es auch schon zu spät, ein Löschen ist unmöglich. Die Flammen ergreifen die nahe Rotunde und bald auch das Dach der Kirche. Die zum Himmel lodernden Flammen erhellen wie eine Riesenfackel die aufgeschreckte Stadt. Zwischen 5 und 6 Uhr morgens stürzen die brennenden Balken der Dachkonstruktion in die Tiefe, die Trümmer zerstören das Heilige Grab. Die tausenden von Öllampen nähren das Feuer zusätzlich, die Marmorsäulen glühen wie große Kerzen, und das Metall der silbernen Leuchter und Geräte schmilzt in der Hitze. Im südlichen Querschiff brennt das Feuer bis zur Golgotakapelle, die jedoch gerettet werden kann, so wie einige andere Teile der Kirche, darunter der Turm, die Südfassade – also der heutige Eingang – und die Kreuzfahrerkuppel des Hauptschiffes.

Mit diesem traurigen Ereignis ist unsere Zeitreise beendet. Ich darf Sie bitten, auszusteigen, denn für das, was wir jetzt sehen, brauchen wir keine Zeitmaschine mehr. Es ist die Gegenwart: Die fünfte Grabeskirche, wiederaufgebaut vor allem durch die Orthodoxe Kirche in exklusiver und geheimer Absprache mit der Türkei, welche damals die Schutzherrschaft ausübte. Daher auch der türkische Rokokostil und die vielen zusätzlichen Mauern und Unterteilungen. Man war auf die Trennung der Konfessionen bedacht, und mit Geld wurde gespart: Überall verschwanden die feinen Ornamente und Profile der Kreuzfahrer unter dickem Zementverputz, die Zwischenräume der Pfeiler und Säulen wurden bis oben hin zugemauert, der Chor der Griechen wurde zu einem eigenen Kirchenraum innerhalb der Kirche: Die Grabeskirche von heute.

»Liebe Gäste, es freut mich, dass Sie sich für eine Zeitreise mit dem DMC-13 entschieden haben. Ich glaube, man kann mit Fug und Recht behaupten, dass nur derjenige die heutige Gestalt und Form dieses Gotteshauses richtig verstehen kann, der eine ebensolche Reise unternommen hat. Zudem bereichert dieser Ausflug in die Geschichte des Morgenlandes unsere Sicht auf das Leben der orientalischen Christen in Palästina, da wir die Historie allzu oft nur aus unserer Abendland-Perspektive kennen. Als Fazit lässt sich schlussendlich festhalten, dass alle Zerstörungswellen – ob menschlicher Hass oder Naturgewalten – nicht auslöschen konnten, was Gott bewahren wollte: Das immerwährende Andenken an das Leiden und die Auferstehung unseres Herrn Jesus Christus.«

17. Lebendiges Wasser am Toten Meer

Was wurde schon alles über dieses Meer spekuliert. Der Tod steckt in seinem Namen, denn der Salzgehalt macht jedes Leben unmöglich. Auch die vielen Touristen, die sich ins Wasser legen um gleichzeitig die Zeitung zu lesen – da man aufgrund des erhöhten Auftriebs auch ohne Bewegung nicht versinken kann – eilen anschließend sofort unter die Dusche. Und weh dem, der sich mit einer offenen Wunde ins Meer begibt, das brennt! Dafür aber säumen vor allem auf der jordanischen Seite viele Hotels das Ufer, wo Wasser und Schlamm erfolgreich zur Behandlung von Hautkrankheiten angewandt werden.

Was ist hier geschehen? Warum gibt es ein Meer unter dem Meer? 428 Meter liegt es tiefer als das Nullniveau des Wasserspiegels des Mittelmeeres. Der Überlieferung nach erhoben hier einst zwei blühende Städte ihre Türme gegen den Himmel, Sodom und Gomorrha. Doch ihre Sünden wurden himmelschreiend und Gott zerstörte diese Städte. Abrahams Neffe Lot war einst ein Bewohner Sodoms. Er verließ die Stadt vor der Zerstörung. Sein Onkel verhandelte mit Gott über das bevorstehende Strafgericht. »Herr, wirst Du Sodom verschonen, wenn dort nur fünfzig Gerechte sind?« Abraham wagt es, mit Gott zu handeln, ja man muss fast sagen zu feilschen. Es gelingt ihm sogar, Gott auf die erstaunliche Zahl von zehn Gerechten herunterzuhandeln. Wenn nur zehn Gerechte in der Stadt gewesen wären, würde Gott sie nicht vernichtet haben. (vgl. Gen 18,22 ff)

Unser Minibus braust die schier endlose Meeresstraße entlang. Ein neuer Tag unserer Israelwallfahrt hat uns an einen völlig neuen Ort gebracht: die Wüste Juda. Hell weiß leuchtet der Strand in der heißen Mittagssonne, denn die Salzkristalle setzen sich am steinigen Ufer ab. In allen Richtungen, so weit das Auge reicht, nur Sand und hügelige, wüstenartige Steppe. Jenseits des Meeres, also im Osten, sieht man im diesigen Licht die Umrisse der Berge von Jordanien. Dort liegt Nebo, jener Ort, von dem aus Moses das gelobte Land erblickte, das er selbst nie betreten sollte.

»Und wo ist nun die Frau des Lot, die zur Salzsäule erstarrt ist, als sie sich umdrehte, um den Untergang der Städte zu sehen?« – »Na, Sie stellen aber auch Fragen. Hier irgendwo.« Ich schaue aus dem Bus Richtung Salzmeer. »Wahrscheinlich durch Erosion in den letzten tausend Jahren massiv geschrumpft. Ich bin Fremdenführer, kein Hellseher«, lache ich.

Dafür bin ich ein Kind der österreichischen Alpen und schon bei meiner ersten Israelreise ist mir eine Gemeinsamkeit zwischen Wüste und Hochgebirge aufgefallen: Die Einsamkeit. Wer in den Alpen schon einmal ein einsames Gebirgskar mit Felsen und Geröll durchstiegen hat, wo keine Hütte mehr steht, wo man keinen Wanderer mehr trifft, wo dann und wann das Krächzen der Alpendohlen von der bedrohlich hohen Felswand widerhallt, der weiß, was ich meine. Genauso ist es hier in der Wüste Juda. Wir halten an und wagen das Experiment: Wir wandern ein ausgetrocknetes Wadi entlang. Die Straße, unser Minibus auf dem Parkplatz verschwindet immer mehr am Horizont, über uns die brennend heiße Sonne. Wohin das Auge reicht, nur Geröll und Sand und Steine. Wir steigen weiter, unsere kleine Gruppe von drei Pilgern, welche den Wüstenausflug mitmachen wollten. Die übrigen Mitreisenden warten beim Ausgrabungsort Qumran. Dort kühlt der Schatten der Palmen den müden Wanderer, doch diese scheinen mittlerweile in unerreichbarer Ferne, ja wie eine Fata Morgana. Nur das Tote Meer scheint immer größer zu werden, denn wir haben die steile Wand und damit das Wadi nach oben erklommen. Majestätisch liegt es unter unseren Füßen, das Salzmeer. Heiß glüht der Wind in unser Gesicht. Zwischen den Felsspalten findet sich da und dort ein grüner Halm, ein halb verdorrter Busch. In der Luft kreist ein Raubvogel, vielleicht ein Bussard? Sogar Wildgazellen sind in der Ferne auszumachen, welche ich natürlich sofort auf meine Kamera banne. Dabei kommt mir ein Gedanke, der mich erschauern lässt. Vor einer Höhle setzte ich mich hin und lasse die Sonne auf mein Gesicht brennen. Was, wenn wir jetzt hier bleiben würden. Einen Tag lang. Bis morgen. Oder noch besser: Eine Woche, einen Monat. In der Wüste, bei der Hitze des Tages und der Kälte der Nacht. Bei den Skorpionen und dem Sandsturm. »Herr Pater, das kann nicht ihr Ernst sein!« – »Tja, das wäre dann wohl in etwa der Anfang dessen, was der heiligen Johannes ein Leben lang ertragen hat.« »Johannes trug ein Gewand aus Kamelhaaren und um seine Hüften einen ledernen Gürtel. Seine Nahrung waren Heuschrecken und wilder Honig.« (Mt 3,4) Wer diese

Sätze liest und dabei zu Hause auf dem schattigen Gartenstuhl unter den grünen Zweigen eines Lindenbaumes sitzend einen kühlen Apfelsaft schlürft, der hat schwerlich eine Vorstellung von der Tragweite dieser Worte. »Johannes lebte in der Wüste.« (Lk 1,80) Sein ganzes Leben lang, bis zu dem Tag, da er auftrat und Israel lehrte. Wer immer ins Heilige Land fährt, der sollte wenigstens einmal die Wüste betreten. Nur ein paar Kilometer in sie hineinwandern. Nicht aus dem klimatisierten Bus heraus per Kamera ein paar Fotos knipsen und glauben, er hätte die Wüste erlebt. Erst dann wird er begreifen, was diese Worte bedeuten: »Johannes lebte in der Wüste.« Er wird den Namen dieses Gottesmannes ganz anders aussprechen. Auch die Namen der anderen großen Männer dieser Einsamkeit, des Antonius und aller Wüstenväter.

Wir bleiben ein wenig an dem abgeschieden Talende des Wadi Qumran. »Genug trinken, dann kann eigentlich nichts passieren. Und die Kopfbedeckung nicht vergessen!« mahne ich die Expeditionsteilnehmer.

Wenn *er* noch hier wäre. Er, das ist der größte unter allen, die je ein Weib geboren. (vgl. Mt 11,11) Johannes ist sein Name. Er war von Gott gesandt. (Joh 1,3) Sein Auftreten war so gewaltig, dass Jahrzehnte nach seinem Tod immer noch eine Vielzahl glaubte, *er* sei der Messias gewesen. Um diesen Irrtum zu korrigieren beginnt Johannes den Prolog zum vierten Evangelium mit einer offenen Klarstellung: »*Er* war *nicht* das Licht. *Er* kam nur, um *Zeugnis* zu geben von dem Licht!« Der Nachhall seiner Gestalt war so übermächtig, dass ihn immer noch viele für den Messias hielten. Obwohl er selbst es immer und immer wieder betont hat: Ich bin die Stimme. Ich bin der Wegbereiter. Ich bin der Freund des Bräutigams. Aber *er* war einfach zu beeindruckend. Nicht einmal die stolzen Pharisäer konnten sich seines Einflusses entziehen und mussten zähneknirschend den Canossagang zum Jordan hin antreten. Das einfache Volk war ihm ganz und gar ergeben, so sehr, dass die Pharisäer es nicht wagen, vor dem Volk auf offener Straße seine Taufe zu misskreditieren: »*Sagen wir: Von Menschen, so wird das ganze Volk uns steinigen; denn es ist überzeugt, dass Johannes ein Prophet ist.*« (Lk 20,6) »*Das ganze Land Judäa und alle Bewohner Jerusalems zogen zu ihm hinaus. Sie ließen sich von ihm im Jordan taufen und bekannten dabei ihre Sünden.*« Was muss dieser Mann für eine Ausstrahlung gehabt haben, für ein geistgewaltiges Auftreten. Er ist nach der Gottesmutter die schönste Frucht des jüdischen Volkes, der letzte und zugleich größte der Propheten, der Mann an der Zeitenwende, der Bote des Lammes. Schon bei seiner Geburt sprach das ganze Land nur von ihm: »*Im ganzen Bergland von Judäa sprach man über all diese Begebenheiten. Alle, die davon hörten, überdachten sie im Herzen und sagten: ›Was wird wohl aus diesem Kind werden?‹*« (Lk 1,65) Er hat Jesus schon erkannt, als er noch im Mutterschoß war. Elisabeth spürt das Geheimnis der Gottesmutter, weil Johannes in ihrem Schoß aufspringt. Es ist als wollte er sagen: »Mutter! Was tue ich hier! Was hältst du mich fest, wo doch derjenige kommt, dessen Weg ich bereiten werde! Lass mich aus diesem Dunkel zum Licht, für das ich Zeugnis ablegen werde!« Schon als ungeborenes Kind hat dieser Mann die Menschen zu Jesus geführt. (vgl. Lk 1,41)

Seine Lehre ist die Zusammenfassung des gesamten christlichen Asketentums: »Er muss wachsen, ich muss abnehmen.« (Joh 3,30) Seine Bußpredigt trifft die Pharisäer bis ins Mark: »Ihr Schlangenbrut, wer hat euch denn beigebracht, ihr würdet dem kommenden Zorngericht entrinnen?« (Mt 3,7) Schlussendlich die schönste seiner gewaltigen Glaubenslehren: »Und es kann sich *nicht* der Mensch etwas nehmen, es sei denn, es ist ihm *von Gott gegeben*.« (Joh 3,27) Wie oft muss ich gerade heute, in der Zeit der Kirchenkrise, an diesen Grundsatz des Johannes denken. So viele konservative Katholiken nehmen sich heute einfach alles selbst. Der eine ist Barbier von Beruf und gleichzeitig weiß er alles, was die Oberen der Priesterbruderschaft in den Verhandlungen mir Rom machen sollten. Ein anderer ist Baggerfahrer und weiß, was Erzbischof Lefebvre heute getan hätte, hat die Lösung für alle schwerwiegenden Fragen schon in der Tasche, kann jeden Priester belehren, obwohl er nie auch nur ein Semester Philosophie oder Theologie studiert hat, ja den Erzbischof nicht einmal mehr persönlich gekannt hat. Jeder nimmt sich, was ihm gerade gut dünkt. Der eine macht sich zum Kirchenlehrer, der andere zum Zukunftspropheten, ein dritter zum Unheilsboten, ein vierter zum Visionär, ein letzter schließlich zum alleinigen Testamentsverwalter von

Erzbischof Lefebvre. Man könnte natürlich einwenden: Aber Gott hat immer einfache Menschen erwählt, um größte Taten in der Kirchengeschichte zu vollbringen; man denke nur an das Hirtenmädchen Jeanne oder die Klosterfrau Katharina oder den Tuchhändler Franziskus. Zudem kann es in der Kirchenkrise von heute geschehen, dass ein Katechismusschüler einen Bischof belehren muss, wenn dieser Dinge behauptet, die dem katholischen Glauben widersprechen.

Das ist richtig und deshalb ist es so wichtig, die Kennzeichen der wahren Sendung Gottes zu kennen, um sie von den selbsternannten Propheten zu unterscheiden: Demjenigen Laien oder Priester ist es von Gott gegeben, Prophet zu sein, der auch wirklich *Gott* als Quelle seiner Erkenntnis und Gnadengaben sein Eigen nennt, – der also im Bild gesprochen das lebendige Wasser trinkt. All die oben genannten Vertreter der selbsternannten Erleuchtung trinken nicht lebendiges Wasser, sondern ertrinken, ja ich möchte fast sagen ersaufen im Salzwasser des geistigen Todes. Dieses Tote Meer hat einen Namen: Internet. Das ist die Quelle ihrer Erkenntnis, morgens und abends saugen sie begierig die neuesten Nachrichten auf nicht selten zweifelhaften Seiten und erfüllen ihre Seele so lange mit einer Überdosis Salz, bis kein Leben mehr möglich ist und sie gegen alles und jeden verbittern. Ohne Internet wüssten sie nichts, ohne Internet werden sie nervös, ohne Internet ist ihre tägliche Scheinerkenntnis unerfüllt. Das ist das untrüglichste Zeichen, dass diese Menschen eben nicht von Gott erleuchtet sind. Wer von sich behauptet, von Gott erleuchtet zu sein, muss das genaue Gegenteil verwirklichen. Er muss »offline« gehen, die medialen Marktschreier meiden, die digitale Über- und Fehlinformation abschalten, die Skandalenthüller-Seiten von sich weisen, mit einem Wort: so wie Johannes in die Einsamkeit der Wüste gehen. Wenn ihn dort der Geist Gottes ergreift, wenn ihn Gott sendet, die übrigen Menschen zu belehren, wie Johannes, dann stammt diese Gabe von Gott. Aber ich sage es ganz offen und ehrlich: In den zwanzig Jahren meines Priestertums habe ich bislang nur eines getroffen: Selbsternannte Internetpropheten. Johannes, lehre uns Deinen Worten folgen! Du lebtest hier am Ufer des Toten Meeres und trankst in der Einsamkeit das lebendige Wasser der Schau Gottes.

»Aber hatte Johannes denn nirgends ein zu Hause oder wenigstens die Möglichkeit, sich von Zeit zu Zeit von diesem extremen Bußleben zu erholen?« – »Doch natürlich. Es gab damals ein Kloster einer jüdischen Gemeinschaft mitten in der Wüste: Qumran.« Mittlerweile haben wir unseren Rückmarsch angetreten und sind an einem Aussichtspunkt unweit eben dieses Klosters angelangt. Von hier hat man einen trefflichen Ausblick auf die Höhlen von Qumran.

Die uns bereits bekannte Seherin Anna-Katharina Emmerich hat schon im 19. Jahrhundert immer von einem Kloster am Toten Meer gesprochen. Weil es hier aber kein Kloster gab, hielt man ihre Worte für die Fantastereien einer kranken Frau. Bis zum Jahr 1947. Da warf ein Beduinenjunge aus Langeweile einen Stein in eine Höhle, die er beim Schafehüten entdeckt hatte. Doch das Geräusch, das er anschließend hörte, machte ihn neugierig. Es klang wie das Zerbrechen eines Topfes. Er stieg in die Höhle und machte den vielleicht größten archäologischen Fund des 20. Jahrhunderts: Die Höhlen von Qumran. Die Untersuchung ergab, dass die Höhlen voll waren mit Tonkrügen, die ihrerseits Schriftrollen enthielten. Texte aus der Heiligen Schrift, aber auch eine Gemeinderolle und die bereits erwähnte Schatzkarte in Kupfer (3Q15). Das zu den Höhlen gehörende Kloster wurde ebenfalls ausgegraben, es lag am Toten Meer und eine Gemeinschaft von Mönchen bewohnte sie, genau wie Anna-Katharina es gesehen hatte. Sie trugen den Namen Essener.

»Besonders für die Textforschung des Alten Testaments war die Entdeckung von Qumran sensationell. Man fand eine vollständig erhaltene Isaias-Handschrift, die heute im Israel-Museum ›Schrein des Buches‹ ausgestellt ist«. Sie trägt die Bezeichnung 1QIsa, das »1Q« bedeutet erste Höhle von Qumran, »Is« steht für Isaias und »a« für die erste Isaiasrolle. Die 7,3 Meter lange Pergamentrolle aus dem 2. Jahrhundert vor Christus ist die älteste erhaltene Handschrift eines ganzen Buches der Bibel.

»Aber noch etwas viel Erstaunlicheres konnten die Exegeten, also die Bibelexperten, herausfinden«, sage ich und wische mit dem Taschentuch den Schweiß von der Stirn. Die Wüstensonne hat uns fest in ihrem Griff, besonders denjenigen, der im schwarzen Talar den Kampf mit ihr aufnimmt. Der Isaiastext stimmt erstaunlich gut mit der griechischen Übersetzung – auch Septuaginta genannt – überein, welche den Christen seit jeher als Grundlage ihrer Überlieferung diente. Diese Übersetzung wurde bereits 200 Jahre vor Christus von den Diaspora-Juden angefertigt, deren es sehr viele gab: In Ägypten, Babylon, Syrien, Griechenland lebten Juden und sie wollten die Heilige Schrift auch auf Griechisch lesen, denn nicht jedermann verstand damals das Hebräisch der Bibel. Diese griechische Übersetzung des Alten Testaments heißt Septuaginta, also die »Siebziger«, aufgrund einer jüdischen Legende: »*König Ptolemaios veranlasst für seine weltberühmte Bibliothek eine Bibelübersetzung ins Griechische. Er lädt 72 jüdische Gelehrte nach Alexandria ein, lässt sie 72 Tage in getrennten Zellen übersetzen. Und siehe da: ihre Übersetzungen stimmen – durch die Kraft göttlicher Inspiration – wortwörtlich überein.*« Auch unsere lateinischen Übersetzungen für das Brevier, die Psalmen und die Messtexte, gehen oftmals auf diese Septuaginta zurück. Eine genaue Textuntersuchung der Isaiasrolle führte zu einem erstaunlichen Ergebnis: Dieser Isaiastext stimmt in vielen Details besser mit der griechischen Septuaginta überein, als mit dem ältesten bis dahin bekannten hebräischen Text (dem Kodex Leningradensis aus dem Jahr 1008). Somit war klar, dass die Abweichungen der Septuaginta, die man früher für Übersetzungsfehler oder Textverderbnis hielt, auf einen anderen hebräischen Urtext zurückgingen, der offensichtlich um einiges älter war, als die bislang bekannte hebräische Texttradition, und den man mit IQIsa zum ersten Mal in den Händen hielt.

»Ich glaube, wenn Hieronymus die Qumrantexte sehen könnte, er würde sich im Grab umdrehen, wieder auferstehen und eine dritte Übersetzung der Bibel anfertigen.« – »Welcher Hieronymus?« – »Keine Angst, diesen sprachbegabtesten aller Kirchenväter des 4. Jahrhunderts, dem wir die Bibelübersetzung der Vulgata verdanken, werden wir in Bethlehem noch besser kennenlernen.«

Noch ein paar hundert Meter und wir sind an der Ausgrabungsstätte des Klosters angelangt. »Wofür sind all diese Becken?«, fragt ein Pilger, als wir uns einen Weg durch die sandigen Gänge der Klosterruinen bahnen. Mittlerweile sind wir auch wieder mit dem Rest der Gruppe vereint. »Nun, die Essener lebten nach strengen Regeln, die auch die jüdischen Reinheitsvorschriften beinhalteten.« Zudem lebten sie zölibatär, ein Faktum, das sogar den jüdischen Schriftsteller Flavius Josephus zum Staunen brachte, der die Essener zu den drei größten jüdischen Gruppierungen vor Christus zählt, neben den Pharisäern und Saddzuäern. Auch Plinius der Ältere (ca. 23–79 n. Chr.) beschreibt in seiner Naturgeschichte auch die Essener: »*Im Westen meiden die Essener das Ufer (des Toten Meeres), soweit es schädlich ist. Es handelt sich um ein Volk, das für sich alleine lebt und seltsamer ist als sonst irgendeines auf der ganzen Welt: ganz ohne Frauen, losgelöst von jedem Liebesgenuss, ohne Geld, in Gesellschaft von Palmen. Es erneuert sich jeden Tag gleichmäßig durch eine Menge von Ankömmlingen.*« (Plinius, Hist. nat. 5,73)

In neuester Zeit ist man sich allerdings nicht mehr ganz sicher, ob die Essener hier in Qumran oder im nahen En Gedi lebten. Gegen die entdeckte Klosteranlage sprechen jüngste Ausgrabungsfunde. Es ist sehr schwer, hier mit letzter Sicherheit ein Urteil zu treffen. Wichtig für uns ist, dass die Essener am Toten Meer in zölibatärer Gemeinschaft lebten, auch wenn die Zuordnung des Klosters heiß debattiert wird .

Wie weit Johannes der Täufer Kontakt mit den Essenern hatte, lässt sich nicht mit Sicherheit sagen. Ein reger Austausch ist jedoch nicht ausgeschlossen, nicht nur ob der direkten Nachbarschaft, sondern auch aufgrund der starken Messiaserwartung der Essener. Es wäre durchaus denkbar, dass unter den ersten Christen auch viele Essener waren. Obwohl der Name nirgends in der Heiligen Schrift erwähnt wird, hat Carsten Peter Thiede, der leider viel zu früh verstorbene Papyrologe, auf ein interessantes Detail hingewiesen, das indirekt beweist, dass die Apostel Kontakt zu den Essenern hatten, und dass diese auch über eine Niederlassung in Jerusalem verfügten. Als Jesus das Ostermahl vorbereiten lässt, sagt er zu seinen Jüngern: »Geht in die Stadt. Da wird euch ein Mann begegnen, der einen Wasserkrug trägt.« (Mk 14,13) Das Entscheidende an diesem Hinweis ist nicht der Wasserkrug. In einer Großstadt wie Jerusalem, wo kein fließendes Wasser in den Häusern gegeben ist, wurden täglich hunderte, wenn nicht tausende Krüge durch die Straßen und Gassen getragen. Das besondere Kennzeichen für die Apostel ist »der Mann«. Im Orient war das Wassertragen allein Aufgabe der

Frauen. Niemals würde ein jüdischer Mann Wasser getragen haben, es sei denn, er gehörte zu einer Gemeinschaft, die zölibatär lebt und eben deswegen keine Frauen in ihren Reihen kennt: die Essener. Thiede deutet auch die Stelle in der Apostelgeschichte 6,7 auf die Essener wo es heißt: »Auch eine große Menge von Priestern unterwarf sich dem Glauben.« Welche Priester sind hier gemeint? Bestimmt nicht diejenigen aus den Reihen der Pharisäer und Sadduzäer, welche die erbittertsten Feinde der Apostel waren und neben Stephanus auch schon den Jakobus ermordet hatten. Wenn Josephus recht hat, und die Essener die drittgrößte Strömung im Judentum waren, dann dürften diese »Priester« aller Wahrscheinlichkeit nach aus den Reihen der Essener stammen.

Unter den Handschriften wurde übrigens auch eine Gemeinderegel der Klosterbewohner gefunden sowie das älteste Fragment des Neuen Testamentes, 7Q5 – ein Stück aus dem Markusevangelium. Das führt uns gleichzeitig zu der Frage, warum das Kloster verlassen und die Rollen versteckt wurden. Aus einem einfachen Grund: Lebensgefahr! Im Jahre 70 nach Christus war das Land von den Römern besetzt und die Stadt Jerusalem wurde belagert. Es war klar, dass dieser Krieg auch das Ende für die Mönche am Toten Meer bedeutete, weswegen sie ihren wertvollsten Schatz, die Schriftrollen, versteckten und das Kloster preisgebend flohen. Damit steht für alle in Qumran gefundenen Handschriften das Jahr 70 nach Christus als spätestes Abfassungsdatum fest, denn der Ort wurde anschließend verwüstet und fiel 2000 Jahre lang der Vergessenheit anheim. Genau darum ist 7Q5 – der nur zehn Buchstaben auf fünf Zeilen umfassende Papyrus aus dem Markus-Evangelium – so umstritten. Die moderne Bibelwissenschaft will unbedingt die sogenannte »Spätdatierung der Evangelien« durchsetzen. Wenn die Berichte über Jesus viele Jahrzehnte nach den Ereignissen abgefasst wurden, dann sind die allermeisten Zeitzeugen bereits tot. Die Evangelien wären dann keine historischen Berichte, sondern eher das, was die Begeisterung der Jünger und die urgemeindliche Verkündigung (das sogenannte Kerygma) aus Jesus gemacht hat, gemäß dem Grundprinzip des modernen Unglaubens: »Die Sache Jesu muss weitergehen.« Aus dem »historischen Jesus« wäre dann so die schillernde Gestalt des »Jesus der

Verkündigung« geworden mit einer Vielzahl von Legenden und Wundergeschichten, die historisch gesehen natürlich nie stattgefunden haben können, was wiederum für den Rationalisten a priori, also von Vornherein feststeht, weil er ja nicht an Wunder glaubt.

Wenn aber die Evangelien viel früher geschrieben wurden, dann mussten die Autoren sehr wohl auf die Richtigkeit ihrer Darstellungen achten. Genauso wie es die Überlieferung lehrt und wie es dieses kleine Markusfragment bestätigt. Die Evangelien wurden *vor* 70 geschrieben. Damit waren noch viele Zeitzeugen am Leben. Interessanterweise enthält 7Q5, das Herr Prof. Kurt Aland (†1994) vom Institut für Neutestamentliche Textforschung in Münster nicht in das offizielle Verzeichnis der Papyri des Neuen Testaments aufgenommen hat, genau jene Stelle, an der Markus die Herzenshärte der Menschen rügt: »Ihr Herz war verhärtet.« (Mk 6,52) So ist Qumran nicht nur eine Antwort auf den Unglauben der damals lebenden Menschen, sondern auch auf den Zweifel moderner Bibelwissenschaftler, die den Evangelien keinen Glauben schenken wollen. Es fehlt der gute Wille, genau das, was diese kleine Ordensgemeinschaft der Essener am Toten Meer sehr wohl hatte. Wer sonst würde viele Meilen entfernt von jeder Zivilisation und Bequemlichkeit, mitten in der Wüste, um Ufer eines Sees, dessen Wasser man nicht einmal trinken kann, ein Kloster erbauen, um darin zu beten, zu studieren und zu betrachten bis zur Ankunft des Messias!

Ohne es zu wissen haben sie dabei nach einem Ideal gelebt, das erst mit Jesus zur vollen Blüte kommen sollte: Das Ideal der Jungfräulichkeit. Zusammen mit ihrer Suche nach Weisheit und ihrem Studium der Schriftrollen waren sie dem Ziel der christlichen Jungfräulichkeit bestechend nahe. Denn diese hat nach Thomas nur einen Zweck: »ut liberius divinae contemplationi vacet« – »damit man sich freier der Betrachtung des Göttlichen widme«. (II–II q.152 a.2)

18. Auf der Suche nach der vollkommenen Glückseligkeit

Von Qumran geht es weiter nach Süden, zur Oase En Gedi. Dort machen wir einen Zwischenhalt und ein Mitglied unserer Pilgergruppe entschließt sich zu einem Kamelritt. An fast allen touristisch geprägten Orten findet sich ein Kamelhüter, der sein Wüstenschiff gegen ein paar Schekel verleiht. Das Erklimmen des Tierrückens ist schon ein Ereignis, aber erst das Aufstehen des Paarhufers lässt den unvorbereiteten Europäer für gewöhnlich beinahe wieder herunterpurzeln. Da das Tier erst die Hinterbeine durchstreckt, dann die Vorderbeine, glaubt man sich schon wieder abgeworfen, ehe man die Reise begonnen hat. Ist man aber erst einmal in der luftigen Höhe, so wird ein Kamelritt zu einem angenehmen Erlebnis. Ein ruhiges, gleichförmiges Dahinschaukeln über Wüstenwege und Felspfade. Man kann sich gut vorstellen, wie die Karawanen in früheren Zeiten diesen Weg entlang des Toten Meeres nach Süden ritten. Mit Kamelen und Dromedaren, mit Eseln und Maultieren. Auch die Gottesmutter und das Jesuskind mit dem heiligen Josef sind dieser Straße folgend nach Süden gezogen, um vor den Häschern des Herodes in höchster Lebensgefahr nach Ägypten zu fliehen.

Vielleicht haben sie auch an dieser Oase hier Halt gemacht, an der wir unser Picknick einnehmen: En Gedi. Ein Wasserfall am Rand der Wüste, unweit des uns bereits wohlbekannten Toten Meeres. Gemütlich sitzen wir an einer der kastanienbraunen Tischgarnituren im Schatten der vielen Palmen und vespern, was unser Rucksack an schmackhaften Sachen hergibt. En Gedi war schon vor über zweitausend Jahren wegen seiner Schönheit berühmt, es wird auch in der Heiligen Schrift mehrfach besungen: »*Ich wuchs empor gleich einer Palme von En Gedi, gleich den Rosenstöcken von Jericho, einem schmucken Ölbaum gleich in der Ebene.*« (Sir 24,14) »*Einer Zyperdolde gleicht mein Geliebter in den Rebenhängen En Gedis.*« (Hohelied 1,14) Heute ist rund um die Oase ein weitläufiges, vierzehn Quadratkilometer umfassendes Naturschutzgebiet. Es beherbergt einige seltene Tierarten, so die Palästina-Berggazellen, nubische Steinböcke und Klippschliefer. Die besondere Lage in der Senke am Toten Meer begünstigt das Wachstum subtropischer Pflanzen wie Palmen und Balsamsträucher. Es ist doch erstaunlich, wie nahe Tod und Leben, Fruchtbarkeit und Wüste aneinander liegen können. Wie im täglichen Leben, wo sich Licht und Schatten ganz unerwartet abwechseln.

Das galt auch für einen jungen Krieger, der sich einst hier in En Gedi versteckte und der später der berühmteste König Israels werden sollte: David. Saul war in eine Höhle gestiegen, um seine Notdurft zu verrichten. Just in jene Höhle, in der sich David vor ihm versteckt hielt. Seine Gefährten flüsterten ihm zu: »*Siehe, das ist der Tag, von dem der Herr dir gesagt hat: Wohlan! Ich will deinen Feind dir in die Hände liefern, dass du mit ihm verfährst, wie es dir beliebt.*« Aber David gab ihnen zur Antwort: »*Der Herr bewahre mich, dass ich meinem Herrn, dem Gesalbten des Herrn, so etwas antue und mich an ihm vergreife! Er ist doch der Gesalbte des Herrn.*« (1. Sam 24,11) Weisheit spricht aus dem Munde Davids, die man auch heute noch gut gebrauchen kann. Auch wenn Fehler und Mängel von kirchlichen Amtsinhabern zu kritisieren sind, so darf man doch nicht zu weit gehen. Dieses Beispiel hat ja auch Jesus selbst gegeben, der zwar die Fehler und Bosheiten der Pharisäer aufs schärfste geißelt, gleichzeitig aber ihr Amt niemals in Frage stellt. Alles andere würde ja bedeuten, das Kind mit dem Bade auszuschütten. Oder dort zu verderben, wo Martin Luther verdarb, als er – von den Fehlern der damals amtierenden Renaissance-Päpste in Wut gebracht – das ganze Papsttum als vom Teufel gestiftet erklärte.[5] Das Ende dieser Geisteshaltung heißt Schisma und Häresie.

Ein Spaziergang durch die Oasenanlage am Rande des Toten Meeres entlang des Baches hin zu den Wasserfällen ist sehr empfehlenswert. Uns ist es leider nicht vergönnt, die Zeit treibt uns unbarmherzig weiter. Also packen wir das, was von unserem Proviant noch übrig ist, wieder ein, kaufen noch schnell ein paar kühle Getränke für die Weiterfahrt und machen uns auf nach Süden.

Im Auto fange ich schon an zu erklären: »Was wir jetzt sehen werden ist Massada, die einzigartige und für gänzlich uneinnehmbar gehaltene Wüstenfestung der Antike.«

Um die Bedeutung von Massada für das heutige Israel zu ermessen, müssen wir das Rad der Geschichte bis ins Jahr

---

5 Vgl. die Schrift von M. Luther: »Wider das Papsttum vom Teufel gestiftet«, 1545

73/74 n. Chr. zurückdrehen. Palästina ist besetzt. An den gut ausgebauten Straßen gebieten Kastelle und Lager der Besatzungsmacht Ehrfurcht. Das römische Imperium hat seinen Fuß auf den Nacken des kleinen Israels gesetzt. Das wertvollste der jüdischen Religion ist bereits zerstört: Der Tempel mit dem Allerheiligsten, die Bundeslade ist verloren. Grenzenlos groß ist daher der Hass der Zeloten oder Sikarier. Diese jüdische Gruppierung hat sich beim Blut aller Ermordeten auf ein Ziel eingeschworen: Tod den gottverfluchten Römern. Ihre Vorgehensweise war einfach aber effektiv, man könnte sagen, es waren die ersten Terroristen oder Guerilla-Krieger der Antike. In Zivilkleidung stahlen sie sich auf die öffentlichen Plätze und Hallen um plötzlich, ganz unerwartet zuzuschlagen. Natürlich gab es damals keinen Sprengstoff. Ihr Mittel war der Dolch, »sica« auf Latein, daher auch ihr Name: Sikarier. Ein Schwert zu tragen wäre aufgefallen. Aber ein Dolch lässt sich trefflich unter dem Mantel verstecken, wie es uns Meister Shakespeare beweist, als Macbeth König Duncan hinterrücks erdolcht. Genauso ergeht es hunderten, vielleicht tausenden römischen Soldaten: Aus dem Hinterhalt, an der Straßenecke, ohne Kampf und Warnung wird ihnen der Dolch in den Rücken gerammt. Ein Partisanenkampf für den es wahrscheinlich nie ein Ende geben würde, solange die Sikarier sich auf eine uneinnehmbare Festung zurückziehen konnten: Massada.

Als wir am Fuß der Festung anlangen, die man erst im 20. Jahrhundert wiederentdeckt hat, erwartet uns eine große Enttäuschung. Massada ist heute für Besucher gesperrt. Wie ein Bollwerk liegt der Bergrücken vor uns, dessen Felswände auf allen Seiten schroff abfallen. Eine natürliche Festung aus Stein, die schon Herodes I. († 4 v. Chr.) mit einem Palast und einer Wehrmauer umgeben ließ, die als uneinnehmbar galt. Heute führt ein schmaler Fußweg nach oben, der sogenannte Schlangenpfad. Für die etwas weniger sportlichen Besucher wurde eine Seilbahn errichtet. »Erzählen Sie uns wenigstens, wie es mit Massada weiterging!« fordern mich meine Mitreisenden auf, nachdem sie die Felsenburg auf das kleine Display ihrer Digitalkamera gebannt haben.

»Nun, das will ich gerne tun.« Die Römer waren schlussendlich so erzürnt über die Zeloten, dass sie beschlossen, Massada zu vernichten. Eine bemerkenswerte Entscheidung, die jedoch aufs Neue belegt, dass die römische Armee die effektivste Heeresmacht der Antike war. Zunächst wurde die Felsenfestung mittels einer Mauer vollständig von der Außenwelt abgeschlossen. Anschließend begann man das für unmöglich Geglaubte: Die Römer bauten eine Rampe auf den Berg. Man stelle sich das vor: Massada ist nach Osten hin 400 Meter hoch, nach Westen immer noch 100 Meter. Kein Belagerungsturm der Welt könnte je so hoch gebaut werden. Man beschloss also, Erde aufzuschütten, mitten in der Wüste. Zwei Jahre lang dauerte diese Herkulestat. Wer jetzt glaubt, die Sikarier wären in Nahrungsnot gekommen, der irrt. Wasser und Essen lagerten auf schier unbegrenzte Zeit in den Vorratskammern und Zisternen. Schließlich kam im Jahr 74 der entscheidende Augenblick: Die Römer hatten die Rampe fertig und schoben unter unvorstellbaren Mühen einen Belagerungsturm an den Festungswall der Verteidiger. Um sich vor Brandpfeilen zu schützen, hatte man die Vorderseite mit Tierhaut bespannt, die ständig mit Wasser begossen wurde. Ein Hagel von Brandpfeilen der Zeloten prasselte sogleich auf die Eindringlinge und ihr Gefährt nieder, und nur durch eine Fügung des Schicksals konnten die Römer die Festung erstürmen. Trotz der Schutzmaßnahmen hatte der Belagerungsturm nämlich bereits Feuer gefangen und das ganze Unternehmen stand auf Messers Schneide. Da drehte plötzlich der Wind und die Flammen des brennenden Turms schlugen zurück auf die Schutzmauer der Wüstenfestung. Ihr eigener hölzerner Wall geriet in Brand und wurde erstürmbar. Doch was für ein Bild des Entsetzens erwartete die Römer: Statt in die Gesichter der besiegten Zeloten zu blicken, fand man überall nur Leichen. 960 Männer, Frauen und Kinder hatten sich gegenseitig das Leben genommen! Nur zwei Frauen und fünf Kindern gelang es, sich in einer Wasserzisterne zu verstecken. Seither ist Massada ein Symbol für die moderne Israelische Armee, sich nie wieder besiegen zu lassen. Von 1965 bis 1991 leisteten die Grundwehrdiener hier auf Massada den Eid auf die Fahne mit den Worten: »Massada darf nie mehr fallen!« Aufgrund des negativen Beigeschmacks des Ortes durch die Dolch-Terroristen und den kollektiven Selbstmord hat man diese Praxis jedoch wieder eingestellt.

Ein wenig traurig machen wir uns auf die Rückreise Richtung Jerusalem. Zwar konnten wir die Wüstenfestung nicht besuchen, dafür aber ist ein Nachmittag frei geworden, und das gibt uns die Gelegenheit, eine andere Festung zu besuchen. Sie liegt ebenfalls im Gebirge, rühmt sich aber, eine geistige Festung zu sein: Das Kloster Sankt Georg im »Wadi Quelt«. Das »Nahal Prat«, wie dieses Wadi auf Hebräisch heißt, ist ein West-Ost-Tal durch die judäische Wüste. Es führt ganzjährig Wasser, gespeist von drei Quellen östlich von Jerusalem, und endet bei Jericho.

Das Tote Meer verschwindet langsam aus unserem Rückspiegel. Auch Qumran, die altehrwürdige Ausgrabungsstätte, lassen wir »links« liegen, natürlich nur geographisch gesehen. Von der Talsenke des Jordans schwenken wir nach Westen in die Wüste Juda. Die sandigen Hügel wechseln sich mit schroffen Gebirgszügen ab, welche von tiefen Tälern durchfurcht werden. So wie das Wadi Quelt, das sich vor uns auftut.

»Warum fahren wir denn nicht weiter?«, murren die Pilger, als sie auf einem Parkplatz aussteigen müssen um zum Kloster zu wandern. – »Ganz einfach, der letzte Teil des Tales ist für Autos gesperrt. Jetzt heißt es marschieren für jedermann, auch für diejenigen, die sich vor der Wüstenwanderung gedrückt haben. Aber keine Angst«, beruhige ich die besorgten Pilger, »die Spätnachmittagssonne ist weit angenehmer.«

Tief unter uns schlängelt sich das Flussbett des Wadi, dem augenblicklich das lebensspendende Nass fehlt. Aber beidseitig des Ufers zeugt eine für die Wüste bemerkenswerte Vegetation davon, dass das Wasser nur selten ausbleibt. Noch eine Kurve um einen Bergrücken, und vor uns erscheint, an einer Seitenwand des Tales in luftiger Höhe, das Kloster Sankt Georg, gleich einem Schwalbennest an die Felswand gebaut. Zu Füßen des Klosters lädt das satte Grün der Zypressen und Palmen den Wanderer ein, Halt zu machen. Ein mit breiten Steinen gepflasterter Weg führt uns zum Kloster hinauf. Schon jetzt beginnt das Staunen über diejenigen, die hier mitten im kahlen Bergland Judäas leben. Im Gegensatz zu Qumran, wo ja nur noch Steine von der einstigen Blüte des Klosterlebens zeugen, sind hier wahrhaftig Mönche aus Fleisch und Blut zu Hause. An den senkrecht nach oben steigenden Felswänden sind immer wieder Leitern und Seile auszumachen. Sie führen zu den kleinen

Zellen, die wie Waben aus Wachs an den Felsen kleben. »Faszinierend«, sage ich und zücke den Fotoapparat. »Ja, Spock!« witzelt mein Mitbruder. Bruder Lazarus von der hier ansässigen griechisch-orthodoxen Mönchsgemeinschaft klärt uns auf: »We call it ›skite‹«, ein russisches Wort für eine Einsiedelei. Er spricht fließend Englisch, denn ursprünglich stammt er aus der Stadt des heiligen Franziskus an der Westküste der USA, besser bekannt als San Francisco. Aber sein langer, dunkler Bart, sein schwarzes Mönchsgewand und die dreizehn Jahre, die er schon im Heiligen Land als Mönch lebt, lassen nichts mehr von seiner transatlantischen Herkunft erahnen. »Normally I live in Mar Saba and was sent to Saint George Monastery to help.« – »Normalerweise lebe ich im Mar Saba Kloster und wurde hierher zur Aushilfe geschickt.« Wir plaudern ein wenig und so erfahren wir viel Interessantes über das Kloster und die griechisch-orthodoxe Kirche, die in Israel fast dreißig Niederlassungen zählt. Die meisten natürlich an berühmten Pilgerstätten, so wie Golgota oder Bethlehem. Sankt Georg zählt zu den eher kleinen griechisch-orthodoxen Klöstern in Israel. Das größte Kloster mit 20 Mönchen ist Mar Saba südlich von Bethlehem, im Herzen der Wüste Juda gelegen. Hier in Saint George leben fünf Mönche, einer von ihnen in der Skite, d.h. er lebt in der Einsiedelei am Klosterrand. Vermutlich ist es just die kleine Zelle mitten in der Felswand, von welcher ein langes Seil mit einem Korb herabhängt.

»Mar Saba ist sehr streng«, fährt Bruder Lazarus fort. »Es gibt keinen Strom, das Wasser muss aus dem Brunnen geholt werden, den der heilige Sabas mitten in der Wüste selbst gegraben hat. Zehn bis elf Stunden sind an jedem Tag dem Gebet gewidmet«. »Ein hartes Leben nicht wahr?« sage ich. »Yes, but a good life – Ein gutes Leben.« Und lächelnd fügt Bruder Lazarus hinzu: »And very joyful« – »Und sehr freudvoll.«

Haben die Mönche hier in Sankt Georg und in Sankt Saba das Geheimnis der unvollkommenen Glückseligkeit gefunden, von welcher der heilige Thomas spricht? Nach Thomas kann die vollkommene Glückseligkeit nur im Himmel erreicht werden, weil Engel und Menschen dort dem ungeschaffenen Gut schlechthin in einer einzigen und immerwährenden Tätigkeit verbunden werden. Auf Erden aber wird diese Tätigkeit stets unterbrochen, weil wir »*viatores*«, das heißt übersetzt »Wanderer« sind. Dieses Abreißen der Verbindung mit Gott ist ein Grund dafür, dass auf Erden keine vollkommene Glückseligkeit erreicht werden kann, so Thomas. Man kann sich dieser idealsten aller Tätigkeiten nur annähern, so wie die Asymptote in der Mathematik. Das ist eine Kurve, die einem Punkt immer näher kommt, ihn jedoch nie berühren wird.[6] Diese Annäherung an die vollkommene Gottesschau wird umso perfekter, je mehr sie das erreicht, was im Himmel erreicht wird, nämlich ununterbrochen und fortwährend zu sein. Daraus schließt Thomas: »*Im aktiven Leben, das sich um vieles kümmert, ist weniger verwirklicht von der vollkommenen Glückseligkeit als im kontemplativen Leben, das sich um eines dreht, nämlich die Betrachtung der Wahrheit.*« Zum Erstaunen des Weltmenschen folgert Thomas, dass bei den Mönchen selbst die Unterbrechungen wie Essen, Schlafen, Trinken, Arbeiten auch zur immerwährenden Gottesschau gehören: »*Und wenn der Mensch manchmal im Augenblick diese Tätigkeit der Gottesschau nicht ausübt, ist er dennoch willens, sie immer zu üben und ordnet selbst die Unterbrechungen, wie den Schlaf oder die natürlichen Tätigkeiten, auf jene vorgenannte Tätigkeit hin. Insofern scheint es wie eine fortwährende Tätigkeit zu sein.*« Genau das scheinen die Mönche hier im Sankt Georgs-Kloster zu versuchen, die maximale Annäherung des irdischen Lebens an die ewige Glückseligkeit. (I–II q.3 a.2 ad4)

Den Beweis, dass dies möglich ist, liefert uns allerdings nicht Bruder Lazarus. Was sind schon dreizehn Jahre? Den Beweis liefern seine Freunde: Eine Reihe von Totenschädeln empfängt uns, als wir ins Halbdunkel des Kirchenvorraumes treten. Das sind die sterblichen Überreste jener Mönche, die vor ihm hier ein Leben der Gottesschau führten. Ein Reliquienschrein überragt die anderen an Schönheit und Zierde, augenscheinlich ein Mönch des 20. Jahrhunderts, der hier im Rufe der Heiligkeit gestorben ist. Natürlich ist das kein strenger Beweis im Sinne der mathematischen Logik. Aber doch im Sinn der menschlichen Psychologie, denn niemand bleibt ein Leben lang in einer Zelle von wenigen Quadratmetern, in luftiger Höhe an einer

---

6   Beispielsweise der Graph der Funktion $y = 1/x$

Felswand, ohne darin ein Glück zu finden, von dem die Weltmenschen nur Vermutungen anstellen können.

Orthodoxe Kirchen riechen so gut nach Weihrauch und Sandelholz, nach dem Öl der überall brennenden Lämpchen, besonders vor den altehrwürdigen Heiligenbildern der Ikonostase. Wir verweilen im Gebet. Dabei fällt mein Blick auf das Bild des Elias. Es zeigt den Raben, der ihm von Gott mit Brotkrumen gesandt wurde, als er sich in diesem Tal versteckt hielt. Messe ist heute keine bei den Mönchen, sie ist laut Bruder Lazarus nur einmal in der Woche; dafür dauert die Liturgie bei den Orthodoxen auch vier Stunden. Da ist mir meine tägliche Messe schon lieber. Die Stärke der russischen Kirche ist sicher die Mediation, die Sehnsucht nach der Gottesschau, der bittere Wermutstropfen ist die Trennung vom Haupt der Kirche, vom Papst und damit von Rom. Vor dem Verlassen der Kirche bete ich für die Einheit, die Einheit in der Wahrheit, nicht das »Wir sind ja eh alle Brüder-Gefühl«, das man heute etikettenschwindlerisch dem einfachen Mann als Einheit verkauft. Zwei Mönche plaudern noch auf dem Balkon als wir das Kloster verlassen. Wir gehen, aber im Herzen bleibt die Faszination der »Skite«, der Einsiedelei mit dem Versuch der maximalen Annäherung des irdischen Daseins an die ewige Gottesschau.

19. Bar Mizwa an der Klagemauer und der Ort des Holocaust

»Hm, es scheint Bar Mizwa zu sein«, sage ich, als wir die gewaltigen Steinblöcke begutachten, welche den wohl bekanntesten Gebetsort der Juden bezeichnen. Eine volksfestartige Versammlung mit vielen Rabbinern, Torarollen und Zaungästen hat sich vor der Klagemauer gebildet.

»Was ist Bar Mizwa?«, blicken mich die Pilger an. – »Bar Mizwa könnte man – rein äußerlich gesehen – mit unserer Firmung vergleichen.« Das ist jener Tag, an dem ein jüdischer Junge zum ersten Mal öffentlich in der Synagoge aus der Tora, den Büchern Mose, vorlesen darf und somit religiös gesehen »erwachsen« wird. Im Mittelpunkt dieser Zeremonie, die wir an diesem frühen Morgen an der Klagemauer miterleben, steht die Schriftrolle. Sie befindet sich in einem mit Gold und Silber überzogenen Schrein. Rund um die Buben sind die Rabbiner und Lehrer versammelt, die männlichen Verwandten der Familie, alle in ihrer besten Kleidung, den Schtreimel, die Kipa oder den schwarzen Filzhut auf dem Kopf. Es ist ein großes Fest. Die Frauen dürfen nicht direkt daran teilnehmen, denn eine Trennwand besteht zwischen ihnen und dem Geschehen, wie es ja auch an der Klagemauer zwei getrennte Bereiche gibt, einen für Männer und einen für Frauen. Doch die Mütter und Schwestern der Auserwählten sind findig: Sie stellen sich kurzerhand entlang der Absperrung auf die vorhandenen Plastikstühle und haben so über die Holzwand hinweg freien Blick auf den entscheidenden Augenblick, da ihr Junge im Beisein der ganzen Synagoge zum ersten Mal laut und öffentlich die Worte aus der Tora lesen wird. Eine Weile schauen wir dem Fest zu, müssen dann aber weiter, denn es gilt, das zu tun, was keiner dieser strenggläubigen Juden jemals tun würden, aus Angst davor, einen dort verschollenen heiligen Gegenstand mit den Füßen zu treten: Wir gehen hinauf auf den Tempelberg, über den sogenannten Robinson-Bogen, eine große Freitreppe an der Südwestecke des Tempelplatzes.

»Herr Pater, ist die Klagemauer der Überrest des Tempels?« fragt mich eine Pilgerin, als wir an den Ausgrabungen der alten Unterstadt am Südende der Klagemauer vorbeigehen. »Aber nein«, murmle ich und betrachte nochmals das Bar Mizwa Fest, das man von hier aus, auf dem erhöhten Aufgang zum Tempelplatz, besonders gut einsehen kann, ebenso wie den weitläufigen Gebetsplatz vor der Klagemauer. »Es sind dies nicht die Überreste eines Gebäudes – vom Tempel ganz zu Schweigen –, sondern jene Felsblöcke, welche den Platz nivellieren, auf dem der Tempel einst stand. Herodes der Große hat sie als Fundament errichtet, um das weitläufige Areal zu befestigen und zu begradigen. Vom Bau des Tempels erzähle ich Ihnen später.«

Wir sind an den Zypressen auf dem Tempelplatz vorbeigeschlendert und haben einen jener freistehenden Torbögen erreicht, welche das architektonisch markanteste und auf allen Postkarten von Jerusalem hervorstechende Bauwerk umgeben: Die Omarmoschee, auch Felsendom genannt, mit ihrer weithin leuchtenden goldenen Kuppel. Dabei handelt es sich nicht um eine Moschee im eigentlichen Sinn des Wortes, sondern vielmehr um ein allgemeines Heiligtum, in dem jeder beten kann. Zur Ausübung des öffentlichen Kultes des Islam wurde die nur wenige Schritte entfernte und ebenfalls auf dem Tempelplatz befindliche El-Aksa-Moschee errichtet, welcher der Omaijaden-Kalif el-Walid (705–715) den Namen »Das von Mekka am weitesten entfernte Heiligtum« – »El mesdschid **EL-AKSA**« gab. Schenkt man dem Bericht des Breviarius aus dem 6. Jahrhundert Glauben, dann gab es auf dem Tempelplatz früher sogar einmal eine christliche Kirche zur Erinnerung an die Tempelreinigung. Sie stand mit sehr großer Wahrscheinlichkeit auf dem Platz der heutigen El-Aksa-Moschee.

Wir treten durch das Eingangsportal ins Innere des oktogonalen omajadischen Prunkbaues des Felsendoms. Der gesamte Boden ist wie für Orientalen üblich mit Teppich ausgelegt, das Markanteste aber ist ein gewaltiger, nackter Felsen mit unregelmäßig verteilten Löchern und Einkerbungen: Der heilige Felsen. »Voilà, der Ort des Holocaust« – »Wie bitte?« rufen die Pilger entsetzt. »Haben Sie sich versprochen, Herr Pater?« – »Nein, ganz im Gegenteil.« – Ich muss ehrlich sagen, ich bin doch immer wieder erstaunt, welchen vollumfänglichen Bedeutungswandel ein einziges Wort in weniger als 40 Jahren vollziehen kann. Der geistige Urheber dieses Wortwandels ist Elie Wiesel († 2016), welcher den Begriff aus dem jüdischen

Tempelopfer abstrahierte und für die Nazigräuel am jüdischen Volk verwandte. »›Holocaust‹, meine lieben Pilger, heißt übersetzt nichts anderes als ›Ganz-Brandopfer‹« Es leitet sich ab von den griechischen Worten »hólo« – »ganz« (vgl. andere Worte wie Hologramm, Holographie) und »cautéin« (verbrennen). Es ist ein dreitausend Jahre altes Wort aus dem jüdischen Opferkult, das erst in den letzten vierzig Jahren einen vollständigen Bedeutungswandel vollzogen hat. »Dieser Felsen«, erkläre ich den Pilgern weiter, »mit einer Fläche von 15 x 12 Metern diente über tausend Jahre als Fundament für den Brandopferaltar Israels.« Hier wurden täglich hunderte – an Hochfesten tausende – Tiere geschlachtet, anschließend zum Teil verbrannt, nämlich wenn es ein »Hebeopfer« war, das heißt man durfte etwas für sich auf-*heben*, oder das Tier wurde ganz verbrannt, wenn es ein Ganzbrandopfer – eben ein »Holo-caustum« – war. Das Blut allerdings wurde nie verbrannt. Es galt als der Sitz des Lebens und wurde am Fuß des Altares zur Sühne ausgegossen.

»Sehen Sie hier, der Felsen zeigt eine Vielzahl von Einkerbungen und Löchern, ja sogar große Öffnungen mit darunter liegenden Gruben.« In der Nacht vom 11. zum 12. April 1911 stiegen die Mitglieder der Parker-Expedition heimlich in den Kanal und verfolgten diesen acht Meter Richtung Norden, dann war er mit Erde verstopft. Daraus lässt sich schließen, dass es sich um eine Vorrichtung handelt, das Opferblut aufzufangen. Wenn man sich die Menge der geschlachteten Tiere vor Augen führt, wird klar, dass ein solches Auffangbecken unentbehrlich war. Von den Löchern im Felsen rann das Blut in den Kanal und von dort weiter in das Kidrontal.

»Aber ist das nicht grauslich, das viele Tiereschlachten?« – »Nun«, gebe ich meinen Zuhörern zu bedenken, »man darf als Historiker die Sache niemals aus der verkürzten Perspektive der Gegenwart betrachten, sondern aus dem damaligen Jetzt. Das haben wir ja bereits bei den Kreuzzügen gelernt.« Israel war wahrscheinlich sogar das fortschrittlichste Land überhaupt, was die religiöse Gottesverehrung betrifft. Überall rings umher pflegten die Menschen Göttern zu opfern, in den heidnischen Kulten wurden jedoch nicht selten auch Menschen geschlachtet! Dem »Gott« Moloch beispielsweise hat man sogar Babys in ganz entsetzlicher Weise dargebracht. Nur in Israel war das

Menschenopfer unter Todesstrafe verboten. Während man zudem ringsum Naturphänomene für Gott hielt (Sonne, Mond, Sterne, Wind, Bäume), sich von den Götzen Schnitzbilder anfertigte und sie verehrte, war Israel das einzige Land auf diesem Planeten, dass nur EINEN einzigen Gott anerkannte und sich von diesem nicht einmal ein Bild machen durfte. Was die Moral betrifft, so war Israel den umliegenden Völkern sowieso um eine Dimension voraus, denn die Zehn Gebote sind heute genauso aktuell wie vor 3000 Jahren! »Aber warum musste man denn so viel Blut vergießen?« – »Das Blut wurde vergossen zur Sühne für die Sünden der Menschen.« – »Und warum braucht es Sühne?« – »Das erklärte ich ihnen später, in Gethsemani«.

Der Stein des Brandopfers zog übrigens auch schon die Aufmerksamkeit der ersten christlichen Wallfahrer auf sich. Der Pilger von Bordeaux (333) schreibt: »*Nicht weit von den Statuen [gemeint sind die beiden Reiterstatuen Hadrians, welche die Römer auf dem Tempelplatz aufstellten] ist ein durchlochter Stein [lapis pertrusus], den die Juden einmal im Jahr besuchen dürfen, um ihn zu salben und an ihm ihr Schicksal zu beweinen.*« Mithin war dieser Stein die Klagemauer des Altertums. Von Eusebius († 339) wissen wir, dass noch lange Überreste und Bruchstücke des Tempels herumlagen. So beschreibt er, wie die Anwohner »*Steine von seinen Ruinen holen, und wir können mit unseren Augen das traurigste Schauspiel sehen, wie Steine vom Tempel selbst und von dem, was einst das Heiligste des Heiligen war, genommen werden, um heidnische Tempel und Theater zu bauen.*« (Demonst. evang. VIII,2)

»Wer sind eigentlich die Tempelritter?«, fragt mich ein Pilger, als wir wieder im Freien sind. »Die Tempelritter, auch Templer genannt, sind einer der drei großen Ritterorden, welche anlässlich der Kreuzzüge hier in Jerusalem gegründet wurden. Ihnen oblag die Sorge um den Tempelplatz, daher ihr Name: Templerorden. Dieser Ritterorden war eine Mischung aus Kampfsoldaten und Mönchen. Man heiratete nicht, weihte sein Leben Gott, blieb aber zugleich Ritter und Soldat. Nach Beendigung des Kreuzzuges kehrte das christliche Heer zurück nach Europa, wodurch es wieder zu Überfällen auf die schutzlosen Pilger kam. Aus diesem Grund wurde 1118 der Templerorden gegründet. Weil die Ritter-Mönche gelobten, ihr Schwert nicht für Reichtum und Habgier zu missbrauchen – also im direkten Gegensatz zu den Raubrittern –, sondern zum Schutz für Arme, Schwache und Kranke zu verwenden, nahm von Anfang an die Krankenpflege einen hohen Stellenwert ein. Unter diesem Vorzeichen sind sie heute noch bekannt, denn der zweite Ritterorden, die Johanniter, trägt heute den Namen »Malteser«, weil sie nach dem Verlust des Heiligen Landes die Insel Malta als Hauptsitz für ihren Orden wählten. Dabei war der Johanniterorden schon damals revolutionär, ja man muss sagen hochmodern, was die Krankenpflege betrifft. Sie errichteten in Jerusalem das erste Mega-Hospital, das schon die Pilger jener Zeit in Staunen versetzte: »*Als wir durch den Palast hindurchgingen, konnten wir die Anzahl der Menschen, die dort lagen, unmöglich schätzen, aber wir sahen tausend Betten. Kein König und kein Tyrann wäre mächtig genug, um die große Zahl, die in diesem Haus gespeist wird, täglich zu unterhalten.*« (Theoderich von Würzburg) In den Richtlinien »*Wie unsere Herren, die Kranken, aufgenommen und bedient werden sollen*« erklärt Raymond du Puy, der Verwalter des Hospitals den Grundsatz der christlichen Krankenpflege: »*Der Kranke soll behandelt werden, als wäre er der Herr.*« Wer glaubt, das hätten die Ritterorden nur für Glaubensbrüder getan, der täuscht sich! Seit seiner Gründung gewährte das Johanneshospital auch Juden und Muslimen Aufnahme. Dabei stand der medizinische Maßstab dieses Hospitals dem eines modernen Krankenhaus in nichts nach: »*Die Kranken wurden zweimal täglich von Ärzten besucht, gebadet und erhielten zwei Hauptmahlzeiten am Tag. Das Krankenhauspersonal durfte erst essen, nachdem alle Patienten gespeist worden waren. Für andere Arbeiten stand ein Stab von weiblichen Mitarbeitern bereit, die auch dafür sorgten, dass die Kranken saubere Kleidung und Bettwäsche hatten.*«

»Von wegen finst'res Mittelalter!«, empört sich ein Pilger. – »Tja, die Geschichtsbücher zeigen eben immer nur die Schattenseiten wenn es darum geht, die Erhabenheit und Größe der christlichen Kultur zu vermitteln. So verzerren sie das Denken der Menschen. Man glaubt eben leichter die oft wiederholte Lüge, als die nur einmal gehörte Wahrheit.«

Der dritte Ritterorden waren die Deutschherren, welche nach dem Ende der Kreuzzüge eine bedeutende Kultur- und Aufbauarbeit im Osten Deutschlands, in Osteuropa, in Polen und im Baltikum entfalteten.

Das Ende des Templerordens ist im Gegensatz zu den beiden andern Ritterorden, welche ja heute noch bestehen, eher traurig. Habgier und Neid im Abendland kehrte sich gegen die Mönchsritter, welche mit der Zeit das größte im Kampf erprobte, stehende Heer besaßen. Es war klar, dass dieser »Staat im Staat« irgendwann als Bedrohung gesehen werden musste und so kam es 1307 zur gewaltsamen Auflösung des Templerordens auf Drängen des französischen Königs. Am 18. März 1314 wurde der letzte Großmeister des Ordens, Jaques de Molay, zum Tode verurteilt. Aus diesem Grund ranken sich auch zahlreiche Legenden um den Templerorden. Warum dieses plötzliche Ende? Haben sie vielleicht damals hier auf dem Tempelplatz zu Jerusalem Schätze entdeckt, von denen man nichts mehr weiß? Das gibt natürlich den herrlichsten Stoff für Sagen und Erzählungen. Wolfram von Eschenbach († 1220) beispielsweise bezeichnet in seinem epochalen Werk »Parzival« die Hüter des Grals als »Templeisen«. Das Geheimnis um die Templer gab und gibt auch heute noch weit weniger seriösen und auch verrückten Autoren Anlass zu Spekulationen und Verschwörungstheorien, manchen von ihnen sogar zu vollständigen Phantastereien, wie manch moderner Spiegel-Bestseller beweist.

Ihr Wahlspruch war jedenfalls der Anfang von Psalm 115: »Non nobis Domine, non nobis, sed nomini tuo da gloriam!« – »Nicht uns, o Herr, nicht uns, sondern Deinem Namen gib die Ehre.«

»Doch nun auf zum Spaziergang über den Tempelplatz. Auch wenn wir dort nichts mehr finden werden, so hat uns dieser Platz eine gewaltige Geschichte zu erzählen.«

20. Philosophie auf dem Tempelberg

Es ist das größte Verdienst von Professor Dr. Walter Hoeres, auch im hochtechnisierten 20. Jahrhundert stets den Vorzug der Philosophie verteidigt zu haben. In einer Zeit des Machbarkeitsdenkens und der schier unbegrenzten Fokussierung auf Technikintelligenz war sein mahnendes Wort immer wieder: Unsere Zeit braucht Denker, sie braucht Philosophen. »Wir werden jetzt ein wenig seinem Ruf folgen und auf dem Tempelberg umherwandelnd philosophieren um dabei Vieles in Erfahrung zu bringen, das sich zu wissen lohnt. Die Besichtigung wird das Gehörte untermalen. Sie können sich auch vorstellen, Sie seien griechische Peripatetiker. Das sind jene Philosophen, die im Gehen philosophierten.« Mit dieser Einleitung machen wir uns auf den Weg, den Tempelplatz zu erkunden.

Das Judentum bis zur Zeit Jesu ruhte auf vier Säulen: Der Auserwählung, welche Abraham, Isaak, Jakob, dem Volk Israel und Moses in Ägypten zuteil wurde. Die zweite Säule ist die Offenbarung, niedergeschrieben in der Heiligen Schrift. Die Juden nennen das Alte Testament »**TaNaCH**«, nach seinen drei Teilen: Die **T**ora, welche die fünf Bücher Mose – auch das Gesetz genannt – umfasst, die **N**evi'im, das hebräische Wort für die Propheten, und die **Ch**etuvim, welches die restlichen Schriften des Alten Testamentes darstellt wie Psalmen, Sprüche, das Hohelied usw. Wir kennen diese Einteilung auch aus dem Neuen Testament, wo oft vom »Gesetz und den Propheten« die Rede ist. Das entspricht dem Hebräische »Tora w' Nevi'im«. Die dritte Säule war das Allerheiligste und der Kult desselben, das heißt der Tempel mit dem levitischen Priestertum und dem immerwährenden Opfer. Die letzte Säule ist der Besitz des verheißenen Landes, welcher jedoch seit Anbeginn verknüpft ist mit der Treue des Volkes der Tora gegenüber. Das Land war die Krönung, wenn das Volk den Satzungen des Herrn gehorchte. Wenn nicht, wurde es geknechtet von den umgebenden Völkern (Philistern), wurde in die Verbannung geführt (Assur, Babylon) oder war unter Fremdherrscht (Römer), um nur einige Beispiele zu nennen.

»Sie müssen sich auf diesem weitläufigen Platz hier eines der beeindruckendsten Bauwerke vorstellen, das es in der Antike den Felsendom von allen Seiten betrachtet und ihn wegzudenken und den Tempel von Jerusa- geistigen Auge erstehen zu lassen.

pel, den der Sonnenkönig Israels Salomo (961– aute, wurde nach jahrhundertelangem Auf und Ab im Jahr 587 v. Chr. endgültig von den Babyloniern zerstört. Im März des Jahres 515 wurde er wieder aufgebaut, doch war dieser zweite Tempel nur ein Schatten der ehemaligen Pracht. Der Prophet Aggäus tröstet das Volk mit den Worten: »*Ist unter euch noch einer übrig, der dieses Haus in seiner früheren Pracht gesehen hat? Kommt es euch wie nichts vor? Doch fasst Mut, du gesamtes Volk – ich will ja mit euch sein, so spricht der Herr.*« (Hag 2,3.4)

Das war natürlich eine Steilvorlage für den bauwütigen und größenwahnsinnigen Herodes den Großen († 4 v. Chr.) zur Zeit Jesu Geburt. Er wollte für seine jüdischen Untertanen – er selbst war ja bekanntlich ein »Goij«, also ein »Nicht-Jude« – wohl um die Sympathie des Volkes für sich zu gewinnen, einen Bau errichten, der an monumentaler Größe alles, was die hellenistisch-römische Welt bislang gesehen hat, übertreffen sollte. Den Tempel selber durfte er nicht vergrößern, denn seine Maße waren sakrosankt und mussten den salomonischen Vorgaben entsprechen. Dafür konnte er den Tempelplatz und die umliegenden Bauten umso prachtvoller gestalten. Zudem durfte er als Heide das Heiligtum nicht betreten. Also ließ er kurzer Hand den Tempelbezirk um ein Vielfaches vergrößern, und jenes gewaltige Plateau aufschütten, auf dem wir gerade wandeln. Es ist ein Platz von unerhörter Größe, 300 x 480 m, ein Trapez mit 144.000 Quadratmetern. Zum Vergleich: Der Petersplatz zu Rom hat eine Fläche von 81.000 Quadratmetern, würde also fast zweimal auf den Tempelplatz passen! Dann erbaute Herodes jene berühmten Hallen Salomos, die wir aus dem Evangelium kennen. Sie wurden als Lehrhallen benutzt und wahrscheinlich hat sich die Szene mit dem zwölfjährigen Jesus im Tempel eben da abgespielt. Diese Hallen werden zudem im Neuen Testament dreimal namentlich erwähnt. Hier sprach Jesus am Fest der Tempelweihe zu den Juden (Joh 10,32), hier predigte Petrus nach der Heilung des von Geburt an Gelähmten (Apg 3,11) und hier pflegten sich die ersten Judenchristen von Jerusalem zu versammeln (Apg 5,12).

»Wo ist denn diese Halle?«, werde ich unterbrochen. »Dort drüben«, bedeute ich, »entlang der ganzen Ostseite des Tempelplatzes.« Selbst die Jünger Jesu waren vom Prunk der Tempelanlage hingerissen: »*Jesus verließ den Tempel und ging des Weges, als seine Jünger herzutraten und auf die Prachtbauten des Tempels hinwiesen.*« Doch Jesus sieht bereits das kommende Ende: »*Seht ihr das alles? Wahrlich, ich sage euch: Hier wird nicht ein Stein auf dem anderen bleiben, der nicht niedergerissen wird.*« (Mt 24,1) Diese Vision werden wir später selbst miterleben, wenn wir uns vom Ölberg her der Stadt Jerusalem nähern, wie Jesus es am Palmsonntag tat.

Dabei hatten die Jünger sicher auch das Meisterstück der herodianischen Erweiterung vor Augen, die königliche Halle.

»Sie stand genau hier. Ja, ich weiß, man sieht nichts mehr, denn die El-Aksa-Moschee hat ihren Platz eingenommen«, beantworte ich den fragenden Blick der Pilger. Doch es gibt eine Möglichkeit, sie wieder erstehen zu lassen. Denn der uns bereits bekannte Josephus beschreibt die königliche Halle: »*Das ganze Werk war eines der merkwürdigsten, welches die Sonne je beschienen hat. Denn über dem Tale, welches so tief war, dass man, wenn man hinabsah, anfing schwindelig zu werden, war noch eine unermesslich hohe Halle erbaut, so dass derjenige, der vom Dach dieser Halle aus beide Höhen zugleich mit seinem Auge ermessen wollte, schon vom Schwindel erfasst wurde, ehe noch sein Blick den Grund der ungeheuren Tiefe erreichen konnte.*« »Voilà, die ›Zinne des Tempels‹, auf die der Satan Jesus entführte.« (vgl. Mt 4,5) Ihre Höhe resultiert also aus zwei Faktoren: Das gewaltige Hochplateau wurde künstlich aufgeschüttet und liegt damit bereits 80 Meter über dem alten Niveau des Kidrontales; hinzu kommt die Höhe der königlichen Halle, die Josephus mit 15 Meter angibt. Damit steht man in fast hundert Metern Höhe an der Südseite des Tempelbezirkes mit Blick auf den Platz tief unten vor dem – heute übrigens zugemauerten, aber gut sichtbaren – doppelten Tor. Das war der Haupteinlass zum Tempel, mit einem breit angelegten Stufenaufgang und einem Sammelplatz für die Pilger unten im Tal. Hier flüsterte Satan dem Herrn ein, sich hinabzustürzen, was Jesus natürlich von sich wies. Der erste Bischof von Jerusalem hingegen, Jakobus der Jüngere, konnte sich nicht dagegen wehren, denn er wurde von den Schergen des Hohepriesters im Jahr 62. n. Chr. hinabgestürzt. Der Herrenbruder lebte nach dem Sturz noch und wurde auf Befehl des Hohepriesters Ananus – einem Nachfolger der uns leider nur allzu bekannten Annas und Kaiphas – gesteinigt. Weil er auch diese Qual überlebte, erschlug ihn ein Tuchwalker mit seinem Arbeitsgerät, einer Keule. Ananus selbst wurde nach nur dreimonatiger Amtszeit abgesetzt.

»Was bezweckte der Teufel eigentlich mit der Versuchung des Hinunterstürzens? Warum sollten ihn die Engel auffangen?«, lautet die Frage, als wir an der Südseite stehen, in der Mitte jener Mauer, deren Ost-Ecke die Zinne des Tempels war. »Spektakuläre Sensation!« Was könnte es Aufsehenerregenderes geben, als sich an einem gut besuchten Festtag, da sich wohl zehntausende von Pilgern vor dem Hauptportal versammelten, hinabzustürzen und unten – gleich einem Magier – sanft zu landen. Das hätte Applaus gebracht, da wäre wahrlich ein »Superstar« der Antike geboren, über Nacht berühmt wäre er ins Rampenlicht der Massen getreten. Eigentlich ein verführerischer Gedanke, denn mit dieser Bekanntheit hätte Jesus ja oberflächlich betrachtet viel mehr Gutes tun können. Vielleicht hätten ihm nach diesem »Show-Wunder« auch die Pharisäer mehr Glauben geschenkt. Mir hat einmal ein katholischer Filmemacher gesagt, er wolle erst berühmt werden und dann aus diesem Ruhm und Erfolg heraus, der in der Filmbranche ja immer mit viel Geld und großer Medienpräsenz verbunden ist, Gutes tun für das Reich Gottes. Ich fürchte genau darin bestand die Versuchung des Teufels, als Jesus auf dieser Zinne der königlichen Halle nach unten blickte. Denn diese Art von Schlagzeilen-Ruhm und Boulevardpressen-Ehre taugt nicht für das Reich Gottes. Äußerlichkeit und oberflächliche Begeisterung dienen nicht dazu, Menschen heilig und selbstlos zu machen. Genau wie bei der Brotvermehrung. Den Menschen geht es dann nämlich nicht um »Jesus den Gekreuzigten«, sondern »Jesus, mit dem Tischlein-Deck-Dich«, oder im Fall der Zinne »Jesus, den Action-Hero«. Entsagung und Opfer werden verdrängt von Sensationslust und dem Kick einer vergänglichen Unterhaltung bzw. im Fall der Brotvermehrung vom vollen Bauch. Dafür musste Gott nicht Mensch werden, das können auch Scharlatane und Lügenpropheten.

Damit sind wir wieder beim Wesentlichen angelangt, nämlich beim Tempelopfer der Tiere und beim Blutvergießen. Die noch offene Frage betrifft die Sinnhaftigkeit des Tieropfers und welchen Nutzen Gott davon hat, wenn man ihm zu Ehren Tiere schlachtet, deren Blut am Altar ausgießt und schlussendlich den Körper verbrennt.

Man würde dem Judentum Unrecht tun, wollte man es aufgrund des Schlachtens von Tieren eines oberflächlichen Schematismus bezichtigen. Natürlich wussten auch die Juden, dass das Opfer keinen Heils-Automatismus darstellt. Eine Vielzahl von Propheten und Bußpsalmen im Alten Testament warnen davor, die Brandopfer rein äußerlich darzubringen und es dabei zu versäumen, das Herz zu öffnen, so zum Beispiel Psalm 49: »*Höre, mein Volk; ich will reden! Ich, Gott, dein Gott, Israel, will dich verwarnen: Nicht deiner Opfer wegen will ich dich rügen; dein Holocaustum brennt ja ständig vor mir. Doch bedarf ich nicht der Stiere aus deinem Stall, nicht der Böcke aus deinen Hürden. [...] Soll ich der Stiere Fleisch verzehren und trinken der Böcke Blut?*«

Für uns Christen ist die Antwort auf die Frage nach dem »Warum« des Tempelopfers leicht: Es war das Vorbild für jenes Opfer, das wirklich und in sich selbst die Kraft hatte, Sühne zu leisten: Das Blut Jesu. Paulus erklärt es am besten: »*Christus aber, der als Hoherpriester der künftigen Güter kam, [...] ist nicht mit dem Blut von Böcken und Rindern, sondern mit seinem eigenen Blut ein für allemal in das Allerheiligste hineingegangen und hat eine ewige Erlösung erworben.*« (Heb 9,11)

Das Opfer Jesu wurde also fast tausend Jahre lange im Tempel vorweggenommen, so wie die Messe, die wir täglich feiern, nichts anderes ist, als die Gegenwärtigsetzung des Opfers Jesu.

»Sie sehen also, was für ein gewaltiger heilsgeschichtlicher Bogen diesen Tempelplatz mystisch und geheimnisvoll mit jeder heiligen Messe in jeder Kirche dieser Erde verbindet.« – »Aber beim Tempelopfer war Gott doch nicht so gegenwärtig wie in den Sakramenten der Kirche, oder?«, lautet die Frage.

Natürlich besteht ein Unterschied in der Wirksamkeit der Sakramente des Alten Testamentes und derjenigen des Neuen. Thomas von Aquin erklärt den geistlichen Nutzen des Schlachtens der Tiere genauer: »Die Altväter wurden gerechtfertigt durch den **Glauben an das Leiden des Messias**, so wie wir.

Die äußeren Zeichen des Alten Bundes (d.h. die Beschneidung, das Besprengen mit Tierblut) waren Bezeugungen jenes Glaubens, insofern sie das Leiden Christi und seine Wirkung anzeigten. [...] Sie bezeugten den Glauben, und aus dem Glauben brachten sie Rechtfertigung.« (S.th. III, q.62 a.6)

»Also ist die Rechtfertigungslehre des Protestantismus eigentlich ein Rückschritt ins Alte Testament? Luther sagt doch, der Glaube allein macht den Menschen gerecht«, meint mein Mitbruder. »So gesehen ja«. In einem weiteren Punkt ist der Protestantismus ebenfalls rückwärtsgerichtet und dem nachbiblischen Judentum ähnlich geworden: Er sieht sich als reine Schriftreligion (sola scriptura) und lehnt das lebendige Lehramt in Form einer heiligen Hierarchie ab.

Jetzt, da wir uns einigermaßen ein Bild machen konnten von der Pracht und Herrlichkeit der Bauten an diesem Ort, können Sie besser nachvollziehen, was das Jahr 70 n. Chr. für eine Bedeutung hatte und wie unsagbar schmerzlich die Zerstörung des Tempels für die jüdische Seele war und noch immer ist.

Noch viel erstaunlicher aber sind die Vorzeichen der Zerstörung, die auch für jene Juden sichtbar waren, die nicht an Jesus und seine Prophezeiung glaubten.

Da ist zunächst der zerrissene Vorhang. Alle drei Synoptiker, also Matthäus, Markus und Lukas berichten einstimmig Folgendes: *»Da riss der Vorhang des Tempels von oben bis unten entzwei, die Erde bebte, die Felsen barsten.«* (Mt 27,51) Die Bedeutung dieses Geschehens ist unschwer zu erraten: Das Vorbild ist mit dem Tod Jesu in Erfüllung gegangen, das Allerheiligste steht nun offen für jeden Menschen, der bereit ist, zu glauben. Natürlich werden Kritiker hier einwenden: Ja, das sind die Beschreibungen der Evangelien und damit der Christen. Bestimmt haben sie das alles einfach erfunden, um ihre neue theologische Position zu rechtfertigen. Sie wollten sich einfach vom jüdischen Tempelopfer abgrenzen und von der Synagoge abnabeln.

Nun, dagegen spricht zunächst einmal die Tatsache, dass auch die ersten Judenchristen immer noch in den Tempel zu gehen pflegten, um zu beten, wie dies die Apostelgeschichte bezeugt. Das hätten sie nicht getan, wenn sie nicht auch nach dem Karfreitag eine Wertschätzung für diesen Ort hier gehabt hätten. (vgl. Apg 3,1)

»Aber es geht noch viel weiter. Der Talmud selbst bezeugt, dass das Tempelopfer keine Wirkung mehr hatte.« – »Wie bitte? Das ist jetzt ein Scherz, Herr Pater? Der Talmud ist die wichtigste jüdische Schrift neben der Tora und hat nichts mit dem Christentum zu tun!« Bei diesen Worten bleibt die Pilgergruppe abrupt stehen und sieht mich an. »Ja, sie haben richtig gehört: Der Talmud selbst.«

Dieser berichtet nämlich vom sogenannten »Wunder des roten Fadens«. Einmal im Jahr, am Tag der Versöhnung (Jom Kippur), brachte der Hohepriester das Opfer zur Vergebung der Sünden aller Israeliten dar. Als Zeichen dafür, dass Gott das Tieropfer angenommen habe, wurde ein roter Faden von selbst weiß, wie es folgende Stelle beschreibt: »*Durch einen besonderen roten Faden wissen sie, ob der Priester Erfolg hatte. Man wusste es, wenn sich der Faden von rot zu weiß färbte, dann gab es Jubel unten wie oben. Verfärbte sich der Faden nicht, waren alle niedergeschlagen, denn sie wussten, ihre Gebete wurden nicht erhört.*« (Talmud, Wajikra, 3).

Doch jetzt kommt das Erstaunliche. Der Talmud weist darauf hin, dass vierzig Jahre vor der Zerstörung des Tempels, also genau um das Jahr 30, dem Todesjahr Jesu, eben dieses Wunder ausblieb: »*Ursprünglich befestigten sie den roten Faden am Tor des äußeren [Tempel-]Hofes. Wurde er weiß, freute sich das Volk, und wenn er nicht weiß wurde, war es bekümmert. [...] Vierzig Jahre lang vor der Zerstörung des Tempels wurde der rote Faden nicht mehr weiß, sondern er blieb rot.*« (Rosh Hashanah 31b)

Auch für das Zerreißen des Vorhangs gibt es im Talmud eine sehr erstaunliche Parallele. An einer anderen Stelle ist zu lesen: »*Vierzig Jahre bevor das Haus des Heiligtums zerstört wurde, erlosch die westliche Lampe, das karmesinrote Wollband blieb rot [siehe oben] und das Los Gottes kam zur linken Seite hervor; und man verschloss die Türen des Tempels am Abend, und als man am Morgen aufstand, fand man sie geöffnet. Es sagte Rabbi Johanan ben Sakkai: Tempel, warum erschreckst Du uns?*«

Flavius Josephus berichtet dieses Faktum ebenfalls: »*Auch die Osttür des inneren Heiligtums, die, ganz von Erz und ungeheurem Gewicht, gegen Abend von zwanzig Männern nur mit Mühe geschlossen wurde und mit eisernen Querriegeln gesi-*

chert und mit tief in die aus einem Stück bestehende Schwelle eingelassenen Längsriegeln versehen war, sprang des Nachts, etwa um die sechste Stunde, von selber auf.« (Jüd. Krieg VI,5,3)

Vielleicht war der zerrissene Vorhang, den die Evangelisten erwähnten, jener Vorhang im Allerheiligsten des Tempels selbst, das nur die Priester betreten durften. Dann konnten sie dieses Ereignis vertuschen. Was sie aber nicht verheimlichen konnten, ist das sonderbare Geschehen, welches Josephus und der Talmud bezeugen, dass nämlich die gewaltige Tempeltür wie von selbst aufsprang. Die Deutung dieser Ereignisse war auch für die Rabbiner schon offensichtlich: »Tempel, warum erschreckst Du uns?«

»Und wie erklären sich die Juden, die nicht an Christus glauben, die Zerstörung ihres Heiligtums?« – »Auch hier können wir wieder den Talmud zu Rate ziehen, der als Grund für dieses schreckliche Ereignis »sinat chinam« nennt. Das heißt übersetzt »grundloser Hass«: *»Doch warum wurde das zweite Heiligtum verwüstet, wo sie* [die Juden] *sich doch mit der Weisung der Tora befassten, die Gebote befolgten und mildtätig waren? Weil dort grundloser Hass herrschte.«* (Joma 9b) Dieser grundlose Hass lässt sich zunächst einmal auf die Streitigkeiten innerhalb der jüdischen Parteien anwenden. Der Hass zwischen den einzelnen Gruppen war so groß, dass es eines Tages zu dem furchtbaren Gemetzel kam, das Jesus selbst als das Zeichen angibt, die Stadt zu verlassen: »Den Gräuel der Verwüstung.« (Mk 13,14) Die Zeloten hatten die Stadt eingenommen und töteten etwa 8.500 Leviten und Priester, den Hohepriester erstachen sie und warfen seine Leiche über die Zinne. Das war für jeden Juden ein so unfassbarer Frevel, dass selbst die Römer nichts Schlimmeres hätten tun können. Für die Judenchristen war es genau jenes Ereignis, das Jesus angekündigt hatte: *»Wenn ihr den Gräuel der Verwüstung seht, wo er nicht sein darf – wer es liest, der beachte es wohl! – dann sollen die Leute in Judäa in die Berge fliehen.«* (Mk 13,14) Tatsächlich flohen die Christen kurz nach diesem Blutbad nach Pella in der Dekapolis und blieben so vor der furchtbaren Zerstörung von Stadt und Tempel verschont.

Aber »sinat chinam« lässt sich noch viel besser deuten, vor allem das Wort »grundlos«. Die Parteiungen der Juden hatten immer wieder Grund sich zu hassen, denn keiner schonte den anderen. Um das Wort »grundlos« in seiner wahren Bedeutung zu ermessen, müsste man jemanden finden, der niemandem jemals etwas zu Leide getan hat und dennoch gehasst wurde. Genau das prophezeit der Psalm 69,5 für unseren Herrn Jesus Christus: »*Zahlreicher als die Haare auf meinem Haupt sind, die mich **grundlos hassen**.*« Der grundlose Hass auf den Gottessohn ist also viel eher die richtige Deutung jener Stelle im Talmud, welche die Erklärung für den Untergang des Heiligtums angibt: »*Weil dort grundloser Hass herrschte*«. Jedenfalls ist die Wortwahl des Talmuds mit der Prophezeiung des Psalms 69 identisch, und man darf nicht vergessen, dass die Auslegung dieses Psalms stets dem kommenden, leidenden Messias galt.

Es ist interessant, dass Jesus bei der Erscheinung zur Rückkehr der Emmausjünger (vgl. Lk 24) ausdrücklich die Psalmen erwähnt: »*Das sind meine Worte, die ich zu euch gesprochen habe, als ich noch bei euch weilte, dass nämlich alles, was **im Gesetz des Mose**, bei den **Propheten** und in den **Psalmen** über mich geschrieben steht, erfüllt wird.*« (Lk 24,44) Wir sehen, wie Jesus mit der üblichen Einteilung des TaNaCH beginnt, also mit der Tora und den Nevi'im, das heißt mit Moses und den Propheten. Aber anstatt die Chetuvim, die Schriften allgemein zu nennen, greift er ein Buch heraus, nämlich das der Psalmen. Darin ist eine Lehre für uns verborgen, dass nämlich gerade die Psalmen eine wahre Fundgrube für Prophezeiungen über das Leben und Sterben des Heilandes sind.

»Ich bin sicher, Jesus hat den Emmausjüngern auch Psalm 69,5 erklärt, den grundlosen Hass, auf Hebräisch sinat chinam.«

21. Eine Moschee als Kirche und das Vater Unser, wo es nie war

Von Theodor Heuss, dem ersten deutschen Bundespräsidenten, stammt das Wort: »Europa ist auf drei Hügeln gebaut: auf Golgota, der Akropolis und dem Kapitol.« Doch Rom und Athen sind trotz ihrer weltgeschichtlichen Bedeutung für uns heute, an diesem Dienstagmorgen unserer zweiten Wallfahrtswoche nur zweitrangig.

»Dem wichtigsten Berg von Jerusalem, Golgota, müssen zwei weitere hinzugefügt werden, die für das Leben Jesu von großer Bedeutung sind«, erkläre ich den Pilgern, als wir von unserer Unterkunft gleich nach dem Frühstück losfahren. Von Bethanien ist es nicht weit zum Ölberg. Die Frühlingssonne beginnt eben erst, die taufeuchte Erde zu erwärmen, da stehen wir schon oben auf dem Ölberg, und zwar just an dem Ort, wo alles sein Ende fand. Sein trostreiches Ende. Eine Reihe von Pilgern wartet bereits vor dem Eingang des kleinen Kuppelbaus, um einen Blick auf den Ort zu werfen, wo Jesus das letzte Mal diese Erde berührte. Ein Stein ist darin zu sehen, der die Abdrücke Jesu bei seiner Himmelfahrt zeigt.

»Mais c'est un peu minable, n'est ce pas?«, sagt eine Pilgerin beim Anblick des winzigen Kuppelbaus. »Das ist ein bisschen schäbig, oder nicht?« – »›Inbomon‹, so der Name des kleinen Türmchens, heißt übersetzt ›auf der Höhe‹«. – »Na, auf der Höhe der Architektur ist der nicht gerade!«, witzelt nun auch der Doktor. In der Tat macht sich der kleine, oktogonale Bau von ca. 7 Metern Durchmesser und etwa 10 Metern Höhe, die Kuppel aus beigem Mörtel mitgerechnet, eher bescheiden aus. Außer den zugemauerten Fensterbögen und der ziemlich verdreckten Reliefzierleiste oberhalb derselben bietet es keinerlei Schmuck und sieht neben den verfallenen Mauern ringsum alles in allem sehr trostlos aus. »Und Eintritt müssen wir auch noch zahlen?« – »Ja«, beschwichtige ich die erstaunten Pilger, »das ist der einzige Ort im Heiligen Land, dessen Besuch nicht kostenlos ist. Dieses Türmchen gehört den Moslems.« – »Also eine Moschee?« – »Wie man's nimmt. Sie trägt den Namen Himmelfahrtsmoschee«, sage ich und gebe dem guten Mann sein Geld. Die Moslems verehren Jesus ja als »rasul«, als »Propheten« was den berühmten Sultan Saladin bewogen haben dürfte, die damalige, um ein vielfaches größere Kirche der Kreuzfahrer in eine Moschee umzuwandeln. Die alte Kreuzfahrerkirche ist leider zerfallen, übrig geblieben sind die umgebenden Ruinen und dieses kleine Rundhäuschen mit Kuppel, welches sich immer noch in der Hand der Moslems befindet. »Das ist übrigens der Grund, warum wir hier sind«, erkläre ich im Inneren des Inbomon und weise auf einen in Marmor eingefassten Stein hin, dessen Vertiefung an die Fußspuren des Herren, die »vestigia Domini« wie die ersten Pilger sie nannten, erinnern soll.

Manch einer mag sich beim Anblick dieses Ortes der Zweifel nicht erwehren und sich fragen: Sind diese Abdrücke im Stein wirklich von Jesus? Anstatt mich auf das archäologisch in diesem Fall nur schwer lösbare Problem zu stürzen, möchte ich auf Anna Katharina Emmerich verweisen. Die uns bereits bekannte Seherin von Dülmen äußert sich an einer Stelle auch zu den »Abdrücken in Steinen«:

»Johannes und die Frauen führten die Muttergottes, und sie sank an einem Eckstein des Tores in die Knie. Ihre Hände berührten den schräg auflaufenden Stein, gegen den sie hinsank. Wo ihre Knie ihn berührt, blieben flache Gruben, wo ihre Hände angelehnt, flachere Male. [...] Ich habe es schon gesagt und sage es nochmals, dass ich solche Eindrücke in Stein wie hier mehrmals bei großen ernsten Ereignissen durch heilige Berührung entstehen gesehen habe. Es ist dieses so wahr als das Wort: ›Ein Stein muss sich darüber erbarmen.‹ Die ewige Weisheit hat in ihrer Barmherzigkeit nie der Buchdruckerkunst bedurft, um der Nachwelt ein Zeugnis von Heiligem zu überliefern.«[7]

»Also, haben wir recht verstanden? Der Islam glaubt auch an Jesus?« Unsere Augen müssen sich erst wieder an die Morgensonne gewöhnen, nachdem wir den Inbomon verlassen haben. »Ja und Nein. Zwar wird Jesus – auf Arabisch ›Jisa‹ genannt – im Koran erwähnt. Aber es wäre eine Übertreibung, deswegen vom ›Glauben an Jesus‹ zu sprechen.« Denn unter »Jisa« verstehen die Moslems einen von vielen Propheten auf dem Weg zum Begründer ihrer eigenen Weltanschauung. Aber Jesus ist eben nicht bloß Prophet, sondern die Erfüllung all dessen, was die Propheten vorhergesagt haben. Er ist der Sohn Gottes, was aber

---

7 A.K. Emmerich, Das bittere Leiden, S. 254

im Koran wiederum ausdrücklich geleugnet wird, ebenso wie die Dreifaltigkeit: »*Ungläubig sind diejenigen, die sagen: ›Gott ist Christus, der Sohn der Maria.‹*« (Sure 5,72) »*Wahrlich, der Messias Jesus, der Sohn Marias, ist nur ein Gesandter Allahs, und das Wort, das er Maria niedersandte, eine Erfüllung Allahs und sein Geist. Glaubt daher an Allah und seinen Gesandten, sagt aber nichts von einer Dreiheit. […] Es gibt nur einen einzigen Gott. Fern von ihm, dass er einen Sohn habe.*« (Sure 4,172)

Sie sehen also, es ist völlig unerklärlich, wie im Konzilsdokument *Nostra Aetate* behauptet werden konnte: »*Mit Hochachtung betrachtet die Kirche auch die Moslems, **die den alleinigen Gott anbeten**, den lebendigen und für sich seienden, barmherzigen und allmächtigen Schöpfer des Himmels und der Erde, der zu den Menschen gesprochen hat.*« Wenn man geschrieben hätte »sie glauben, den alleinigen Gott anzubeten«, ja, dann wäre das sicher wahr. Aber so widerspricht dieser Satz direkt dem Evangelium und damit der göttlichen Offenbarung, denn Johannes sagt: »Wer den **Sohn leugnet**, hat auch den **Vater nicht**« (1 Joh 2,23). Wenn also im Koran ausdrücklich Jesus als *Sohn Gottes* geleugnet wird, dann kann selbst ein Katechismusschüler der ersten Klasse die Schlussfolgerung ziehen: Dann hat der Islam auch den Vater nicht, und damit beten sie auch nicht den **alleinigen Gott an**, denn das ist der Vater im Geheimnis der Dreifaltigkeit, sondern das, was sie für den alleinigen Gott halten. Da nützt auch die Tatsache nichts, dass der Islam im Gegensatz zu anderen Religionen, dem Hinduismus beispielsweise, keine Vielgötterei betreibt.

Der Islam ist im Heiligen Land ohnedies omnipräsent, was natürlich auf die gewaltsame Eroberung im 7. Jahrhundert zurückgeht. Jeden Tag hallen schon früh am Morgen die durchdringenden Schreie des Muezzins durch die noch schlaftrunkenen Gassen. So manchem Pilger raubt der Eifer des Imams wertvolle Stunden der Erholung, denn spätestens um fünf Uhr früh heißt es zum ersten Mal: »Allahu akbar« – »Allah ist groß«.

»Jesus hat übrigens selbst bereits den Islam widerlegt.«, erstaune ich die Zuhörer. Vom Inbomon wandern wir gemächlich hinüber zur Kirche des Pater Noster, es bleibt also ein wenig Zeit zur Apologetik, der heute so sträflich vernachlässigten theologischen Disziplin der Glaubensverteidigung gegen Irrlehren.« »Wie bitte? Das kann gar nicht sein, denn Mohammed ist ja erst im 6. Jahrhundert geboren. Und vorher gab es keinen Islam.« – »Das stimmt, aber der entscheidende Irrtum des Islam war schon damals im Umlauf.«

Im Norden des Landes, jenseits von Nazareth, an den Quellen des Jordans liegt das kleine Dorf Caesarea Philippi, das wir zu besuchen auf dieser Wallfahrt leider keine Zeit hatten. Dort ist Mohammed sechshundert Jahre vor seiner Geburt bereits widerlegt worden. Jesus stellt nämlich den Jüngern die zentrale Frage: »Für wen halten mich eigentlich die Leute?« Die Antwort der Jünger fällt ehrlich aus: »Manche für Johannes den Täufer, manche für Elias oder **einen der Propheten**.« Mit verwaschenen und unklaren Vorstellung gibt sich Jesus natürlich nicht zufrieden: »Ihr aber, für wen haltet ihr mich?« Petrus, der spätere erste Papst, erfüllt im Voraus sein Amt und gibt die Antwort, welche das Christentum von allen anderen Religionen unterscheidet: »Du bist Christus, der wahre Sohn Gottes.« (Mt 16,14 ff)

»Jisa der Prophet« ist also zu wenig. Worauf dann nicht selten Einwände zu hören sind wie: »Aber wir haben mit dem Islam doch so viel gemeinsam! In Sure 3 wird die Jungfrauengeburt der Gottesmutter berichtet, der Islam ist monotheistisch, so wie wir, und zudem darf man sich kein Bild von Gott machen. Allah hat unendliche Allmacht und alles obliegt seiner Vorsehung. Die Muslime fasten und machen Wallfahrten. Das sind doch alles Ähnlichkeiten, die uns verbinden.« – Stimmt, diese Punkte sind vergleichbar, wenn auch das Verständnis von der Allmacht Allahs im Islam eher mehr in Richtung eines prädeterminierten Fatalismus und einer uneingeschränkten Willkürherrschaft Allahs geht. Aber man muss eben auch beim Vergleich von Religionen die Frage nach dem Wesentlichen stellen. Propheten sind geistbegabte Männer, die große Wunder wirken, ja sogar Tote erwecken können. Aber deswegen bleiben sie trotzdem **gewöhnliche Menschen**. Jesus aber ist der Gott-Mensch. Das ist nun einmal nicht das gleiche, auch wenn es verblüffende Ähnlichkeiten gibt.

Ein kleines Beispiel soll dies verdeutlichen: Die Seifenkiste meines Neffen hat Räder, lässt sich lenken, ist aus Blech und Eisen, sie hat einen kleinen Benzinmotor (50 ccm), ein Lenkrad, sie ist lackiert (wenn auch nicht gerade professionell), man sitzt mehr oder weniger bequem auf einem Fahrersitz; die Gangschaltung dient zur Fortbewegung und Beschleunigung, man kann andere überholen (zumindest die kleine Schwester im Dreirad) usw. Wenn nun mein Neffe aufgrund dieser vielen Ähnlichkeiten beschließen würde, die Seifenkiste bei unserem Porschehändler in Zell am See für einen Carrera einzutauschen mit der Begründung, die beiden Fahrzeuge hätten doch »so viele Ähnlichkeiten«, dann würde man ihn in die Klappsmühle sperren. Gleichermaßen verhält es sich mit den Religionen der Erde: Es wird sich immer und überall Wahres und Richtiges finden lassen, vielleicht sogar viele Ähnlichkeiten. Aber man muss die Frage nach dem Wesentlichen stellen: Was lehrt deine Weltanschauung über Jesus Christus?

»Herr Pater, warum ist gerade diese eine Frage so wichtig? Ist das nicht ein bisschen Prinzipienreiterei?«. – »Prinzipienreiterei.« Ich muss ein bisschen schmunzeln, dieses Wort erinnert mich an den Roman Effi Briest von Theodor Fontane. »Ich werde gleich auf Ihre Frage antworten, wenn wir in der Besichtigung ein wenig weiter sind. Hier oben auf dem Ölberg erwartet uns noch einiges.«

Neben den »vestigia Domini« hat man seit alters her hier auf dem Ölberg auch eine Grotte verehrt, in der Jesus die Jünger nach der Auferstehung unterrichtete. Kaiser Konstantin, den wir bereits als einflussreichen Bauherren im Heiligen Land kennengelernt haben, fasste beide Orte zusammen zu einem »heiligen Bezirk«, indem er über der »Grotte der Unterweisungen« eine Basilika errichten ließ. Diese alte Kirche trug den schönen Namen »Eleona«, das heißt »Ölbaumbasilika«. Leider ist auch sie der Zerstörungswut der Perser anheimgefallen, und die Kreuzfahrer errichteten keine neue, sondern nur ein kleines Oratorium über den Ruinen. Mit diesem Neubau im Mittelalter ging auch das urchristliche Andenken an die Grotte der Unterweisung Jesu verloren. An ihre Stelle trat eine neue Tradition, die Verkündigung des Vaterunsers. Schon im 11. Jahrhundert wird der Ort der einstigen Eleona nur mehr als »Pater-Noster-Stätte« bezeichnet. Warum die Kreuzfahrer auf diese Zuordnung kamen, lässt sich heute nicht mehr feststellen. Vielleicht weil sie im Vaterunser eine der schönsten Lehren Jesu sahen und deshalb meinten, dieses Gebet müsse hier auf dem Ölberg gelehrt worden sein? Diese Frage lässt sich heute nicht mehr mit letzter Sicherheit beantworten. Was wir wissen ist, dass die Erinnerung an die Grotte der Unterweisung unter den Ruinen der »Eleona« ganz in Vergessenheit geriet, sodass die Karmeliten, die 1868 ahnungslos ihr Kloster an diesem Ort errichteten, die zweite Tradition übernahmen und ihre Kirche »Pater-Noster-Kirche« tauften. Um ein würdiges Andenken an dieses Gebet zu errichten, befestigten sie an den Wänden der Vorhallen des Klosters den Text des »Vaterunser« in 50 Sprachen.

Wir schlendern durch den Kreuzgang mit den vielen Tafeln. Es ist ein und dasselbe Gebet und klingt in all den Sprachen doch so verschieden. »Das sind alles Mosaike, nicht wahr?« Ich nicke und nachdem wir einige Zeit mit Rätselraten über uns völlig fremde Schriftzeichen und Sprachen verbracht haben, fahre ich mit der Führung fort. »Die Weißen Väter sind ihnen ja schon ein Begriff, nicht wahr? Sie spielen nämlich auch für diesen Ort hier eine große Rolle. Genauer gesagt für das, was unter unseren Füßen liegt!«

»Es ist das ruhmvolle Verdienst der Weißen Väter, dass man die alte Ölbaumbasilika – Eleona – im Jahr 1910 wiederentdeckte. Man hat sogar die Apsis in Teilen rekonstruiert, wie Sie hier sehen können.« Wir haben den schönen Kreuzgang vor dem Karmeliterkloster verlassen und stehen vor einem unvollendeten, nachgebildeten Rundgemäuer. »Was jedoch noch viel bedeutender ist: Man hat die uralte Tradition wieder entdeckt, von der man nur aus Pilgerberichten wusste: die Grotte der Unterweisung.«

Über eine Treppe direkt unter der teilweise wieder errichteten Apsis steigen wir in eine Krypta hinab und finden uns in einer unterirdischen Höhle wieder. Hier hat Jesus der Tradition nach die Jünger über die Geheimnisse des Glaubens unterwiesen. Wie schwer es für sie war, alles recht zu verstehen, beweist uns eine Frage am Himmelfahrtstag: »Herr, richtest Du in dieser Zeit das Reich für Israel wieder her?« (Apg 1,6) Es scheint also, dass noch immer einige Jünger am irdischen Reich Gottes festhielten. Es ist wohl auch so, dass diese Wahrheit gerade für die jüdischen Christen am schwersten zu begreifen war: Die Hingabe der eigenen Sonderstellung zugunsten aller übrigen Völker. Oder wie Paulus sagt: »*Da gilt nicht mehr Jude oder*

Heide, nicht mehr Knecht oder Freier, nicht mehr Mann oder Frau. Ihr seid alle einer in Christus Jesus.« (Gal 3,28) Sie waren doch Gottes auserwähltes Volk, die Lieblinge des Herrn! Sollten jetzt plötzlich auch die Heiden auserwählt sein? Was würde aus dem Land Israel? Die Auserwählung ging natürlich nicht verloren, aber sie sollte übergehen in eine höhere Sendung, in die Mission zu der Bekehrung des ganzen damaligen Erdkreises zu Christus. Daher auch der Sendungsbefehl am Himmelfahrtstag, daher insbesondere das Sprachenwunder aller Nationen am Pfingstfest: Das neue Reich Israel ist keines mehr, das sich in Quadratkilometern misst oder auf Rasse und nationaler Zugehörigkeit fußt, sondern es ist in den Herzen aller Menschen aufgerichtet durch die Gotteskindschaft in Christus Jesus, dem Sohn Gottes aus dem Volk der Juden, durch die Kraft des Heiligen Geistes.

»Damit komme ich zurück auf Ihre Frage nach Christus. Sehen Sie, das ist der größte Irrtum der modernen Zeit, der letzten Endes aus dem von Pius X. verurteilten Modernismus herausgewuchert ist: Die Logik spielt in der Religion keine Rolle mehr. Es geht heutzutage nur noch um das Gefühl. Selbst der einfache Mann auf der Straße ist der festen Überzeugung, dass man das glauben sollte, was man fühlt. »Wenn du das so empfindest«, »Wenn das für dich eine Erfüllung bedeutet«, »Wenn du das so in Dir fühlst«. Das sind die Bedingungen für den von Pius X. in großer Weitsicht schon vor 100 Jahren verurteilten modernistischen Wahrheitsbegriff. Wenn man sich dabei gut fühlt, dann ist das, was ich empfinde für mich eben auch wahr. Seit über einem halben Jahrhundert fragt keiner mehr: Ist das denn auch logisch? Ist es rational? Entspricht es der Vernunft? Dabei ist dies die ganz entscheidende Frage, denn man kann nicht etwas glauben, was unlogisch ist oder einen Widerspruch zur Vernunft darstellt. Das ist das große Verdienst des hohen Mittelalters, dass man auf Grundlage der Vernunft Theologie betrieb und sich nicht in endlosen religiösen Gefühlsbeschreibungen erging. Diese hochgeordnete, rationale Denkschule hieß »Scholastik«. Jeder Theologe musste zuallererst die Regeln des logischen Denkens und des Verstandes erlernen, ehvor man sich an die Erklärung der Glaubenswahrheiten wagen durfte. Die Frage nach der Gottheit Jesu Christi bleibt natürlich eine Glaubensfrage, sie ist aber zugleich auch eine höchst logische und vernünftige. Wer Jesus Christus als Gottes Sohn ablehnt (was logischerweise möglich ist, denn der Glaube ist an den von der Gnade bewegten freien Willen geknüpft), verliert nicht nur ein religiöses Gefühl oder eine persönliche Einschätzung, er verliert den gesamten Glauben. Um es in einem Bild anschaulich zu machen: dann bricht der ganze katholische Glaube zusammen wie ein Kartenhaus. Wenn Jesus nicht der Sohn Gottes ist, dann ist die von ihm begründete Religion nur eine von vielen menschengemachten Weltanschauungen. Wenn Jesus nicht Gottes Sohn ist, dann ist Weihnachten nur der Geburtstag eines gewöhnlichen Babys. Wenn Jesus nicht der Sohn Gottes ist, dann ist sein Tod kein Sühnopfer zur Erlösung der Welt, sondern das klägliche Ende eines missverstandenen, idealistisch gesinnten aber letztendlich gescheiterten Menschheitsverbesserers. Wenn der Tod Jesu wertlos war und keine Gnade verdient hat, dann sind auch alle Riten und Zeremonien der Kirche, welche eben diese Gnade in den sogenannten Sakramenten austeilen, nur menschliche Gebräuche und Gewohnheiten mit äußerlichem Symbolwert und bestenfalls rein psychologischer Wirkung. Wenn Jesus nicht Gottes Sohn ist, dann ist auf dem Altar der Messe auch nicht sein Fleisch und Blut gegenwärtig, dann beten die Christen in allen Kirchen des Erdkreises Brot an. Wenn Jesus nicht Gottes Sohn ist, dann ist Maria eine ganz gewöhnliche Frau wie jede jüdische Mutter zu ihrer Zeit. Wenn Jesus nicht Gottes Sohn ist, dann ist er auch nicht auferstanden, denn kein gewöhnlicher Mensch kann sich nach dem Tode selbst wieder lebendig machen. Wenn Jesus Christus nicht der Sohn Gottes ist, dann ist die katholische Kirche nur eine rein menschliche Vereinigung zur gegenseitige Hilfe bei der Alltagsbewältigung.

»Sie sehen also, wie wichtig gerade in unserer heutigen Zeit eine fundierte Glaubensunterweisung ist, genau wie damals, als die Apostel und Jünger hier an diesem Ort mit den Lehren Christi gestärkt wurden, um das Römische Weltreich zu bekehren«, schließe ich mein Plädoyer. »Ich habe aber noch etwas Besonderes zum Abschluss, das ich Ihnen vorlesen möchte. Sophronius, der spätere Patriarch von Jerusalem († 638) preist nämlich die Schönheit dieses Ortes in einem Lied:

›Ich möchte hineilen zu dem Ort, wo der Herr seine Jünger in Gottes Geheimnisse einzuweihen pflegte. Unter diesem Dache möchte ich dann verweilen! Hierauf möchte ich durch das große Tor nach vorn bis an die Freitreppe vortreten und die Schönheit der Heiligen Stadt bewundern, die sich im Westen ausdehnt. Wie herrlich ist es, Stadt Gottes, deine Schönheit vom Ölberg aus zu betrachten!‹

Auf, werte Pilger, das wollen wir nun tun! Die Pracht der alten Eleona werden wir nie mehr sehen. Aber was uns erwartet ist die Schönheit der Stadt Gottes!«

22. Als Jesus die Stadt Jerusalem sah, weinte er

Glücklich der Mann, der an einem Frühlingsmorgen auf dem Ölberg stehen darf. Die Sonne im Rücken des Wanderers verleiht der Silhouette der Stadt Jerusalem den denkbar schönsten Glanz. Die anmutige Mauer des Tempelplatzes mit dem Goldenen Tor in der Mitte, das Sultan Suleiman aus Angst vor der Wiederkunft Jesu hat zumauern lassen, dient als mehrtausendjährige Umrahmung dessen, was die Stadt heute noch an Prachtbauten ihr eigen nennt. An der Stelle des Tempels leuchtet die goldene Kuppel des Felsendoms und hütet das Andenken an den Ort des Bundesopfers von Salomo bis Jesus. Die beiden silbernen Kuppeln der Grabeskirche ragen über die Häuser der Altstadt empor ebenso wie der schlanke Turm der protestantischen Erlöserkirche, erbaut von Wilhelm II. Die Erinnerung an die alte Königshalle und die Hallen Salomons obliegen der El-Aksa Moschee auf dem Tempelberg; dahinter, am Horizont, verkündet der kolossale viertürmige Rundbau der Dormitio-Abtei den Ruhm des Berges Sion. Schon in Richtung Kidrontal und ein wenig versteckt zeigt sich auch die Kirche Sankt Peter in Gallikantu, im Andenken an den Verrat des ersten Papstes. Im Vordergrund versuchen die goldenen Zwiebeltürmchen der orthodoxen Magdalenakirche die Bäume zu überragen, und links vom Pilger harrt das große Gräberfeld des Gen Hinnom Tales auf den Tag des Jüngsten Gerichtes. Ein wahrlich beeindruckendes Panorama!

Die stolze Stadt scheint uns über den Kidronbach herüberzurufen: Sieh' mich an! Mich, das irdische Jerusalem, und sag, ob ich nicht eben so schön bin wie das himmlische! Beinahe möchte man rufen: Ja! Aber nur beinahe. Wären all die Schätze in Dir geblieben, die Gott der Herr Dir anvertraut hat. Doch du bist geplündert und gestürzt worden, eine Vielzahl deiner Kleinodien ist geraubt und zerstört. Nicht nur das Herzstück des Alten Bundes, den Tempel mit den Säulenhallen des Lilienkönigs, auch die Schätze der Christen hast Du wieder verloren!

Wer an das denkt, was Jerusalem eingebüßt hat, der muss mit dem Propheten in jene Klage ausbrechen, welche die Kirche in der Karwoche zu singen pflegt: »*Ach, wie liegt die Stadt so öde, die einst an Bewohnern so reich war! Witwe ist sie geworden, die einstige Herrin der Völker. Über die Länder einst Fürstin, ward sie zur Fronmagd. Bitterlich weint sie des Nachts, ihre Wangen netzt sie mit Tränen.*« (Klgl 1,1 f)

Das einst so prächtige byzantinische Jerusalem ist ebenfalls zerstört worden. Die »Hagia Sophia«, die »Kirche der Weisheit« wie in Konstantinopel, welche Deine Mauern einst barg, ist den Horden der Perser zum Opfer gefallen, ebenso wie die »Nea Theotokos«, die älteste Marienkirche der Welt. »Neue Gottesgebärerin«, haben sie die Christen auf Griechisch genannt, sagenumwoben bleibt sie unvergessen in den Pilgererzählungen ob ihrer Schönheit. Die Paläste der heidnischen Herrscher sind verschwunden, der des Herodes ebenso wie die Burg Antonia, die Zwingburg der Römer. Ja, auch das römische Jerusalem, »Aelia Capitolina«, ist wieder zerstört worden. Stattdessen haben die modernen Architekten Dein Stadtbild verändert. Sie haben sich nicht an die Maße des Johannes gehalten, nach welchen er in prophetischer Schau das himmlische Jerusalem beschreibt. Für sie galten die Maße von Wirtschaftlichkeit, Zweckmäßigkeit und Effektivität. So sieht man hinter deinen alten Mauern und Kuppeln die Wolkenkratzer und Geschäftsgebäude des modernen Jerusalems. Entlang der alten Stadtmauer schlängeln sich breite Asphaltstraßen, auf denen sich nicht enden wollende Kolonnen von Autos und Bussen Tag für Tag hinaufdrängen zum Berg Sion. So hast Du also von deiner Schönheit eingebüßt, goldene Stadt. Aber auch in dem, was Dir noch geblieben ist, trägst Du in Dir die Sehnsucht nach dem ewigen Jerusalem, zeigen die Zinnen deiner Stadtmauer und die Spitzen Deiner Türme nach oben, dorthin, wo Johannes die Stadt beschreibt, welche erbaut ist auf den 12 Edelsteinen, mit Mauern aus Jaspisstein und kristallenem Gold, das kein Sterblicher je gesehen. Diejenige Stadt, zu der wir alle pilgern, nicht heute und morgen und auch nicht auf einer zweiwöchigen Wallfahrt, sondern unser Leben lang: Das himmlische Jerusalem. Der Ölberg ist in sich inspirierend. Es geht ein Hauch von Ewigkeit hier aus.

Nach dieser Beschreibung sehen mich die Pilger verdutzt an. »Na ja, ein bisschen Poesie wird doch wohl noch erlaubt sein? Ihnen würde ein wenig dichterische Sehnsucht auch nicht schaden statt des kargen Pseudo-Rationalismus von Voltaire und Rousseau! Als Hausübung lesen Sie das 21. Kapitel der Geheimen Offenbarung über das himmlische Jerusalem!«

Drei Wege führen vom Ölberg herab nach Jerusalem, den mittleren wählen wir und nähern uns einer kleinen Kapelle am Abhang des Ölbergs, welche die Form einer Träne hat. Der Ölberg ist nach unserem Verständnis eigentlich gar kein Berg im streng österreichischen Sinn, wir befinden uns augenblicklich auf nur ca. 800 Meter Seehöhe, also dort, wo sich in vielen Regionen der Alpen die Talsohle befindet. Aber es war der bevorzugte Aufenthaltsort des Herrn, wenn er in Jerusalem weilte. Abends ging er nach Bethanien, das geographisch auf der anderen Seite des Ölbergs liegt, der mit dem Ras esch-Schijah, einem benachbarten Hügel, eine kleine Hügelkette bildet, die in Richtung Westen ins Kidrontal und in Richtung Osten nach Bethanien und Bethfage hin abfällt. Zwölf Mal wird er in den Evangelien namentlich erwähnt. Kein anderer Berg hat Jesus in so vielen Situationen seines Lebens gesehen. Die Ölbäume am Fuß des Berges trauern mit dem blutverschmierten, leidenden Jesus, die Palmen an seinen Flanken preisen Jesus dem König, der auf dem Rücken eines Esels in die Stadt einzieht, die verborgenen Höhlen am Berg hören die Stimme des Lehrmeisters und Rabbi Jesus, die Spitze des Berges beugt demütig ihr Haupt für den triumphierenden Christus, der von dort zum Vater heimkehrt, und schlussendlich hier, an diesem Ort, wird der Ölberg Zeuge, wie Jesus anfängt zu weinen.

»Diese Kirche heißt ›Dominus flevit‹ – ›Der Herr hat geweint‹« erläutere ich noch im Portal der Kirche stehend. In ihrer schmucklosen Einfachheit mit den gemauerten Rundbögen lässt sich leicht erraten, worum es dem Architekten aus dem Jahr 1955 ging und was baulich umzusetzen ihm auch gelungen ist: Einen Altar zu errichten, dessen Wirkung aus der Kapelle im Vordergrund und der Silhouette der Stadt im Hintergrund besteht. Der schmiedeeiserne Fensterschmuck direkt über dem Altar zeigt einen Leidenskelch im Strahlenkranz, welcher scheinbar auf dem Tempelplatz zu schweben scheint. Eine optische Täuschung, denn der Tempelplatz ist ja in Luftlinie wenigstens 1,5 km entfernt. Das Bild bringt zum Ausdruck, was am Palmsonntag hier geschah. Ich lese den Pilgern die Stelle bei Lukas vor:

»Und als er sich schon dem Abhang des Ölberges näherte, begann die ganze Schar der Jünger voll Freude Gott mit lauter Stimme zu preisen ob all der Wundertaten, die sie gesehen

hatten. Sie riefen: ›Gepriesen sei der König, der da kommt im Namen des Herrn! Friede im Himmel und Herrlichkeit in der Höhe!‹ [...] Als er näher kam und die Stadt erblickte, weinte er über sie und sagte: ›Wenn doch auch du an diesem Tag erkannt hättest, was dir zum Frieden dient! Nun aber ist es vor deinen Augen verborgen. Denn es wird eine Zeit über dich kommen, da deine Feinde einen Wall gegen dich aufwerfen, dich ringsum einschließen und dich von allen Seiten bedrängen werden. Sie werden dich und deine Kinder, die in dir sind, zu Boden schmettern und keinen Stein in dir auf dem anderen lassen, weil du die Zeit deiner Heimsuchung nicht erkannt hast.‹« (Lk 19,37 ff)

Jesus reitet am Palmsonntag auf einem Esel. Das ist alles andere als königlich! Diese Geste wählt der Heiland bewusst, um das Zeichen des Propheten Sacharija zu setzen: Der Esel ist das Kennzeichen des gewaltlosen Friedenskönigs und das Bekenntnis zur Niedrigkeit der Passion. Die Volksmenge erkennt die bevorstehende Passion und die Demut Jesu nicht: »*Baruch ha ba'a!*«, rufen sie, »Gepriesen sei, der da kommt!« – Als Spätgeborene können wir uns gar keine Vorstellung davon machen, was für eine Aufbruchsstimmung und Begeisterung an diesem Palmsonntag herrschte. Der Vater erzählte es voll Stolz seinem Sohn und die Mutter ihrer Tochter: Die Prophezeiung! Die Prophezeiung geht in Erfüllung! Es ist soweit! So viele Jahrhunderte haben wir auf diesen Tag gewartet! Ein neuer Moses ist unter uns! Palmen streuen sie vor dem geduldig reitenden Messias und breiten ihre Kleider auf die Straße, damit der neue König von Israel seinen Fuß nicht beschmutze. Die Palme ist seit alters her das Symbol der politischen Unabhängigkeit, wir finden sie auf den Freiheitsmünzen der Makkabäer und in den Händen der Festpilger. Matthäus beschreibt, dass an diesem Tag auch die letzten Unwissenden vom neuen König Israels erfahren: »Viele fragten: Wer ist dieser? Die Volksscharen sagten: Das ist Jesus, der Prophet aus Nazareth in Galiläa.« (Mt 21,10 f) Die Pharisäer hatten schon alles für die Verhaftung vorbereitet und beginnen zu verzweifeln: »Da, seht dass ihr nichts ausrichtet! Alle Welt läuft hinter ihm her.« (Joh 12,19)

In diesem Augenblick fasst Jesus den über den Massenauflauf immer noch staunenden Petrus an der Schulter und bedeutet ihm, die Eselin anzuhalten. Der Tradition nach genau hier, wo wir jetzt stehen. Er blickt auf die Stadt und beginnt zu weinen. »Meister, was ist dir?« Petrus ist ganz verstört und kann sich die plötzliche Gefühlsregung des Herrn nicht erklären. So viel Jubel und Freude ringsum, so viel Begeisterung, und der Rabbi ist betrübt. Ja, es scheint als liefen sogar Tränen über seine Wangen. Die Begeisterung der Massen, das kann Petrus noch nicht wissen, ist wie Strohfeuer. Seine Landsleute, die heute »Hosanna« rufen, werden sich in nur fünf Tagen aufstacheln lassen und »crucifige!« – »Kreuzige ihn!« schreien. Jesus sieht diese Ablehnung voraus. Und die Folgen, die sie haben wird, die grausame Zerstörung der Stadt Jerusalem. Was mag Jesus in diesem Augenblick gesehen haben? Die ganze Brutalität des Frühjahres 70?

Begonnen hatte alles schon früher, im Jahr 66. Der römische Prokurator Gessius Florus, ein Nachfolger also des uns bekannten Pontius Pilatus, verlangte 17 Talente aus dem Tempelschatz. Das war der Funke ins Pulverfass, der Auslöser einer folgenschweren Revolte. Es kam zum inzwischen sprichwörtlichen »Sturm auf die Bastille«, der Burg Antonia, welche auch erobert wurde. Zudem stellte man das tägliche Opfer im Tempel für den Kaiser ein. Das kam einer Kriegserklärung gleich, das wussten auch die Juden. Zunächst war das Kriegsglück sogar auf ihrer Seite, sie konnten eine römische Legion, die von Syrien, dem nächstliegenden Armeestandort, entsandt wurde, vernichtend schlagen. Doch war ihnen klar, dass Rom eine solche Tat nicht ungestraft hinnehmen würde. In aller Eile wurde die dritte, bis dahin unvollendete Stadtmauer fertiggestellt. Mit 90 Türmen und einer Mauerhöhe von 17 Meter sollte die Schwachstelle der Stadt, die Nordseite, geschützt werden. Es war Nero, der den Befehl zu der nun folgenden Strafexpedition erließ. Dazu wählte er einen Feldherrn, der vor kurzem in Britannien erfolgreich war: Vespasian. Mit drei Legionen und 50.000 Mann Hilfstruppen zog er im Frühjahr 68 durch Galiläa und verwüstete systematisch das Land. Die Bevölkerung wurde entweder getötet oder als Sklaven verschleppt. Plötzlich kam das Unternehmen zum Stillstand: Kaiser Nero hatte sich das Leben genommen. Mit dem Tod des Regenten erlosch automatisch der Befehl an den Feldherrn. Als die Truppen des Ostens Vespasian zum Kaiser ausriefen, übertrug er seinem Sohn Titus, der ihn auf der Expedition begleitete, den

Oberbefehl und segelte nach Rom. Die Juden deuteten dies als eindeutiges Zeichen Gottes. Der Herr hat seinen Tempel nie verlassen und er wird ihn auch jetzt nicht der Hand der Feinde überliefern. »Templum Dei, Templum Dei, Templum Dei est«, heißt es beim Propheten: »Der Tempel Gottes! Der Tempel Gottes! Der Tempel Gottes!« Statt die Zeit zu nutzen sich ausländische Bundesgenossen zu suchen, tat man jedoch das Gegenteil: Drei Gruppen stritten sich untereinander um die Vorherrschaft und bekämpften sich bis aufs Blut.

Im Frühjahr 70 begann die Operation »Sturm auf Jerusalem«. Im Westen, also vom heutigen Tel Aviv aus, rückte die V. Legion an, von Osten, das heißt von Jericho und vom Jordan kommend marschierte die X., während Titus in Caesarea die Truppen der XII. und XV. Legion massierte um den Vernichtungsschlag vom Norden her zu führen.

Die Belagerung begann mit den üblichen Formalitäten: Die Römer forderten die Übergabe der Stadt, die Juden lehnten voller Hohn ab. Nach zwei Wochen hatten die schweren Mauerbrecher eine Bresche in die äußerste Mauer geschlagen, in der Vorstadt Bezeta tobte der Straßenkampf, Haus um Haus musste erobert werden. Nach fünf Tagen fiel die zweite Mauer und man stand vor der Festung um den Tempel. Titus tat nun etwas Unerwartetes: Er startete eine viertägige Truppenparade vor den Augen der noch Verbliebenen und machte anschließend ein Kapitulationsangebot. Die Zeloten lehnten ab. Sie hatten geheime und unterirdische Zugänge, durch die sie sich mit Lebensmitteln versorgen konnten. Als Titus das hörte, begann er in Rekordzeit einen Wall zu errichten und erfüllte damit wortwörtlich die Vorhersage Jesu. Die Mauer war acht Kilometer lang und von außen hatten die Römer 13 Kastelle eingefügt. Josephus, der jüdische Geschichtsschreiber und Augenzeuge, dem wir auch die minutiöse Schilderung des Untergangs der Stadt verdanken, war selber über die Geschwindigkeit der Arbeiten erstaunt, »da es die Arbeit von Monaten« war, die in wenigen Tagen vollbracht wurde.

Nun begannen die grausamste Stunden für die Belagerten. Der Erdwall machte eine Flucht fast unmöglich. Jeden, der es versuchte, kreuzigten die Legionäre unbarmherzig vor der Stadt, täglich oft bis zu 500 Menschen. Was für ein Strafgericht, wenn man bedenkt, dass die Anführer der Stadt 40 Jahre zuvor den

Menschensohn gekreuzigt hatten. Innerhalb der Mauern brachen Hungersnot und Seuchen aus, die vielen Leichen konnte man nicht begraben und warf sie zu tausenden über die Stadtmauer. Die Schlacht um den Tempel dauerte fast einen Monat. Obwohl Titus nach Beratung mit sechs seiner vornehmsten Offiziere unbedingten Befehl gab, den Tempel zu schonen, ging auch hier die Prophezeiung in Erfüllung: Kein Stein blieb auf dem anderen. Da selbst die schwersten und besten Mauerbrecher der Römer nicht in der Lage waren, die gewaltigen Quader um den Tempel zu durchbrechen, legte man Feuer an die ganz versilberten Tore. *»Das schmelzende Silber eröffnete den Flammen den Zugang zu dem hölzernen Gebälk«*, schreibt Josephus. Nachdem diese äußere Mauer erstürmt werden konnte, gab der Kaiser den Befehl zum Löschen des Brandes. Doch kam es bei den Löscharbeiten zu einem Zwischenfall zwischen den Hilfstruppen und den Kampfsoldaten. Die Löschtrupps setzten den Juden nach, die sie immer wieder angriffen und drangen so bis zum Tempel selbst vor. *»Da ergriff ein Soldat ohne den Befehl abzuwarten eine Fackel und warf sie – von einem Kameraden emporgehoben – ins Innere des Tempels. Sobald die Juden die Flammen merkten, erhoben sie ein großes Geschrei und stürzten von allen Seiten her, um zu retten, was sie vor dem Äußersten zu bewahren gesucht hatten.«* (Josephus) Titus wurde durch einen Eilboten informiert und eilte zum Tempel. *»Der Caesar wollte durch Schreien und Handbewegung den Kämpfenden zu verstehen geben, man solle löschen. [...] Doch Wut allein führte das Kommando. An den Eingängen kam es zu einem so schrecklichen Gedränge, dass viele [Römer] von ihren Kameraden zertreten wurden; viele auch gerieten auf die noch glühenden und rauchenden Trümmer der Hallen und teilten so das Schicksal der Besiegten.«* Jetzt kannte die Wut der Römer keine Grenzen mehr. Josephus beschreibt ein grässliches Bild: *»Besonders um den Altar her türmten sich die Toten in Massen auf: Stromweise floss das Blut an seinen Stufen, und dumpf rollten die Leichen derer, die oben auf ihm ermordet wurden, an seinen Wänden herunter.«*

Petrus, der an diesem Palmsonntag neben Jesus steht und ebenso treuherzig wie begeistert die Zügel des Esels in der Hand hält, konnte all das nicht sehen. Für Jesus, dessen göttliche Natur Raum und Zeit vollständig übersteigt, war es ein Einfaches, das Ereignis in einem Moment, gleichsam in einer einzigen Gesamtschau gegenwärtig werden zu lassen. Das Ende von allem war eine Rauchsäule, die noch tagelang von dem Ort aufstieg, wo einst das Herzstück der Auserwählung Gottes stand.

»Sie verstehen jetzt, warum Tränen über Jesu Antlitz rollen. Und warum diese Kirche zum Andenken an zwei Worte erbaut wurde: Dominus flevit – Der Herr weinte. Lassen sie uns weitergehen nach Gethsemani.«

23. Gethsemani: Blut, vergossen zur Sühne

Es ist schon später Vormittag, als wir den Ölgarten, auch Gethsemani genannt, erreichen. Er ist nur etwa fünf Gehminuten von der Kirche »*Domnius flevit*« entfernt. Man folgt dem mittleren Ölbergweg Richtung Stadt und findet dann linker Hand am Fuß des Berges gelegen den Garten.

»Nein jetzt nicht, wir haben keine Zeit! Das Bestaunen der uralten Olivenbäume müssen wir uns für später aufheben. Die Messe in der Kirche der Nationen beginnt um 11.00 Uhr, also bitte Beeilung!«

Wir treten in die dreischiffige Basilika der »*Agoniae Domini*«, die Todesangst-Basilika. Der Volksmund hat der 1924 errichteten römisch-katholischen Kirche den Namen »Kirche der Nationen« gegeben, weil sie mit Unterstützung von zwölf Ländern, deren Wappen an verschiedenen Stellen der Kirchendecke zu sehen sind, erbaut wurde. Das Innere wird durch die nur spärlich Licht spendenden Farbfenster, die reich verzierte Decke, das von den rötlich-glänzenden Marmorsäulen getragene Bogengewölbe und den herrlichen Apsismosaiken in ein mystisches Halbdunkel getaucht. Drei Apsiden schließen die Kirche nach Osten hin ab, deren Zahl nicht zufällig gewählt ist: Dreimal »fiel der Herr auf sein Angesicht« und bat den Vater, diesen Kelch an ihm vorübergehen zu lassen. (Mt 26,39) Auch die zwölf Apostel sind im Bau verewigt, die bekanntlich zu diesem Zeitpunkt der Passion noch anwesend waren. Daher hat die Kirche keinen Turm, wohl aber zwölf Kuppeln, was ihr Erscheinungsbild im Zusammenspiel mit der exponierten Lage freistehend im Kidrontal und der großen Westfassade am Eingang so markant macht und wodurch sie sich so gut in das Gedächtnis jedes Heilig-Land Pilgers einprägt. Antonio Barluzzi, dem italienischen Architekten – auf den wir noch zu sprechen kommen – ist wahrlich eine Meisterleistung gelungen.

Die Bilder hinter den Apsiden helfen dem Besucher, sich noch besser mit dem leidenden Herrn zu vereinen. In der Mitte – groß und auf einem Felsen kniend – Jesus in der Agonie. In der rechten, also der südlichen Apsis findet der Heiland seine Jünger schlafend, das Mosaik der Nordapsis zeigt bereits den Verrat des Judas, ein Ereignis, das sich aber nicht hier, sondern etwa

50 Meter entfernt – Lukas schreibt »einen Steinwurf« – in der Verratsgrotte zugetragen hat.

Das historisch Bedeutendste an diesem Ort ist nicht die schöne Basilika, die ja aus dem 20. Jahrhundert stammt, sondern ein fast quadratischer, 70x60 Zentimeter großer Felsen in der Mitte vor dem Altar, der zehn Zentimeter aus dem Boden hervorragt.

»Das ist der Fels, auf dem Christus der Überlieferung nach kniete, und den Vater um Erbarmen anflehte.« Die Pilger haben sich um den Stein versammelt.

»Hier hat Jesus das Unrecht aller Menschen auf sich genommen.« – »Also hier hat Jesus Buße getan«, kommentiert ein Pilger. »Nein, da muss ich Ihnen leider widersprechen. Jesus hat keine Buße getan.« Der Unterschied zwischen Buße und Sühne besteht darin, dass man Buße tut für die eigenen, persönlichen Sünden und Vergehen. Jesus war das makellose Opferlamm, ohne jeden Hauch von persönlichem Makel. Es ist dies sogar ein Zeichen seiner göttlichen Herkunft, denn er argumentiert gegenüber den Pharisäern: »Wer von euch kann mich einer Sünde überführen?« (Joh 8,46) Er konnte also keine Buße tun, wohl aber Sühne leisten. Sühne ist Wiedergutmachung für die Sünden eines anderen. Man bezahlt für diese Person. Genau das hat Jesus hier getan. Er hat für uns Wiedergutmachung geleistet. Er hat das Unrecht, das ihm zugefügt wurde, akzeptiert und angenommen als Lösepreis für die Menschheit.

Mein Mitbruder steht bereits in einem roten, gotischen Messgewand am Altar und zelebriert ernst und feierlich. Dieser Fels hat das Zwiegespräch Jesu mit dem Vater mitangehört. Es war Jesus, als würde der Vater zu ihm sagen: »Du hast das getan! All diese Sünden, vom Brudermord des Abel bis zur letzten Missetat am jüngsten Tag. Alles ist Deine Schuld!« – »Vater! Lass diesen Kelch an mir vorübergehen.«, hören wir Jesus flehen. – »Du musst diesen grässlichen Trank aus aller Boshaftigkeit dieses Menschengeschlechtes trinken. Es ist als wäre es Deine eigene Schuld!« – »Warum?« – »Damit Erlösung geschehe! Sühne für die Menschheit« (vgl. Lk 22,39)

Mein Mitbruder ist bereits bei den Wandlungsworten über den Kelch. Das Blut Christi wird in mystischer Weise gegenwärtig an dem Ort, wo es zum ersten Mal vergossen wurde.

Die modernen Theologen haben versucht, das Wort Sühne zu entfernen, und merken gar nicht, dass schon die Wandlungsworte selbst die Sühne enthalten: »Das ist mein Blut, das für Euch und für Viele vergossen wird **zur Vergebung der Sünden**.« Das ist die höchste Form der Sühne, die Hingabe des eigenen Blutes, das heißt seines Lebens.

In der ganzen Frage der Bewertung der nachkonziliaren Mahlfeier, die man wenig korrekt auch ›Neue Messe‹ nennt, geht es eigentlich um ein einziges Wort: Die Sühne.

Gott loben, danken und bitten ist alles gut und schön. Aber es ist zu wenig. Allumfassende Sühne leisten konnte nur der Gottmensch. Den Wert der Sühne haben bereits die Altvorderen erkannt, wie wir auf dem Tempelplatz gesehen haben: Das Herzstück der jüdischen Gottesverehrung, des Tempelopfers, war die Sühne.

Das Tempelopfer fand seine Erfüllung im Akt der größten Sühne, dem Tod des Gottessohnes am Kreuz. Dieses Kreuzesopfer wiederum findet seine Fortsetzung durch die Jahrhunderte im Geheimnis des täglichen Messopfers.

Zweimal jedoch haben die Christen im Lauf der Geschichte das Sühneopfer bereits verloren.

Zum ersten Mal in den Wirren des Protestantismus. Es dauerte eine Weile, bis klar wurde, dass der protestantischen Mahlfeier das Wesensmerkmal der Sühne fehlte. Umso klarer hat es daher das Konzil von Trient als Antwort auf die Irrlehre Luthers definiert: »Wenn jemand sagt, das Messopfer sei nur ein Lob- und Danksagungsopfer, oder eine bloße Erinnerung, nicht aber ein Sühnopfer, der sei im Banne.« (Can. 3)

Zum zweiten Mal wurde der Sühnebegriff verdummbeutelt im Kielwasser des Konzils, in der Aufbruchsstimmung der 60er Jahre. Die neue Devise lautete: Es geht um den Menschen. Oder wie es in Gaudium et Spes heißt: »*Es ist fast einmütige Auffassung der Gläubigen und der Nichtgläubigen, dass alles auf Erden auf den Menschen als seinen Mittel- und Höhepunkt hinzuordnen ist.*« (Nr. 12) Mit der Einführung der nachkonziliaren Mahlfeier in der treuen Nachfolge dieses Konzilsgedankens setzte man den Menschen in den Mittelpunkt und ließ alle Hinweise auf den Sühnecharakter des Opfers verschwinden. Dafür verstärkte man wie beim Protestantismus die drei restlichen Eigenschaften des göttlichen Kultes: Gott preisen, danken und bitten.

Fátima 1917, fünfzig Jahre vor dem Konzil. Drei Hirtenkindern erscheint die Gottesmutter und ermahnt sie vor allem zu einem: Zur Sühne! Sie zeigt den Kindern die Hölle: Helft den Menschen zur Buße! Rettet die Sünder, Kinder. Hat die weise Mutter der Vorsehung schon die letzten Jahrzehnte dieses Jahrhunderts vor Augen, da die Bischöfe und Priester nicht mehr an die Hölle glauben werden? Da sie das Wort Sühne und Sünde und ewige Verdammnis aus ihren Predigten streichen werden? Der Herz-Maria-Sühneaufruf ist wie ein himmlischer Gegenpol zur »Lob-Dank-Bitte-Stimmung« nach dem Konzil..

»Russland wird seine Irrtümer überall verbreiten«, warnt die Gottesmutter.

Wie kommt es, dass das vielgerühmte Pastoralkonzil im wichtigsten Punkt der Sorge um den Menschen völlig versagt hat? Seelsorge hat zwei wesentliche Elemente: Der Hirte muss den Schafen die gute Weide zeigen, aber ebenso nachdrücklich muss er vor dem Wolf warnen. Warum hat man nicht mit einem einzigen Wort Russland erwähnt und den dort herrschenden Kommunismus verurteilt? Der Kommunismus war zur Zeit des Konzils die größte atheistische Macht der Welt. Millionen von Christen litten weltweit unter der Verfolgung in kommunistischen Regimen auf dem ganzen Erdkreis. Die Aufarbeitung dieser Problematik wäre die Mindestanforderung eines Konzils in dieser Epoche gewesen. Stattdessen wurde der Kommunismus nicht einmal erwähnt – angesichts der unzähligen christlichen Märtyrer in russischen Arbeitslagern ein Skandal.

Man muss noch eine Stufe tiefer gehen und fragen: Warum wurde denn der Kommunismus auf dem II. Vatikanum nicht verurteilt? Die Antwort ist erschütternd und es mag sein, dass dieser Aspekt bislang zu wenig Beachtung gefunden hat. Weil die Kirche selbst einem versteckten Kommunismus zum Opfer gefallen ist: Russland hat seine Irrtümer überall verbreitet, prophezeit die Gottesmutter. Das Wort »überall« gilt auch für das Innere der Kirche!

Man muss es einmal ganz offen sagen: Wir haben uns doch Jesus sozialismusgerecht zurechtgestutzt. Jeder findet ihn nett, den neuen Jesus des 20. Jahrhunderts. Er ist so sozial, so fürsorglich, er denkt an die anderen. Er zeigt uns, wie ein fröhliches Miteinander, ein rücksichtsvolles Zusammenleben funktionieren kann. Wir sind alle Geschwister des sozialen Jesus. Alle Sakramente wurden auf den Aspekt der Gemeinschaft hin umgemodelt. In der Taufe werden wir eingegliedert in der Gemeinschaft der Glaubenden, in der Messe feiern wir die Gemeinschaft mit Jesus, in der Beerdigung trösten wir uns gegenseitig, dass jemand die Gemeinschaft verlassen hat, wohin ist nicht von Belang, Hauptsache es gibt Trost. Als »Dienst Gottes an den Menschen« bezeichnet man die moderne Liturgie.

Die Ursünde des Kommunismus war und ist eine: Die Errichtung eines diesseitigen Paradieses ohne Gott mit dem Menschen als Mittelpunkt. Die Ursünde der nachkonziliaren Verkündigung ist die Errichtung eines diesseitigen Paradieses mit Jesus unserem Bruder.

Was für ein Aufschrei wird eines Tages den katholischen Erdkreis erschüttern, wenn die wenigen noch verbliebenen Katholiken erkennen werden, dass man mehr als fünfzig Jahre lang Jesus, den Eingeborenen des Vaters zum passablen Sozialreformer degradiert hat, und alle Welt darauf hereingefallen ist.

Das Blut Jesu ist immer noch im Kelch auf dem Altar. Bald werde auch ich hier zelebrieren. Die Pilger kommunizieren schon in der ersten Messe. Es bleibt mir noch Zeit, ein wenig vom lebendigen Wasser zu trinken, das aus der Seite des Herzens Jesu fließt.

Lebendiges Wasser lässt den Geist immer tiefer in alle Zusammenhänge eindringen. So lautet die nächste Frage: Warum braucht es überhaupt Sühne? Genügt es denn nicht, dass wir Gott loben und preisen und ihm danken? David hat doch auch mit Harfe und Zither Gott gepriesen.

Der tiefste und eigentliche Grund der Sühne besteht in der Sündhaftigkeit des Menschen. Genau davon will aber der aufgeklärte und selbstbestimmte Mensch nichts mehr hören. Gewiss, so sagt man uns heute, der Mensch macht zwar nicht immer alles richtig, aber Sünde? Wer von uns begeht heute noch eine schwere Sünde? Wir tun doch alle nichts Böses. Wir sind doch alle so lieb. Das Wort Sünde ist aus dem Katalog der Alltagssprache gestrichen, es existiert nur noch in Nischenkombinationen von »Umweltsünder« und »Verkehrssünder«.

»Todsünder gegen Gottes Gebot« gibt es längst nicht mehr. Das mangelnde Sündenbewusstsein des Einzelnen findet seinen Kulminationspunkt in der Leugnung der Erbsünde. Von der Leugnung der persönlichen Sünde ist es nur ein kleiner Schritt zur Leugnung dieser Urschuld der Menschheit. Man ist selbst ein guter Mensch, und der Mensch an sich ist natürlich auch gut. Alle Menschen der Erde sind doch so gut und so lieb und niemand würde jemand anderem etwas Böses zufügen, oder? Welche Erbsünde also?

Man kann bei diesem omnipräsenten Irrtum gar nicht anders, als den wortgewaltigen Reaktionär und Meister der Aphorismen zitieren, Nicholás Gómez Dávila, welcher zu sagen pflegte: »Man kann die Welt einteilen in Menschen, die an die Erbsünde glauben und die Schwachköpfe«.

Aber man muss noch tiefer gehen und fragen: Warum will man unbedingt die Erbsünde leugnen? Hier kommt der Punkt, an dem die Schlange anfangen muss zu sprechen: »*Eritis sicut Deus*« – »Ihr werdet sein wie Gott«. Dieser Satz bricht Eva und dem neben ihr versagenden Adam das Genick. Die Ursünde des Menschengschlechtes ist der Stolz. Denn wer gottgleich ist, braucht nicht wie ein Wurm im Staub zu kriechen und sich einen »armen Sünder« nennen. Der kann sich selbstbewusst hinstellen und sagen: Ich brauche das alles nicht, ich bin von mir aus vollkommen. Statt durch die Barmherzigkeit Gottes erlöse ich mich aus eigener Machtvollkommenheit!

Meine Hände gleiten langsam und zart über den Felsen. Hier lagst Du, o mein Jesus, im Staub wie ein Wurm. Hier hast Du für unseren Hochmut Sühne geleistet. Herr, um Deiner Vernichtung auf diesem Steine willen bewahre uns vor der Ursünde Luzifers! Hilf uns, dem Ruf Deiner Mutter zu folgen und Sühne zu leisten für den Hochmut der Welt.

24. Wenn die Ölbäume sprechen könnten

»Herr Pater, wie sicher ist denn dieser Felsen historisch gesehen? Hat Jesus wirklich hier gekniet und gebetet, wenn doch die Kirche erst aus dem 20 Jahrhundert stammt?« Die Danksagung ist beendet und wir nützen die Zeit um noch ein wenig die Basilika zu besichtigen »Oh, dieser Ort ist historisch sicher belegt, sehr sicher sogar.«

Da ist zunächst das Zeugnis der Evangelisten, die uns genau sagen, wohin Jesus sich zurückzuziehen pflegte. Normalerweise ging er des Abends nach Bethanien, um im Haus des Lazarus und seiner beiden Schwestern zu übernachten. An diesem Donnerstagabend bleibt Jesus jedoch in der Nähe der Stadt, aus einem einfachen Grund: In der Paschanacht mussten alle Festpilger am Ort des Pascha-Mahles verweilen. Damit dies möglich wurde, erklärte man die an die Stadt angrenzenden Bezirke zum »Groß-Jerusalem«, das sich bis nach Bethfage erstreckte. Bethanien jedoch lag außerhalb dieser Grenze. Zudem schildert Johannes uns genau den Weg, welchen Jesus nach dem Abendmahl einschlug: »Nach diesen Worten ging Jesus mit seinen Jüngern hinaus über den Winterbach Kidron. Dort war ein Garten. Den betrat er mit seinen Jüngern.« (Joh 18,1) Johannes spricht hier ein wenig poetisch vom Garten; Matthäus und Markus nennen Gethsemani ein Landgut, denn zur Zeit Jesu befand sich dort ein Gehöft mit einer Ölkelter zur Olivenpresse, wovon der Name Gethsemani sich ableitet: »Gat Schamim« heißt »Ölpresse« auf Hebräisch.

Ganz in der Nähe des Ölgartens, in dem wir uns jetzt befinden, verbirgt sich eine Naturhöhle, welche Jesus und den Jüngern eine sichere Unterkunft für die Nacht bieten konnte. Diese Grotte trägt den Namen »Verratsgrotte«, wir werden sie anschließend besuchen. Damit lässt sich das Geschehen genau rekonstruieren: Jesus begibt sich nach dem Abendmahl nach Gethsemani, was zugleich das Stichwort für Judas bedeutete. Dieser Ort war auch ihm wohlbekannt und er konnte davon ausgehen, dass Jesus heute nicht nach Bethanien weiterziehen werde, aus dem bereits erwähnten Grund. Während also Jesus und die Jünger über die Treppe vom Sionsberg herab zum Ölberg schreiten, sehen wir Judas zum Hohen Rat eilen, um ihnen den Ort der Gefangennahme mitzuteilen. Johannes kommentiert den Verrat des Judas mit dem Satz: »Es war Nacht.« (Joh 13,30) Im Ölgarten selbst spielen sich die Ereignisse an drei Stellen ab: In der Grotte bereiten sich die acht restlichen Jünger wohl bereits zur Nachtruhe vor, die drei auserwählten Jünger Petrus, Jakobus und Johannes folgen dem Meister ein wenig abseits zum Olivenhain direkt vor der Kirche, wo noch heute die uralten Olivenbäume zu sehen sind. Jesus selbst ging nun nochmals »einen Steinwurf weit«, wie Lukas berichtet und kniete somit auf diesem Felsen hier.

»Warum gibt es denn an dieser Stelle keine ältere Kirche? Was war denn vor der Kirche der Nationen hier?« – »Das ist eine jener Geschichten, welche die Wissenschaft der Archäologie im Heiligen Land so spannend machen. Hören Sie zu!« Im Jahr 1361 erhielten die Franziskaner von Papst Innozenz VI. den Auftrag, im Tal Josaphat, ein anderer Name für das Kidrontal, ein Kloster zu errichten, um die Heiligtümer, also den Garten mit den Olivenbäumen und die besagte Verratsgrotte zu betreuen. Der Bau des Klosters konnte nicht durchgeführt werden, denn der muselmanische Besitzer benutzte die Höhle für seine Haustiere. Dennoch erlaubte er die Nutzung für den Gottesdienst, was – wie man sich denken kann – mit mancherlei Unannehmlichkeiten verbunden war. Schon damals wusste man aber, dass hier auf dem Olivenhain einmal eine Kirche gestanden hatte. Die Pilgerin Aetheria erwähnt in einem Bericht eine »ecclesia elegans« eine »elegante Kirche« am Fuß des Ölbergs, die auch Hieronymus († 420) kennt.

Wo war diese Kirche? Wo sind die Grundmauern derselben? Die Franziskaner, die 1681 in den Besitz der Grotte und des Ölgartens gelangen konnten, machten im Herbst 1891 eine eigenartige Entdeckung. Man wollte eigentlich nur einen Komposthaufen anlegen und entdeckte beim Ausheben der Erde antike Mauerreste. Die runde Form ließ auf eine Apsis schließen, zudem fand sich eine Inschrift in kufischer Sprache. Die Sensation verbreitete sich in Windeseile, doch die Franziskaner ließen die Stelle sofort wieder zugraben. Man befürchtete administrative Schwierigkeiten mit der türkischen Regierung und tat, wie im Evangelium geheißen: »*Das Himmelreich ist gleich einem Schatz im Acker. Der ihn findet, vergräbt ihn und hält es geheim. Dann kauft er den Acker.«* (Mt 13,44) Am 1. März 1909 war es dann soweit: Frater Lukas Thönnessen OFM legte eine Kirche aus dem 12. Jahrhundert frei, welche augenscheinlich die Kreuzfahrer hier im Ölgarten errichtet hatten, die aber vollständig zerstört und der Vergessenheit anheimgefallen war. Man wollte schon an die Arbeit gehen und über dieser Kreuzfahrerkirche die neue errichten, als der Architekt Barluzzi eine weitere merkwürdige Entdeckung machte: Eine einzelne Mauer ließ sich nicht in den Verlauf des übrigen Grundrisses der Kreuzfahrer einordnen, sie war nicht wie alle anderen geostet, sondern verlief in ca. 15 Grad Abweichung nach Nord-Osten. Seiner Weitsicht verdanken wir es, dass die Baustelle bis auf weiteres eingestellt wurde. Er beschloss vor weiteren Baumaßnahmen zunächst der Sache mit der eigentümlichen Mauer auf den Grund zu gehen. Er ließ die Grabungen fortsetzen, und zwar genau in der Richtung, auf welche die Mauer hinwies. Die Überraschung war groß: Zwei Meter unter dem Niveau der Kreuzfahrerkirche stießen die Archäologen auf einen herrlichen Mosaikboden, der exakt zu der abweichenden Mauer passte. Nach kurzem war klar: Man hatte die allererste Kirche über Gethsemani entdeckt, die Hieronymus und Aetheria gesehen hatten: Die »ecclesia elegans«. Sie war wahrscheinlich unter Theodosius I. (379–395) erbaut worden und erstreckte sich über eine Länge von 25 Metern und 16 Meter Breite. Den Abschluss bildeten – so wie bei der heutigen Kirche – drei Apsiden. Sie wich von der Kreuzfahrerkirche um genau 13 Grad nach Norden ab, um etwas in den Mittelpunk zu setzen, was den Kreuzfahrern entgangen sein musste: Den Felsen, auf dem Jesus Blut geschwitzt hat, und wo wir soeben das heilige Messopfer zelebrieren durften.

»Doch nun zeige ich Ihnen die Ölbäume und die Verratsgrotte. Bitte folgen Sie mir.« Wir spazieren durch den von den Franziskanerbrüdern zierlich angelegten Ölgarten, mit seinen weißen Sandwegen und den uralten, knorrigen Ölbäumen. »Olea europea«, zu Deutsch »Ölbaum«, gehört zur Familie der *Oleaceae* und wird seit dem 4. Jahrtausend v. Chr. als Nutzpflanze kultiviert«, erkläre ich den Pilgern. »Das haben Sie gegoogelt, Herr Pater!«, sagt eine Jugendliche aus der Pilgergruppe. – »Na und? Ein guter Fremdenführer bereitet sich eben vor«, lache ich.

Das Besondere am Ölbaum ist aber nicht nur sein überaus wertvolles Öl, sondern auch sein Alter. Ein Ölbaum braucht viel Zeit zum Wachsen und wird daher im Schnitt viele hundert Jahre alt. Auch über tausend Jahre sind keine Seltenheit: Das älteste bekannte Exemplar befindet sich auf Kreta und wird auf 4000 Jahre geschätzt, ein über 1700 Jahre alter Ölbaum steht in Tarragona. »Sie sehen also« – ich deute dabei auf die dicken, knorrigen Stämme mit den feinen Blättern – »diese Bäume dürften jene Nacht erlebt haben, da Petrus und Johannes und Jakobus schliefen.«

Nach dieser Erklärung sind die Pilger nicht mehr zu halten. Zu faszinierend sind die uralten Stämme mit den saftig grünen, öligen Blättern. Auch mich überkommt das sonderbare Gefühl, als wollten die knorrigen Äste etwas sagen. Es scheint fast, als könnten sie den Anfang der Leidensgeschichte erzählen, denn immerhin haben sie ihn ja persönlich miterlebt. Sie haben die verdutzten Gesichter der Apostel gesehen, die nicht mehr wussten, was geschieht. Ihr Meister, sonst immer souverän und völlig unantastbar, steht plötzlich zitternd und schwach und bleich vor ihnen. »Raba'na ma karia allak?« – »Herr, was ist mit dir?«, fragt Petrus erschrocken. Und einmal, ein einziges Mal suchte Jesus eine Schulter, um sich anzulehnen. Einen Freund, der ihn tröstet. Einen Kameraden, der ihm beisteht. Petrus hätte dieser Freund sein sollen, aber Jesus will auch dieses nur allzu menschliche Drama erleiden: Sein Freund schläft. So ist im Nachtwind, der sanft durch das Kidrontal streicht, nur das leise Rauschen der Ölbaumblätter zu vernehmen. Nur sie, die Ölbäume, nehmen Anteil an den ersten Leidensstunden Jesu. Aber sie können nicht sprechen, sie können ihn nicht trösten. Weiter hinten, dort wo Jesus betet, gewahren sie einen Lichtstrahl. Da die Menschen versagen, sendet Gott einen Engel als Geschöpf des Himmels, das Trost spendet. Am liebsten würden sie laut aufschreien. Aber sie können nicht, denn Gott der Herr hat ihnen wohl Leben, aber keine Sprache gegeben. Dafür aber wird ihre Mutter, die Erde, die Stadt erbeben lassen. Wenn das Lamm gestorben ist. Und ihre Schwester, das Licht, wird nicht mehr scheinen und zur Finsternis werden. Und ihr Bruder, der Felsen, wird sich das Gewand zerreißen im Angesicht dessen, was die ganze Stadt Jerusalem nicht begreift und sogar die neugeweihten Priester und Bischöfe verschlafen: Das Lamm, das zur Schlachtbank geht.

Es ist, als hätten die Ölbäume damals mit Gott gerechtet und gehandelt. Als hätten sie Gott selbst gefragt, warum es denn ihnen, den Ölbäumen, verwehrt sein soll, Zeugnis zu geben, wo doch sogar die unbelebte Natur reden dürfe! Und Gott hat ihnen geantwortet: Auch ihr werdet Zeugnis geben, meine Ölbäume. Ich will euch ein Leben geben, länger als jeder anderen Kreatur der Erde. Durch euer stummes Zeugnis sollt ihr immer dort stehen, wo mein geliebter Sohn sein bitt'res Leiden einst begonnen hat. Nach euch soll der Garten benannt sein, wo sich das zarte Fell des Lammes zum ersten Mal rot färbte, und ihr, ihr Ölbäume, sollt den Ort dieses Andenkens immerdar behüten und bewahren als treue Wächter. Damit waren die Ölbäume sehr zufrieden und stehen noch heute als stumme, aber lebendige und treue Zeugen des ersten Karfreitags der Weltgeschichte.

Mittlerweile sind die Pilger vom Rundgang durch den Ölgarten zurückgekehrt. »Und wo waren die anderen Jünger?«, fragen sie mich. Um diese Frage zu beantworten, betreten wir eine Felsengrotte. Sie ist nur wenige Schritte von den tausendjährigen Ölbäumen entfernt, auf der gegenüberliegenden Straßenseite. »Hier gedenkt man der unseligsten Tat der Menschheitsgeschichte.« »Judas, elende Krämerseele«, singt die Liturgie, und Dante, der ja bekanntlich höchstpersönlich eine Reise durch die Gefilde der Hölle gemacht hat, findet in der tiefsten Verdammnis Luzifer selbst, der gerade zwei Seelen zerkaut: Den Verräter an der himmlischen Ordnung, Judas, und den Verräter an der irdischen Ordnung, Brutus.

Die Höhle selber ist einfach, an den Wänden sind da und dort Malereien aus den ersten Jahrhunderten und Mosaikreste. Man erreicht sie über einen langen schmalen Gang östlich vom Vorhof des Grabes Mariens, wo in alter Zeit eine byzantinische Kirche stand, die Sultan Saladin zerstören ließ. Über eine Reihe von Stufen steigt man in die unregelmäßige Felsgrotte hinunter, sie ist etwa 19 Meter lang, 10 Meter breit und 3,5 Meter hoch. Das Licht strömt durch eine quadratische Öffnung der Decke in ihr Inneres.

»Freund, wozu bist du gekommen?« Es ist so, wie Thomas von Aquin erklärt: Jesus wollte wirklich jede Art von Schmerz in seinem Herzen empfinden. (III q.46 a.5) Das von bekannten und geliebten Menschen zugefügte Leid ist noch viel schmerzhafter als von Fremden. Judas war nicht nur ein guter Bekannter, er war einer von den Zwölfen, ein Alumne Jesu, ein Priesteramtskandidat, ein zukünftiger Bischof. Der Verrat des Judas ist und bleibt unbegreiflich. War es Geldgier allein? Zu Recht bemerkt Kroll, dass es dann einfacher gewesen wäre, mit der Kasse zu flüchten, die weit mehr enthalten haben dürfte als 30 Silberlinge. War es Unzufriedenheit mit der nicht eintretenden irdischen Herrschaft? Wollte er unbedingt ein hohes Amt bekleiden? In jedem Fall bewahrheitet sich auch bei ihm ein uralter Grundsatz allen menschlichen Handelns: »Nemo repente fit pessimus« – »Niemand wird plötzlich gänzlich schlecht.« Johannes beschreibt seine Unehrlichkeit und seine Missgunst: »*Das sagte er aber nicht, weil ihm an den Armen etwas lag, sondern weil er ein Dieb war; er führte nämlich die Kasse und unterschlug die Einnahmen.*« (Joh 12,6) Am Anfang war es vielleicht nur eine Ungenauigkeit bei der Abrechnung, dann kleinere Beträge, irgendwann recht ansehnliche Summen. Er war zum Dieb geworden. Schlussendlich verkauft er den Gottessohn an die Pharisäer. Aus kleinen Sünden wurden schwere Sünden, aus schweren Sünden wurde ein Laster, aus dem Laster wurde Verblendung, in der Verblendung wurde er zum Werkzeug der Finsternis: »Es war bei einem Mahl. Der Teufel hatte Judas Iskariot, dem Sohn Simons, schon den Gedanken eingegeben, ihn zu verraten.« (Joh 13,2) Man kann nicht zwei Herren dienen. Eine Zeit lang ist es wohl möglich, aber irgendwann führt Gott selbst die Entscheidung herbei. »Was du tun willst, tue schnell.« (Joh 13,27) Eines Tages fällt das Leben des Menschen auf die eine oder andere Seite des Abgrundes, der Lazarus und den reichen Prasser auf ewig trennt.

Spätestens hier müssen wir die Heilige Schrift schließen und tief durchatmen. Wer jetzt denkt: »Gott sei Dank, bin ich kein Verräter«, der ist schon mit einem Bein auf dem Weg des Judas. Hat nicht Petrus dasselbe gedacht, ja laut ausgesprochen: »Herr, ich bin bereit mit dir ins Gefängnis und in den Tod zu gehen!« (Lk 22,33) Er hat Christus verraten, dreimal, aus peinlicher Furcht vor einer Magd. Da braucht es keine Beschönigung, die Menschenfurcht des Petrus und die Geldgier des Judas sind nicht weit entfernt, das eine wie das andere ist schändlich. Nur das Ende ist verschieden: Judas erhängte sich, Petrus bereute.

Natürlich hätte auch des Judas Sünde Verzeihung gefunden. Aber der Böse trieb ihn von der Verblendung zur letzten, unverzeihbaren Sünde, der Sünde wider den Heiligen Geist: Die Verzweiflung, welche im Selbstmord endete.

Das lässt uns erzittern und erschaudern. Bis zum letzten Atemzug sind wir nicht sicher vor uns selbst. Sind wir Petrus oder Judas? Wir sollten es lieber so halten wie ein französischer Seminarist, der auf den Kelch seiner Weihe die Worte hat gravieren lassen: »L'un de vous me livrera.« – »Einer von euch wird mich verraten.« (Mt 26,21) Als immerwährende Warnung vor seiner eigenen Schwachheit, die erst in der Gnade stark wird. »Denn die Kraft kommt in der Schwachheit zur Vollendung« (2. Kor 12,9)

25. Die Oberstadt auf dem Berg Sion

»Auf zur Oberstadt! Die Zeit ist kostbar, denn morgen fahren wir nach Bethlehem und übermorgen geht es schon nach Hause.« – »Sprechen Sie nicht davon, Herr Pater. Wir wollen hier bleiben, es ist zu schön, all das!« – »Tout ça«, wie die Franzosen sagen: »All das.« Das haben sich auch viele reiche jüdische Gelehrte und Kaufleute aus allen Jahrhunderten gesagt und beschlossen, für immer hier zu bleiben. Hier im Kidrontal, das seit dem 4. Jahrhundert auch Tal Joschafat genannt wird, liegt nämlich einer der ältesten Friedhöfe der Welt. Noch heute lassen sich Juden aus aller Welt hier bestatten, wegen der Ankündigung des Propheten Joels, der schreibt: »*Ich [Gott] werde alle Völker versammeln und hinabführen in das Tal Joschafat. Dort werde ich ins Gericht gehen mit ihnen wegen Israels, meines Volkes und Eigentums. [...] Auf ihr Völker! Zieht ins Tal Joschafat! Denn dort will ich zu Gericht sitzen über alle Heidenvölker ringsum.*« (Joel 4,2.12)

»Das Weltgericht am Ende der Zeiten findet also genau hier statt.« Die Pilger bestaunen mit mir das Gräberfeld, das ganz nach jüdischer Art aus erhöhten Steinsarkophagen besteht. Der Ulmer Dominikaner Felix Faber hat im Jahr 1483 ebenfalls das Tal Joschafat durchschritten – »vom Sankt-Stefans-Tor sind wir gegangen in das Tal Joschafat« – und er kommt zu der Feststellung, die einfach nur ein Schwabe machen kann: »*...und nahmen wunders, dass alle Menschen, die je gewesen sind in das Tal kommen müssen zu dem jüngsten Gericht, da es doch nicht so groß ist, dass drinnen könnten stehen alle Menschen allein aus Schwaben.*« Auf gut Schwäbisch: »Hajo, do hond jo net amol mia Schwobe g'nug Platz zum schtande, wia sellet denn elli Leit vo da ganze Welt do noi basse?« Für alle des Schwäbischen nicht mächtigen Leser: »Da haben ja nicht einmal wir Schwaben genügend Platz zum Stehen, wie könnte es da wohl für alle Menschen der Erde ausreichend sein?«

Tja, das wird sich sicherlich am Jüngsten Tag zeigen, aber eins weiß ich bestimmt, nachdem ich neun Jahre in Stuttgart verbracht habe: Für die Schwaben wird es beim Jüngsten Gericht sicher »au no oi Plätzle gäbe«.

Unser Weg führt uns vorbei an drei Gräbern, die noch aus der Zeit Jesu stammen: Das Abschalomgrab, das Grab des Jakob und die Zacharias-Pyramide. Ihre Namen stammen zwar aus späterer Zeit, doch sie waren Zeugen, als Jesus nach der Gefangennahme zur Oberstadt hinaufgeführt wurde. »Die Treppe, die wir jetzt betreten, stammt aus der Zeit Jesu, man könnte sagen: die ›santa scala‹ von Jerusalem.«

Über diese Treppe, die auch der gefangene Heiland heraufgezerrt wurde, erreichen wir die Kirche St. Peter in Gallicantu, Sankt Peter vom Hahnenschrei, welche des Verrates Petri gedenkt, den wir schon in der Judasgrotte betrachtet haben. Der Überlieferung nach ist hier der Ort der Reue Petri: »Und Petrus ging hinaus und weinte bitterlich!« (Mt 26,75) Die Kirche wurde 1932 von den Assumptionisten über einem unterirdischen Keller erbaut, einer Grotte von 4 Metern Länge. Sie folgten dabei den Spuren einer alten Kreuzfahrerkirche, welche im Mittelalter hier stand, später aber verfallen ist. In den unterirdischen Räumen glaubte man, Überreste des alten Kaiphas-Palastes entdeckt zu haben. Damit würden die Galerien als Wachräume für die Soldaten gedient haben, und demnach könnte die tiefe Grube, welche man heute dort besichtigen kann, als das Gefängnis angesehen werden, in dem Jesus nach dem ungerechten Prozess des jüdischen Synedriums auf die Verurteilung am Morgen durch Pilatus warten musste. Doch ist diese Zuordnung der Assumptionisten nur schwer zu halten, denn vor allem die Quellen sprechen dagegen: Sie belegen für diesen Ort einzig und allein die Reue des Petrus, wie der griechische Mönch Epiphanus (750) schreibt. Dennoch mögen die alte Zisterne und das Mauerwerk, das mit Sicherheit aus der Zeit Jesu stammt, einen guten Eindruck geben, wie ein Verlies damals ausgesehen haben könnte.

Von Sankt Peter in Gallicantu geht es weiter den Berg hinan, hinauf nach Sion! »Lauda Sion Salvatorem«. Ja, das ist jener berühmte Berg Sion, ein Ortsteil von Jerusalem, der wegen seiner geschichtlichen Bedeutung und seiner Lage oft stellvertretend für die ganze Stadt Jerusalem gebraucht wird. Ferner bedeutet er das auserwählte Volk Gottes im Alten Bund und im Neuen Bund die katholische Kirche, die wir unter diesem Namen in vielen Hymnen und Liedern preisen.

Zwei Kirchen zieren heute den Sionsberg, der Abendmahlssaal und die Dormitio-Abtei der Beuroner Benediktiner. Der Abendmahlssaal ist eigentlich ein Raum im ersten Stock eines Gebäudes, das für die Christenheit von historischer Wichtigkeit ist, wie wir gleich sehen werden. Im Erdgeschoß darunter verehren die Juden das Grab Davids, drüber erhebt sich das Minarett und die Kuppeln der moslemischen Stätte »Nebi Dauid« (Prophet David). Wenn es also eine noch geballtere Dichte von Weltanschauungen gibt als auf dem Tempelberg, dann hier auf dem Sionsberg.

»Leider muss ich ihnen gleich reinen Wein einschenken«, sage ich, als wir den schmucken, kleinen Saal im spätgotischen Stil betreten. »Das ist sicher nicht der Ort des Abendmahls, weder dem Gebäude nach, noch der Lage nach. Beginnen wir mit dem Gebäude: Der Raum stammt aus dem Hochmittelalter, was Sie am Baustil unschwer erkennen können.« Im Jahre 1228 kamen die Franziskaner zum ersten Mal nach Jerusalem. Wir besitzen noch das Original eines Schutzbriefes vom 11. Juli 1309, in dem der Sultan »*den Strickbrüdern im Kloster auf dem Sion, am Heiligen Grab und in Bethlehem alle Privilegien bestätigt, die ihnen von seinen Vorgängern verliehen worden waren.*« Ein Kaufbrief bestätigt den Erwerb eines kleinen Grundstückes auf dem Sion durch Margarita von Sizilien im Jahr 1335, welches sie den Franziskanern schenkte, die ihrerseits den Abendmahlssaal in seiner heutigen Gestalt errichteten.

Wir sehen uns den vollständig unmöblierten Saal in aller Ruhe an, der in seiner schlichten gotischen Eleganz etwas ungemein Edles und Erhabenes ausstrahlt. »Aber wie kann das sein? Der Abendmahlssaal ist ja eigentlich die älteste Kirche der Welt? Warum hat man das Andenken daran nicht bewahren können?« – »Das ist leichter beantwortet, als Sie glauben«, entgegne ich und greife zur Heiligen Schrift. »Wer von ihnen weiß noch, wie Jesus das letzte Abendmahl vorbereiten ließ?« – Tiefes Schweigen. – »Na ja, wie immer. Dann hören Sie bitte gut zu!«

»*Wenn ihr in die Stadt hineinkommt, werdet ihr einem Mann begegnen, der einen Wasserkrug trägt.*« (Lk 22,10)

Dieser auf den ersten Blick völlig banale Satz birgt gleich zwei verschlüsselte Hinweise, der erste ist uns bereits in Qumran klar geworden: Bei dem Mann mit dem Wasserkrug handelt es sich höchstwahrscheinlich um einen Essener.

Der zweite Code, den Jesus verwendet, besteht im Satz selbst. Warum sagt er nicht einfach, geht in dieses oder jenes Haus in Jerusalem? Weil Jesus den Ort nicht verraten wollte. Er wusste, dass Judas schon auf eine Gelegenheit wartete und die Angabe des genauen Ortes hätte eine Steilvorlage für seinen diabolischen Plan bedeutet. Daher spricht Jesus den Namen und die Lage des Hauses nicht aus, sondern gibt den beiden Aposteln diesen kodierten Auftrag, sie werden jemanden treffen, der werde wissen, wohin sie gehen sollen. So konnte Judas unmöglich den Ort des Abendmahls zu früh erfahren. Jesus wollte ein letztes Mal mit seinen Jüngern ungestört sein, um ihnen das denkbar schönste Abschiedsgeschenk zu hinterlassen: Seinen kostbaren Leib und sein kostbares Blut in der Eucharistie.

Und so ist es geblieben bis auf den heutigen Tag: Der Ort ist uns unbekannt.

Einzig das Detail mit dem Wasserkrug lässt uns vermuten, dass es eben hier in der Nähe war, denn die besagte Treppe aus der Zeit Jesu führt hinunter zum Teich Schiloach, wo man Wasser zu holen pflegte. Das ist aber auch schon alles. Die Tradition schweigt und lässt uns 400 Jahre vollständig im Dunkeln. Erst ein Armenisches Lektionar (zwischen 417 und 439) erwähnt zum ersten Mal einen Wortgottesdienst zum Gründonnerstag auf dem »Heiligen Sion«. Nach der Liturgie in der Grabeskirche zogen die Armenier »nach dem Heiligen Sion«. So kommt es allmählich zur Gleichsetzung des Hauses jenes »Mannes mit dem Wasserkrug« mit dem Obergemach des Pfingstfestes, das mit Sicherheit hier auf dem Sion liegt, wie wir gleich sehen werden. Der Ort des Abendmahlsaals blieb dessen ungeachtet weiter umstritten. Theodosius (530) sieht die Gedächtnisstätte der Eucharistie unten im Kidrontal, ein weiterer Hinweis darauf, dass es keine sichere Überlieferung gab. Erst durch die Autorität des Jerusalemer Patriarchen Sophronius († 638) wird das Gedächtnis des Abendmahls endgültig hier oben auf dem Sionsberg festgelegt, an dem gleichen Ort, wo auch der Herabkunft des Heiligen Geistes zu Pfingsten gedacht wird.

Damit sind wir beim Obergemach, von welchem uns Lukas berichtet, und wo die Apostel einmütig im Gebet mit Maria verharrten um die Sendung des Heiligen Geistes zu empfangen (Apg 1,14). Dieses Obergemach war im elterlichen Haus des

Evangelisten Markus und wurde bald der lokale Mittelpunkt der Jerusalemer Urgemeinde. Hier haben die Apostel die Kraft von Oben, den Parakliton erwartet, es ist jenes Haus, das vom Sturm erfüllt wurde, dessen Türschlösser Petrus, um eine wortgewaltige Festpredigt zu halten, welche dreitausend Menschen bekehrt (vgl. Apg 1,41). Hier war auch der Sitz des ersten Bischofs der Stadt, des heiligen Jakobus, die »Cathedra Jacobi«. Die Bischofliste dieser ersten aller Kirchen reicht vom Herrenbruder und Apostel Jakobus bis auf den heutigen Tag!

Durch detaillierte Ausgrabungen im Jahr 1951 konnte nachgewiesen werden, dass die Mauerreste unter dem Abendmahlssaal, wo also heute das Grab Davids verehrt wird, von eben jenem Haus der Maria Markus stammen. Die Byzantiner ließen an der Stelle des »Hauses des Obergemaches« eine prächtige fünfschiffige Basilika errichten. Alle Quellen der ersten Jahrhunderte bezeugen diese berühmte Oberkirche auf dem Sion, die der Herabkunft des Heiligen Geistes gewidmet war. Theodosius nennt sie die »Mutter aller Kirchen«, und sie gehörte wohl zu den prächtigsten Gotteshäusern Jerusalems vor der wandalischen Zerstörungswut der Perser. In den Mauern des heutigen Davidsgrabes und des darüber befindlichen Abendmahlssaales sind deutlich Reste dieser alten Kirche zu sehen. Das lässt uns vermuten, dass man das ursprüngliche Haus mit dem Obergemach einfach in die Basilika integriert hatte. Die Mosaikkarte von Madaba in Jordanien zeigt deutliche ihre Größe und Lage. Doch ist sie – wie gesagt – zerstört worden, ebenso wie die Kreuzfahrerkirche nach ihr, deren Reste 1485 aber noch sichtbar waren. Geblieben ist einzig und allein dieser gotische Saal als Andenken an das Obergemach des Pfingstfestes. Ein schwacher Trost für die versunkene Mutter aller Kirchen auf dem Sionsberg.

»Warum ist eigentlich nicht die Grabeskirche die Mutter aller Kirchen?«, fragt eine Pilgerin. »Das Pfingstfest, das sich eben hier ereignete, gilt als die Geburtsstunde der Kirche. Von da an wurden die Apostel der Sendung und dem Auftrag gerecht, den Jesus ihnen mitgeteilt hatte. Deswegen war sie auch die erste Bischofskirche der Welt.«

»Und man hat nie den Versuch unternommen, eine neue Sionskirche zu erbauen?« – »O doch, wir werden sie in Kürze besuchen und erfahren, welche Rolle Kaiser Wilhelm II. von Deutschland und Sultan Abdul Hamid bei ihrer Errichtung spielten. Bis dahin haben Sie noch ein wenig Zeit, die Schönheit des franziskanischen Abendmahlsaales in sich aufzunehmen. Auch wenn er nicht historisch ist, für die Betrachtung eignet er sich prächtig!«

Ich nützte die kostbare Zeit und denke an jenen Abend, da Jesus zum ersten Mal die Wandlungsworte sprach: »Das ist mein Leib«. Wie traurig, dass gerade in Deutschland viele Christen die wahre Bedeutung dieser Worte verloren haben. Mir kommt der große Abendmahlsstreit in den Sinn, und damit das Marburger Religionstreffen im Jahr 1529, zu dem der Landgraf Philipp von Hessen die Herren Luther, Calvin, Melanchton und Oekolampad einlud. In der zentralen Frage der Eucharistie und der Auslegung dieses Wortes Jesu »Das ist mein Leib«, konnten sich die Schismatiker nicht mehr einigen, und das kaum 10 Jahre nach dem historisch nicht sicher belegten Thesenanschlag Luthers! Für jeden von ihnen war die Messe und das Abendmahl etwas anderes, die Einheit im Glauben war verloren. Dem Schisma, das heißt der Trennung von Papst und Kirche, folgte die Häresie, das heißt der Irrtum in Glaubensfragen. Was für ein gewaltiger Schaden für die eine, heilige, katholische und apostolische Kirche! Wie viele gläubige Seelen hat sie in diesen wirren Zeiten damals verloren.

Unwillkürlich kommt mir ein anderer Streit in den Sinn. »Für viele« oder »für alle vergossen«, die große Diskussion um die deutsche Übersetzung der Wandlungsworte. »Für alle« ist ohne jede Frage eine Falschübersetzung, aber man hört oft als Rechtfertigung und Begründung für diese Textverfälschung, dass Jesus doch für alle Menschen gestorben sei und ja sicherlich auch wolle, dass alle gerettet werden. Das ist natürlich richtig, Jesus ist für alle gestorben. Damit bezeichnet die Theologie das **Heils-Angebot**. Jeder Mensch hat die Möglichkeit, gerettet zu werden, Jesus hat genug Gnade verdient für das ganze Menschengeschlecht, also für ALLE. Aber das ist nur die eine Seite der Medaille. Es ist hier wie im täglichen Leben: Ein Geschenk hat zwei Aspekte, einen Geber und einen Empfänger. So wie jemand sagen kann: »Von Dir will ich nichts«, so ist es auch mit dem Heilsangebot Jesu. Das Geschenk der Erlösung und damit des ewigen Lebens wird *allen angeboten*, aber der jeweils einzelne Mensch muss es auch annehmen. Wir sind keine Tiere oder Roboter. Wir haben einen freien Willen. Damit also das universale Heilsangebot auch wirksam wird, muss der Mensch aus freien Stücken Ja sagen, das heißt an Jesus glauben und die Mittel zum Heil anwenden, mithin die Sakramente empfangen, allen voran die Taufe. Das bedeutet aber, dass die Erlösung vonseiten des Empfängers gerade eben NICHT allen zugutekommt. Nicht deswegen, weil Jesus zu wenig Gnade erworben hätte, sondern weil viele Menschen seine Erlösung ablehnen. Sie wollen weder an Jesus glauben, noch sich taufen lassen. Das nennt man die **Heils-Wirksamkeit**. Wir halten fest: Vom **Heilsangebot** her ist Jesus für ALLE gestorben, von der **Heilswirksamkeit** her nur für VIELE, weil es eben Menschen gibt, die Christus ablehnen. Da die Kommunion nur von denjenigen empfangen werden darf, welche das Heil annehmen, ist es nur logisch und konsequent im Augenblick der Wandlung von der Heilswirksamkeit zu sprechen, also »für viele«.

So einfach ist diese Diskussion zu beenden, und so einfach wäre eine Katechese für die Bischöfe in Deutschland, wenn es darum geht, den Befehl aus Rom auszuführen und auch in der nachkonziliaren Mahlfeier endlich wieder die korrekte Übersetzung »für viele« zu verwenden.

»So, nun werfen wir noch einen Blick auf das Grab Davids im Erdgeschoss. Er hat diese Stadt vor 3.000 Jahren regiert und ist Ahnherr Jesu Christi!«

26. David, König Israels und Ahnherr Jesu Christi

Als wir den Ort des Andenkens an den größten König Israels betreten, finden sich wie immer orthodoxe Juden im Gebet. Sie lieben diesen Ort und er ist nach der Klagemauer der meistbesuchte Gebetsort außerhalb von »Mea Shearim«.

»Was ist Mea Shearim, Herr Pater?« – »Mea Shearim heißt übersetzt 100 Tore und bezeichnet das Viertel der orthodoxen, also der strenggläubigen Juden in direkter Nachbarschaft zur Altstadt. Man kann vom Damaskustor angenehm zu Fuß dorthin gelangen.«

»Waren Sie schon dort?« – »O natürlich! Ich mag es sehr, mit den Chassidim – wie sie auch genannt werden – zu diskutieren und ein wenig ihr streng traditionstreues Leben zu bestaunen.« Sie tragen den typisch schwarzen Anzug, den schwarzen Hut oder den schönen großen und pelzigen Schtreimel. Bei meinem ersten Israelbesuch hat man mich noch gewarnt: »Gehen Sie nicht dorthin, Herr Pater. They spit at you« – »Die werden Sie anspucken«. Ich weiß nicht, wie es anderen in Talar gekleideten Priestern bislang ergangen ist, mich hat jedenfalls niemand angespuckt. Vielleicht weil ich auch einen schicken Indiana-Jones-Hut mein Eigen nenne, wie man ihn dort zu tragen pflegt? Ich weiß es nicht. Jedenfalls lohnt sich ein Besuch, denn man kann die vielen schmalen Gässchen und Straßen durchstreifen, findet Jeschiwas mit Toraschülern, trifft alte Rabbis mit langen Bärten und den Peot, auf jiddisch Pejes, den auf das Buch Levitikus (19,27) zurückgehenden Schläfenlocken. Ich bin natürlich auch ein wenig des Jiddischen mächtig, das ja eigentlich ein mittelhochdeutscher Dialekt mit hebräischen und slawischen Lehnwörtern ist und von den askenasischen Juden in Europa gesprochen wurde und wird. Mein lustigstes Erlebnis in Sachen Jiddisch war übrigens nicht hier, am Davidsgrab, sondern bei einem Besuch am Rahelgrab zu Bethlehem. Es waren dort zwei jüdisch-orthodoxe Jugendliche, die wohl zum ersten Mal in ihrem Leben katholische Kleriker im Talar erblickten. Entsprechend groß war ihre Erstaunen. Ich war damals noch Seminarist, aber das macht ja vom Aussehen her keinen Unterschied, nur dass ich vielleicht damals etwas schlanker war. Befremdet ob des schwarzen Rockes statt des schwarzen Anzugs, den sie selbst zu tragen pflegen, fragte einer der beiden seinen etwas älteren Freund auf Jiddisch laut: »Send se Manner oder Weiber?« Wenn er gewusst hätte, dass wir jedes Wort verstehen... Jedenfalls musste ich mir auf die Zähne beißen, um nicht laut aufzulachen.

Allein die Existenz des Jiddischen straft übrigens alle jene Lügen, welche uns immer wieder einbläuen wollen, dass die Christen besonders im Mittelalter die Juden nur gehasst hätten. Wenn die Juden in Europa sich seit Karl dem Großen sogar die deutsche Sprache zu eigen gemacht haben, dann waren Verfolgungen und Pogrome die unrühmliche Ausnahme und das Zusammenleben die Regel. Wer nur verfolgt wird, kann weder Fuß fassen, geschweige denn die gleiche Sprache sprechen! Die Negativpropaganda der Geschichtsschreibung pflegt vor allem seit den Nazigräuel immer wieder einzelne Beispiele von fanatisierten und ohne Sendungsauftrag hetzenden Theologen anzuführen, um damit das ganze christliche Hochmittelalter zu diskreditieren. Darum möchte ich an dieser Stelle einmal den größten Theologen dieser Zeit, den heiligen Thomas, zu Wort kommen lassen und ihm drei top-aktuelle Fragen stellen:

»Herr Doktor Angelicus, es freut mich, dass Sie Zeit gefunden haben, für ein kleines Interview. Im Mittelalter hat man es doch bestimmt von der Kirche her für gut befunden und theologisch erlaubt, die Juden mit Zwang zu bekehren bzw. zwangsweise zu taufen?« Thomas: »Judaei non sunt cogendi ad fidem. – Juden dürfen **nicht gezwungen werden**, den christlichen Glauben anzunehmen.«[8] – »Gut, gut, aber es ist doch so, dass man im Mittelalter davon ausging, dass jeder lebende Jude insofern er Jude ist, automatisch Mitschuld trägt am Tod Jesu, dass es also eine Art Erbschuld des jüdischen Volkes gibt.« – Thomas: »Das ist gänzlich falsch, es gibt in dieser Sache keinen Übergang einer Sünde auf die Nachkommen (transitio peccatum actuale ad posteriores), auch nicht aufgrund des Schreiens der Volksmenge vor Pilatus ›Sein Blut komme über uns **und unsere Kinder**‹. Nur wenn ein Nachkomme diese Tat ausdrücklich gutheißen und ihr zustimmen würde, wäre er mitschuld (ipsam approbando)«[9] – »Gut, Hochwürden. Aber eines muss man doch sagen: Im Mittelalter, war man doch der festen Überzeugung, dass wenigstens

---

[8] Summa II–II q.10 a.8 ad 2
[9] De malo q.4 a.8 ad 9

das damals, zur Zeit Jesu lebende jüdische Volk kollektiv Schuld trägt am Tod Jesu, nicht wahr?« – Thomas: »Wiederum falsch! Es gab Gruppierungen wie die Pharisäer, die aus bewusster Bosheit gehandelt haben, und es gab die große Masse des einfachen jüdischen Volkes, die Jesus weder als Messias noch als den Sohn Gottes erkannt haben.«[10] – »Herzlichen Dank, Herr Pater, für dieses aufschlussreiche Gespräch!«

Wenn das die Lehre der Kirche im Hochmittelalter war, woher kommt zu manchen Zeiten der Geschichte der Hass und die nicht selten auch unter Christen verbreitete kollektive Gottesmordanschuldigung? Nun, man darf in diesem Punkt den Einfluss von Martin Luther nicht unterschätzen. Mit seiner Hetzschrift »Wider die Jüden und ihre Lügen« (Wittenberg, 1543) hat der Reformator unsagbar viel Verblendung über Deutschland gebracht hat. Hier nur ein einziges Zitat dieser Schrift, der Aufruf Luthers zum Verbrennen der Synagogen in Deutschland:

»Erstlich, daß man ihre Synagogen oder Schulen mit Feuer anstecke und, was nicht verbrennen will, mit Erde überhäufe und beschütte, daß kein Mensch einen Stein oder Schlacke sehe ewiglich. Und solches soll man tun unserm Herrn und der Christenheit zu Ehren, damit Gott sehe, daß wir Christen seien und solch öffentlich Lügen, Fluchen und Lästern seines Sohnes und seiner Christen wissentlich nicht geduldet noch gewilligt haben. Denn was wir bisher aus Unwissenheit geduldet haben (ich habs selbst nicht gewußt), wird uns Gott verzeihen; nun wirs aber wissen und sollten darüber frei vor unserer Nase den Juden ein solches Haus schützen und schirmen, worin sie Christum und uns verleumden, lästern, fluchen, anspeien und schänden, wie droben gehört, das wäre ebensoviel, als täten wirs selbst und viel ärger, wie man wohl weiß.«

Das ist nur ein kurzer Auszug aus der Schrift des Gründers des Protestantismus, dessen 500-Jahrfeier heuer festlich begangen wurde. Weitere noch ärgere Zitate erspare ich dem Leser. Aber wen kann es bei diesem geballten Hass verwundern, dass der Nazi-Chefideologe, Gauleiter und Herausgeber des »Stürmer« Julius Streicher bei den Nürnberger Prozessen verlauten ließ: »Dr. Martin Luther säße heute an meiner Stelle auf der

---

10 Summa III q.47 a.5 c

Anklagebank[11]«, denn er – Streicher – habe nur ausgeführt, wozu Luther jeden ehrlichen und gläubigen Menschen aufgefordert habe. Dass Streicher sich auf Luther beruft ist natürlich Heuchelei, denn der Glaube an Jesus war den Nazis ebenso verhasst und es gibt eine Zahl von protestantischen Christen, die aktiv Widerstand geleistet haben. Aber dass Luther mit seinen Parolen den Hass auf das Judentum in Deutschland massiv geschürt hat ist unleugbar. Das Sonderbare ist, dass unsere aufgeklärten und stets so objektiven Medien von heute jeden anderen Antisemiten, der solches von sich gäbe, geradezu niedermähen würden. Bei Luther ist das anders. Da – so belehrt man uns mit einem Mal – müsse man alles viel mehr aus dem historischen Kontext heraus sehen. Aber ich sage es jetzt einmal ganz offen: Es gibt für diese Sätze keinen entschuldigenden Kontext, sie sind entsetzlich, egal zu welcher Zeit. Und wer sie formuliert hat, kann nicht der Staatsheld Deutschlands Nummer eins sein, dessen Abfall von der katholischen Kirche man mit einer Jubiläumsdekade zelebriert!

Wir stehen immer noch in dem kleinen Raum mit dem Kenotaph in der Mitte, einer Art symbolischem Sarg. Eine große, schwarze Samtdecke ist über ihn gebreitet, die mit Stickereien verziert ist. Der fast mannshohe Sarkophag steht vor einem gewölbten, von Ruß geschwärztem Rundbogen, in dem eine Art Ewig-Licht-Lampe in einem Messingzylinder brennt. An der Wand steht der Name des Königs in hebräischen Lettern. Seine Amtsbezeichnung ist vergoldet und noch besser lesbar: Melech Israel – König von Israel. Nach der Bibel (1. Kön 2,10) wurde David wie die übrigen Könige von Juda in der Davidsstadt (Ophel) begraben, die sich 700 Meter weiter östlich befindet. Seit dem 12. Jahrhundert verehren die Juden diesen Ort jedoch hier.

»Warum kommen denn so viele orthodoxe Juden hierher zum Gebet?«, blickt mich eine Pilgerin an. »Weil sie auf den Messias warten, der das wahre Israel erst errichten soll«, erkläre ich. Das ist ja gerade eine der größten Ungereimtheiten im modernen Israel, das 1947 von Ben Gurion ausgerufen wurde, dass seine frömmsten Söhne diesen Staat ablehnen. Weil er gegründet wurde mit der Macht von Politik und Waffen, das wahre Israel aber wird errichtet vom Messias. Der ist augenscheinlich

---

11 „Luthers Abweg", von Klaus Holz in: „Die Zeit", 8. Dezember 2016

noch nicht gekommen und damit ist auch dieser Staat nicht das wahre Israel. Sie leisten keinen Wehrdienst, beziehen aber umgekehrt auch keine Sozialhilfe, was für die oft vielköpfigen Großfamilien, wo zehn und mehr Kinder keine Seltenheit sind, einen massiven Einschnitt bedeutet. Auf youtube-Videos kann man sehen, wie orthodoxe Juden in New York unter großem Jubel die Israel-Flagge verbrennen.

»Ich habe auch schon mit orthodoxen Rabbinern diskutiert, nicht nur hier in Mea Shearim, sondern während meiner Zeit als Priester in Wien.« Die Pilger blättern mit mir gemeinsam in den vielen Gebetsbüchern im Vorraum, der einem Regal mit hebräischen Büchern Platz bietet. Es ist nicht so, dass es mir dabei gelungen wäre, jemanden aus ihren Reihen für Christus zu gewinnen. Aber die Gespräche verliefen immer in großem gegenseitigem Respekt. Natürlich hatte ich auch schon Gelegenheit, mit liberalen Juden zu debattieren, also denjenigen, die zwar eine gewisse Ehrfurcht und einen Respekt vor den Gesetzen Moses haben, sie aber nie so streng halten und zudem sich niemals so auffällig kleiden würden. Dieser eher liberalen Haltung folgt die Mehrzahl der jüdischen Einwohner Israels. Ein liberaler Jude hat mir einmal offen gesagt, was er über seine orthodoxen Glaubensbrüder in ihrer typisch jüdischen Tracht denkt: »Ich verkleide mich nur an Fasching.«

Als Gegenteil der strenggläubigen Juden kann man wohl die Zionisten bezeichnen. Sie verteidigen mit großer Vehemenz den modernen Staat Israel, sind zu aggressiver Siedlungspolitik bereit und scheuen keinen Konflikt, auch nicht mit Waffengewalt, um die Existenz des Staates zu sichern. Wie sehr sie bereit sind, die Palästinenser und damit auch die Christen in Israel zu drangsalieren, das werden wir in Bethlehem selbst erleben.

Eine nicht selten anzutreffende Untergruppierung der orthodoxen Juden ist die Lubawitscher Bewegung. Überall in der Stadt, vornehmlich auf öffentlichen Bussen, kleben Plakate mit einem charismatisch lächelnden Rabbiner. Sein Name ist Rabbi Menachen Mendel Schneerson der letzte Rebbe der Chabad-Dynastie und Führer der Lubawitscher, der 1994 verstarb. Der Ort Lubawitsch, von dem die Bewegung ihren Namen ableitet, liegt im äußersten Westen Russlands. Auf dem Flughafen von Tel Aviv hatte ich einmal die Gelegenheit, mit einem Lubawitscher längere Zeit zu disputieren. Das Erstaunliche an Rebbe Schneersohn ist Folgendes: Als er am 12. Juni 1994 in New York verstarb, kauften tausende von europäischen Juden ein One-Way-Ticket nach New York und warteten wochenlang am Grab des verstorbenen Rabbi auf dessen Auferstehung von den Toten! Das ist ein historisch bezeugtes Ereignis. Ihr Warten war natürlich vergebens, denn der einzige von den Toten Wiedergekehrte ist »Rabbuni Jeshua«, wie Maria Magdalena den Heiland und Erlöser am Grabe anspricht. Aber ist es nicht erstaunlich, dass der Gedanke der Auferstehung in diesem Augenblick einer jüdischen Strömung nicht fern lag?

Ich muss ohnedies gestehen, dass es gerade die orthodoxen Juden sind, die mich immer wieder an den Römerbrief und die Worte des hl. Paulus erinnern, der sagt: »Ich bezeuge ihnen, dass sie Eifer für Gott haben« (Röm 10,1) Wer sieht, wie sie mehrmals täglich zur Klagemauer eilen, viele Stunden dort im Gebet verbringen, streng ihr Leben nach den Gesetzen der Tora ausrichten, der versteht, was Paulus meint. Weiter schreibt der Völkerapostel: »Ich frage nun: Hat Gott etwa sein Volk verstoßen? Nicht möge es geschehen! Ich bin doch auch ein Israelit, Nachkomme Abrahams, aus dem Stamm Benjamin. Gott hat sein Volk, das er sich vorher erwählt hat, nicht verstoßen.« (Röm 11,1) Paulus gibt im Römerbrief einer großen Sehnsucht Ausdruck, der Bekehrung seines Volkes, für die er sogar bereit ist, selbst ins Verderben zu gehen: »Groß ist mein Schmerz, unaufhörlich der Kummer meines Herzens. Ich wünschte nämlich, selbst verbannt, fern von Christus zu sein für meine Brüder, die dem Fleisch nach meine Verwandten sind.« (Röm 9,2f) Und für ihn steht eines fest: Am Ende der Zeiten wird Israel sich bekehren: »Brüder, ich will euch über folgendes Geheimnis nicht im Unklaren lassen, damit ihr euch nicht selbst für weise haltet. Die Verstocktheit ist über einen Teil von Israel gekommen, bis die Vollzahl der Heiden eingetreten ist. Und so wird ganz Israel gerettet werden.« (Röm 11,25)

Uns bleibt die brennende Frage zu klären, wann diese Vollzahl der Heiden erreicht ist. Wurde das Evangelium nicht mittlerweile auf dem ganzen Erdkreis verkündet? Ist es nicht so, dass zurzeit die Heiden wieder von Christus abfallen, hinein in den Materialismus und Atheismus des 21. Jahrhunderts? In jedem Fall sollte diese Paulusstelle als Grundlage dienen, wenn wie so oft am Karfreitag die ewige Diskussion beginnt, warum die katholische Kirche für die Bekehrung des Volkes Israel betet. Weil der Zweig niemals seine Wurzel verderben lassen kann, wie Paulus sagt: »Nicht du trägst die Wurzel, sondern die Wurzel trägt dich« (Röm 11,18) Ich finde, überhaupt niemand sollte mehr das Recht haben, in dieser Frage mitzudiskutieren, der nicht zuvor gründlich die Kapitel 9 bis 11 im Römerbrief studiert hat. Nur dann kann man die Haltung der Katholischen Kirche begreifen, welche möchte, dass Israel den Messias Jesus Christus aus dem eigenen Volk anerkennt!

»So, nun lassen sie uns aufbrechen zur Mutter aller Kirchen auf dem Berg Sion!« Wir brauchen nicht weit gehen, denn die Dormitio Kirche liegt praktisch auf der gegenüberliegenden Seite des Davidsgrabes in Richtung Westen. Wir stehen vor einer beeindruckend schönen Rundkirche mit vier Türmen, die in quadratischer Form an den Rundbau angebaut sind: Die Dormitio-Abtei. Der Kirchturm ist räumlich etwa 30 Meter von der Hauptkirche getrennt. »Nun, eigentlich habe ich das wichtigste schon gesagt. Der bereits erwähnte Kaiser erhielt vom Sultan ein Grundstück, das direkt an das Obergemach angrenzt.« Weil dieses Gelände seit dem 7. Jahrhundert als die Stätte des Heimgangs Mariens verehrt wurde, gab man dem Kloster und der Kirche zunächst nicht den Namen »Sionskirche«, sondern »Dormitio«, also »Heimgang Mariens«. Zwischenzeitlich, von 1998 bis 2006 trug sie auch den Namen »Hagia Maria Sion«. Der deutsche Verein vom Heiligen Land hat die Kirche erbaut, die verschiedene Stile vereint, unter anderem Romanik, Renaissance und orientalische Architektur. Der Glockenturm wurde so weit versetzt, damit sein Schatten nicht das Grab Davids verdunkelt. Den Benediktinern von Beuron obliegt die Sorge für die Kirche, also eine Ausnahme zu den für gewöhnlich franziskanisch betreuten Stätten im Heiligen Land.

In der Krypta der Kirche empfängt uns die schlafende Gottesmutter, also genauer gesagt eine Statue in der Form der soeben verschiedenen bzw. schlafenden Himmelskönigin. Das Dogma der Himmelfahrt Mariens hat ja ausdrücklich darauf verzichtet zu definieren, ob Maria – ihrem Sohne folgend – freiwillig den Tod auf sich genommen hat oder ob ihre Seele ohne gewaltsame Trennung ins Jenseits verschieden ist.

»Ach ja, sehen sie hier!« Ich trommle die Pilger zu einem Seitenaltar in der Krypta. »Sehen sie dieses Mosaik über dem neoromanischen Altar? Das ist die Magna Mater Austriae, die große Mutter Österreichs, mit einer Vielzahl österreichischer Heiliger, wie dem heiligen Leopold, dem heiligen Rupert, dem Patron Salzburgs, der heiligen Notburga, der ...« – »Oui, oui! Wir sehen das. Merci, ‚err Pater. Wissen Sie was? Das näschte Mal wir machen mit Ihn' ein' Wallfahrt nach Österreisch!« – »Ja! Gute Idee!«, sage ich, »Wir könnten Mariazell besuchen, den Stephansdom in der Haupt- und Residenzstadt Wien und anschließend ...« Als ich mich umdrehe sind alle schon verschwunden.

Banausen.

27. Du Bethlehem im Lande Juda

Für alles Schöne kommt einmal das Ende, so auch für unsere Pilgerreise ins Heilige Land. Zwar könnte man noch viel erzählen von unserem Ausflug nach Jericho, wo wir von der Grenzpolizei im Militärjeep zurückbegleitet wurden, weil wir auf dem Weg zur Taufstelle der Grenze zu nahe kamen; von ›Ein Kerem‹, dem Heimatort der heiligen Elisabeth und der Geburtsstadt des großen Propheten, wo der schönste Preisgesang der Welt gedichtet wurde: das Magnificat. Aber so ist es mit allen Reisen: man kann nicht alles berichten. Und vom Heiligen Land erst recht nicht, ja es ist fast so, wie es der hl. Johannes am Ende seines Evangeliums schreibt, es würden »alle Bücher der Welt nicht reichen.«

So heißt es Abschied nehmen von den lieben Sankt Vinzenz-Schwestern in Bethanien. Sie haben uns aufs Beste beherbergt und man kann dieses Gästehaus, das von Ordensschwestern im besetzten Gebiet unter schwierigsten Bedingungen geführt wird, nur weiterempfehlen. Mit der Lage in Bethanien ist es zudem ideal für die Besichtigung von Jerusalem und der ganzen Umgegend.

Als wir Bethlehem erreichen, fährt uns ein Pilgerbus entgegen mit der Aufschrift »Mount Olive Tours«. Doch wo früher zehn und mehr Busse parkten, wartet jetzt nur noch einer. Der Grund hierfür sollte mir erst später klar werden.

Wir stehen vor dem Eingang der ältesten unzerstörten Kirche Israels. Kaiser Konstantin hat sie im Jahr 326 hier erbaut. Die Stelle der Geburt war nach dreihundert Jahren leicht zu finden, denn der geschichtliche Hergang entspricht dem der Grabeskirche: Kaiser Hadrian ließ nach der Niederschlagung des letzten jüdischen Aufstands (Bar-Kochba-Aufstand 135 n. Chr.) an allen Stätten, die durch Juden(christen) eine religiöse Verehrung genossen, eine heidnische Kultstätte errichten. Über Golgota stand der bereits erwähnte Venustempel, hier in Bethlehem huldigte man Adonis, dem Geliebten der Venus. So konnte Kaiser Konstantin auf eine feste und durchgehende Überlieferung zurückgreifen. In einem Punkt unterscheidet sich die Geburtsbasilika allerdings wesentlich zur Grabeskirche. Der flächendeckenden Zerstörungswut der Perser, welche 614 das Land eroberten, fielen alle Kirchen zum Opfer, mit einer Ausnahme: Die Basilika zu Bethlehem. Ein Brief der Jerusalemer Synode aus dem Jahr 836 erzählt, was geschah: »*Als die Perser alle Städte Syriens zerstört hatten und nach Bethlehem kamen, sahen sie mit Erstaunen die Bilder der Magier aus Persien... Aus Hochachtung und liebender Ehrfurcht vor ihren Vorfahren verehrten sie die Magier und verschonten die Kirche.*« Der uns ebenfalls bereits bekannte Kalif Omar, der Namensgeber der Omarmoschee auf dem Tempelplatz, verschonte in Bethlehem so wie in Jerusalem die Heiligtümer der Christen. In der Südapsis der Kirche – das heißt in Richtung Mekka – verrichtete er ein Gebet. Seither hatten die Muslime das Recht, in der Südapsis der Geburtskirche zu beten, ein Anrecht, das interessanterweise auch von den Kreuzfahrern toleriert wurde. Wann es in Vergessenheit geriet, wissen wir nicht. Später haben die Moslems eine eigene »Moschee des Omar« errichtet, zu sehen gegenüber der Basilika am Ende des Vorplatzes.

»Hier heißt es, sich bücken, liebe Pilger!« Das an sich große Kirchenportal an der Südseite ist fast ganz zugemauert, nur eine bescheidene, rechteckige Öffnung von etwa 1,60 m Höhe und 80 cm Breite bildet den Eingang. Das ist irgendwie symbolisch. Wer zum Jesuskind gelangen will, muss sich klein machen, muss demütig werden, so wie Gott ein Beispiel der Demut gab, als er ein Mensch, ja ein hilfloses, schwaches Kind wurde. Demütig waren die Hirten, die zur Krippe kamen, demütig waren die großen Weisen aus dem Morgenland, welche kamen, um »den neugeborenen König der Juden anzubeten«. (Mt 2,11) Demütig beugen auch wir unser Haupt und treten ein.

Wir stehen im Innern der konstantinischen Basilika, welche im Jahr 530 n. Chr. von Kaiser Justinian noch erweitert wurde, wie moderne Ausgrabungen herausgefunden haben. Der Kirchenraum ist beeindruckend: 44 monolithische, das heißt aus einem einzigen Stein gehauene Säulen durchziehen in vier Reihen majestätisch das Langhaus und setzen sich bis zur Chorapsis hin fort. Das Mittelschiff ist um ein vielfaches breiter als die Seitenschiffe und die Höhe der Basilika gibt dem Raum eine königliche Würde. Auf den Säulen ruhen weiß getünchte Fensterwände, die nur an manchen Stellen von dunklen Flächen durchsetzt sind: Reste der auf Goldgrund gearbeiteten Mosaike, mit denen der byzantinische Kaiser Manuel Momnenos (1143–1180) die Basilika schmücken ließ.

Es ist immer schwer, die ganz großen Orte der Erlösung in Worte zu fassen. Hier allerdings nicht, denn der Patriarch Sophronius aus dem 9. Jahrhundert hat uns ein Gedicht hinterlassen, das man schöner nicht schreiben könnte. Weil die eben einmarschierten Truppen der Muselmanen die Stadt besetzt hielten, konnte er seinen Gottesdienst nicht in Bethlehem zelebrieren und gibt deshalb seiner Sehnsucht nach der heiligen Stätte poetischen Ausdruck. Wir stehen heute, 1200 Jahre später, im Innenraum dieser Kirche, welche seit jener Zeit unbeschadet geblieben ist, und haben so die einzigartige Möglichkeit, seine Worte zu hören und dabei das gleiche zu sehen, was der gottbegnadete Dichter damals beschrieb:

»Eine Glut göttlicher Sehnsucht im Herzen bergend, möchte ich kommen schnell nach Bethlehems kleiner Stadt, wo der Allherr geboren.

Wenn in die wunderbare vierfache Helle, den Chor mit den herrlichen drei Apsiden jenes heiligen Hauses mitten hinein ich trete, werde ich tanzen.

Oben werd' ich betrachten der getäfelten Decke Sternenlicht; denn von der Schönheit der Arbeit glänzt die Anmut des Himmels.«

»Es folgt nun die Beschreibung der Geburtsgrotte. Dazu müssen wir in die Krypta unter dem Chor hinabsteigen. Bitte folgen Sie mir!« Eine schmale Treppe führt uns in die aus dem weichen Kalkstein gehauene Geburtsgrotte mit dem berühmten Stern von Bethlehem. Natürlich nicht *der* Stern, den die Weisen am Himmel sahen, wohl aber ein Stern aus echtem Silber. Er bezeichnet unter dem Altar in der Grotte die Stelle, wo Jesus geboren wurde. Jeder, der einmal ein Bild von Bethlehem gesehen hat, kennt diesen Anblick. Der französische Arzt G. Bremond aus Marseille beschreibt 1666 die Pracht der Grotte: »Der Fußboden ist von schönstem Marmor, die Mauer bis zur Höhe von sechs Fuß überkleidet und der Rest, wie das Gewölbe, sind geschmückt mit Mosaik, das jetzt aber ganz rauchgeschwärzt ist.« Leider ist bei einem Brand im Jahr 1869 der Gewölbeschmuck zerstört worden. Daher hat man die Wände mit bunten, reichverzierten Vorhängen verkleidet. Wie im Orient üblich hängt der ganze Raum voll mit

Ampeln und Öllichtern, welche der Grotte einen silbernen Glanz verleihen. Der Stern hütet den Grund für die Verehrung dieses Ortes wie einen Schatz in lateinischen Lettern auf seinem Silber eingeprägt: »Hic de Virgine Maria Jesus Christus natus est.« »Hier wurde von der Jungfrau Maria Jesus Christus geboren.« Hören wir unseren Minnesänger aus dem 9. Jahrhundert weiter:

»In die Höhle möcht' ich gelangen, wo die jungfräuliche Allherrin den Erlöser gebar, den Menschen, der Gott und Mensch ist wahrhaftig.

Bethlehems heilige Schönheit zu schauen, Christus, der dort erschienen, ganz mir verleihe.

Die vielen goldig flimmernden Säulen schauend und der Mosaikkunst schönstes vollbrachtes Werk, möcht' ich der Sorgen Wolken vergessen.

An die glänzende Platte, die Gott als Kindlein empfing, die Augen, den Mund und den Scheitel drück' ich, zu gewinnen den Segen.

Die ehrwürdige Krippe zu verehren, ging' ich, die mich, den Vernunftlosen, nährte mit göttlichem Worte.«

»Herr Pater, er spricht von zwei Orten: Dem der Geburt, den er küssen möchte und dem, wo die Krippe steht. Stimmt das?«– »Watson, sehr scharf kombiniert«, sage ich zum Doktor. »Bitte drehen Sie sich um!« Hinter uns liegt drei Stufen tiefer ein kleiner Raum mit einer aus dem Felsen gehauenen und marmorverkleideten Krippe: »Die Krippengrotte«. Sie ist etwa drei Meter lang, 1,80 Meter breit und verfügt über einen Felstrog von 30 cm Tiefe. Felsnischen als Futterkrippen sind in Palästina keine Seltenheit. »Dafür ist es eine Seltenheit, dass wir hier ganz alleine sind«, bemerke ich zu den Pilgern. »Bei all meinen bisherigen Besuchen musste ich oft lange an der Treppe zur Grotte anstehen, allein um herunter zu gelangen. Heute ist außer uns niemand da, unfassbar!« So nützen wir die Stille und Einsamkeit, um das Schönste zu tun, was man an der Stelle der Geburt Jesu tun kann, wenn man einmal von der Feier der heiligen Messe absieht: Wir beten den freudenreichen Rosenkranz. »Den Du, o Jungfrau, zu Bethlehem geboren hast«, oder genauer gesagt »Jesus, den Du, o Jungfrau HIER geboren hast.«

Vom Stern schaue ich zur Krippengrotte und von der Krippengrotte zum Stern. Der Stern erinnert mich an die Weisen aus dem Morgenland, wie sie mit edlen Geschenken den König der Welt in größter Armut ehren und unter Freudentränen das Kindlein auf dem Arm halten dürfen. Mensor, Sair und Theokeno sind ihre Namen, so berichtet es uns Anna-Katharina Emmerich. Die Namen **C**aspar, **M**elchior und **B**altasar sind wohl in Anlehnung an die Segensformel C + M + B entstanden, mit welcher der Hausvater am Dreikönigstag die Türen seines Hauses bezeichnet. Sie stehen für »**C**hristus **M**ansionem **B**enedicat« – »Der Herr segne dieses Haus!« Die Krippe erinnert mich an Ochs und Esel, die zwar nicht in der Heiligen Schrift genannt werden, aber jedermann weiß natürlich, dass sie dabei waren. Denn immerhin beginnt der größte Prophet seine Schriftrolle, die wir schon in Qumran bestaunt haben, mit den Worten: »*Der Ochs kennt seinen Besitzer und der Esel die Krippe seines Herrn.*« (Isaias 1,3) Und als wäre er hier in Bethlehem selbst zugegen gewesen, fügt er hinzu: »Nur Israel hat keine Erkenntnis, mein Volk keine Einsicht.« Wo sind die Schriftgelehrten, die Pharisäer? Haben sie etwa nichts von Bethlehem gewusst? Im Gegenteil, als die Weisen nach dem neugeborenen König fragen, antworten sie ohne zu zögern: »*Du Bethlehem-Efrata, du bist eine der kleinsten Fürstenstädte Judas; aber aus dir wird hervorgehen, der Israel regieren wird. Sein Ursprung ist aus der Vorzeit, aus den Tagen der Ewigkeit.*« (Mi 5,1) Der zweite Teil des Zitates ist ein Hinweis auf die göttliche Natur des Kindes. Und doch kommt niemand, um das Kindlein zu schauen außer den Hirten. Doch die werden wir noch besuchen, auf den »Shepherd-Fields«, den Hirtenfeldern zu Bethlehem.

»Die Zeit vergeht viel zu schnell. Man möchte einfach hier bleiben«, meint ein Pilger, als wir die Grotte über die Südtreppe wieder verlassen und hinübereilen zur direkt an die Geburtsbasilika angebauten Sankt Katharinen-Kirche, welche 1881 von den Franziskanern an Stelle einer alten Kirche errichtet wurde. »Na, das können Sie leicht haben. Ich habe sogar schon eine Zelle für Sie!« Wir durchschreiten die neogotische Kirche, die mit ihrem weißen Sandstein und dem Lichtspiel des großen, kreisrunden Apsisfensters die Augen des aus der halbdunklen Geburtsbasilika kommenden Besuchers erst einmal blendet. Vorne rechts der Apsis führt eine Treppe wiederum in eine Steinhöhle hinab. »Voila. Ihr Hotelzimmer!« – »Was? Hier soll ich übernachten?« – »Naja, sagen wir so: Dem heiligen Hieronymus hat es 35 Jahre genügt. Er hatte nämlich genau den gleichen Gedanken wie Sie. Er wollte von Bethlehem nicht mehr weg und beschloss, seine Zelle neben dem Jesuskind aufzuschlagen. Als der wohl berühmteste Einsiedler der damaligen Zeit studierte und übersetzte er hier die Heilige Schrift aus dem Hebräischen und verfasste seine theologisch-exegetischen Kommentare. Von einem Rabbiner in Tiberias erlernte er Hebräisch, um, wie er sagte, näher an der ›veritas hebraica‹, an der ›hebräischen Wahrheit‹ zu sein. In Qumran haben wir bereits gesehen, dass auch die griechische Septuaginta von höchster Bedeutung ist, weil sie auf einen noch älteren hebräischen Urtext zurückgeht. Als er starb, hatte er nur einen Wunsch: Hier, beim Jesuskind begraben zu sein.« Ich zeige auf das Epitaph und übersetze den letzten Willen des größten Sprachgenies unter allen Kirchenvätern: »*Das ist meine Ruhestätte in Ewigkeit. Hier werde ich wohnen, denn ich habe es so gewünscht.*« Diesen Wunsch hat man in sträflicher Weise missachtet und seine Gebeine nach Rom überführt. Dort wurden sie in Santa Maria Maggiore beigesetzt, aber der genaue Ort des Grabes – das scheint fast ein Streich des oft sehr streitbaren Mannes zu sein – ist in Vergessenheit geraten.

Tja, man hätte seinen Wunsch respektieren sollen.

28. Eine Mauer und eine Handvoll Hirten

Bethlehem setzt sich zusammen aus zwei Worten »bajit« und »lechem«, was übersetzt »Haus« des »Brotes« bedeutet. Die Kirchenväter haben darin zu Recht eine Andeutung auf die heiligste Eucharistie gesehen: Der erste Schritt der Hinwendung Gottes zu den Menschen ist die Menschwerdung, der zweite Schritt ist die eucharistische Gegenwart des Messias. Christus bleibt bei den Menschen, verborgen unter den Gestalten von Brot und Wein, um ihre Speise zu sein auf dem langen und nicht selten beschwerlichen Weg zum Himmel. Was läge also näher, als in »Bajitlechem« das Geheimnis der Eucharistie zu feiern. Wir haben auch schon eine Genehmigung, nämlich in der Kapellengrotte auf den Hirtenfeldern.

Auf dem Platz vor der Geburtskirche sind außer uns fast keine Touristen. Wir wandern zur Milchgrotte, einer kleinen Kirche, wo der Überlieferung nach die Muttergottes das Heilandskind auf der Flucht nach Ägypten gestillt hat. Menschenleere Gassen. Nur mehr zwei Andenkenläden beim Krippenplatz sind geöffnet, die Devotionalienhändler entlang der Straße, die sonst wie an jedem andern Wallfahrtsort florierten, haben geschlossen. Die eisernen Verschläge der mit Blechverkleidung verdeckten Schaufenster sind mit Vorhängeschlössern gesichert.

Was ist seit meinem letzten Besuch passiert? Ich komme mir vor wie in Lourdes vor einer Bombendrohung.

»Dem müssen wir auf den Grund gehen«, sage ich zu meinem Mitbruder. Wir betreten einen der wenigen Läden, die noch offen stehen und kommen mit dem Besitzer ins Gespräch. Er führt uns nach hinten, in die Produktion seiner Holzfiguren. »Die großen Werkstätten für Olivenholzschnitzereien mussten viele Mitarbeiter entlassen. Sie können ihre Produkte zwar noch in Jerusalem vermarkten, aber nur mit geringem Gewinn. Diese wenigen Angestellten habe ich noch, aber wir sind fast am Ende.« Die Arbeiter sitzen in dem von Neonlampen beleuchteten Gewölbe und fräsen geschickt Figuren aus dem Olivenholz, schleifen sie, verräumen die fertigen Arbeiten.

»Kommen Sie mit, ich zeige Ihnen, was Bethlehem erdrückt.« Er führt uns auf das Dach seines Hauses und zeigt, was man seit dem äußeren Zusammenbruch des Kommunismus nicht mehr gesehen hat: Die Mauer von Bethlehem. Sie zieht sich wie ein Strick um die Stadt und das Autonomiegebiet der Palästinenser und beraubt die Bewohner ihrer Freiheit, die in Deutschland sogar im Grundgesetz verankert ist (GG Art. 11). Sie ist Teil einer gewaltigen Sperranlage, welche das ganze Westjordanland von Israel abgrenzt. »Hier, ohne das kommst Du auch als Einheimischer nicht mehr über die Grenze.« Er zeigt uns den Passierschein. »Wir sind Christen, unsere Familie geht zurück auf die Kreuzfahrer, aber so eine Schikane hat es noch nie gegeben.« 10 bis max. 12 Stunden darf er sich jenseits der Mauer in Israel aufhalten, übernachten ist ihm strikt verboten. Er fügt hinzu: »Ich bin einer der wenigen, die überhaupt einen Passierschein erhalten. Die allermeisten werden an der Grenze aufgehalten und zurückgeschickt!«

»Ja die Mauer«, sage ich. »Wir haben sie gesehen, beim Passieren heute Morgen. Ihr Anblick ist schockierend.«

Wir bleiben lange im Gespräch mit dem christlichen Palästinenser. Was wir von ihm erfahren, sollte die ganze Welt wissen. Die acht Meter hohe Mauer kommt einem Todesurteil der ehemals christlichsten Stadt von ganz Israel gleich. Der Fremdenverkehr ist seit jeher die wichtigste Einnahmequelle. Durch die Nähe zu Jerusalem wohnten viele Reisegruppen früher lieber in den günstigeren palästinensischen Hotels als in der Hauptstadt. Nach der Autonomie (1994) zurückgekehrte Auswanderer erbauten neue, große Hotels, z.B. das Hotel Bethlehem oder Hotel Nativity. Ein Parkhaus half, den Krippenplatz autofrei zu gestalten und bot so Platz für Tausende von Heilig-Land-Wallfahrern. Die vielen Andenkenläden lebten gut von den Einnahmen aus dem Tagestourismus. Das Jubiläumsjahr 2000 wurde mit großer Begeisterung vorbereitet und auch eröffnet, doch der Ausbruch der zweiten Intifada machte alle Anstrengungen zunichte. Als Intifada bezeichnet man die Aufstände der palästinensischen Bevölkerung gegen Israel. Die mehrmalige Besetzung der Stadt – einmal sogar mit Belagerung der Geburtskirche – verursachte große Schäden. Seit dem Jahr 2000 ist die Zahl der Christen der Stadt, die traditionellerweise von einem christlichen Bürgermeister regiert wird, von 29.401 auf 23.659 gesunken. Die Schikanen durch die Mauer sind der Todesstoß für den Tourismus. Das tägliche Passieren der

Grenzkontrollstelle ist so umständlich, dass die Gruppen nur mehr selten in der Stadt übernachten. Selbst der internationale Gerichtshof in Den Haag bezeichnet die Sperranlage als völkerrechtswidrig. Die großen Hotels mussten wieder schließen bzw. ihre Kapazität reduzieren. Tagesgäste müssen an der Grenze zu Jerusalem den Bus und den Reiseführer wechseln.

»Aber das ist doch unfassbar! Warum beschwert sich hier niemand?«, meinen auch meine Mitreisenden entsetzt. »Nein, noch viel schlimmer«, sage ich. »Warum wird das in Deutschland nicht der breiten Öffentlichkeit mitgeteilt? Keine zwanzig Jahre nach dem Berliner Mauerfall errichtet man eine neue, noch höhere Mauer und die Weltöffentlichkeit blickt weg! Heute, wo man überall nur noch von den Menschenrechten und der freien Selbstbestimmung der Völker redet.«

Ja, warum sagt fast niemand etwas. Ganz einfach: Kritik am politischen Vorgehen Israels wird gleichgesetzt mit Antisemitismus. Diese Keule gilt für jedermann, für Gläubige wie Atheisten. Zwei Beispiele gefällig? Beginnen wir mit dem Atheisten:

Günter Grass veröffentlichte am 4. April 2012 in den Tageszeitungen Süddeutsche Zeitung, La Repubblica und El País ein Prosagedicht »*Was gesagt werden muss*« und warf darin Israel vor, mit seinen Kernwaffen den »ohnehin brüchigen Weltfrieden« zu gefährden. Der sonst als einflussreicher Nachkriegsautor deutscher Sprache Bejubelte mutierte in den Massenmedien umgehend zum Staatsfeind Nummer eins.

Beispiel Nummer zwei: Im Frühjahr 2007 machte die Deutsche Bischofskonferenz eine gemeinsame Fahrt ins Heilige Land. Die Kommentare, welche die Oberhirten anschließend in den Medien verlautbaren ließen, entsprachen dem, was sie vor Ort erlebt hatten. Der Eichstätter Bischof Gregor Maria Hanke verglich die Zustände in Bethlehem laut »Süddeutscher Zeitung« mit dem Warschauer Ghetto: »*Morgens in Jad Vaschem die Fotos vom unmenschlichen Warschauer Ghetto. Abends fahren wir ins Ghetto in Ramallah. Da geht einem der Deckel hoch.*« Der Augsburger Bischof Walter Mixa sprach von einer »ghettoartigen Situation«, die an »Rassismus« grenze. Der Bamberger Erzbischof Ludwig Schick kritisierte die Mauer vor dem ›Kölner Domradio‹: »*Gerade die Deutschen haben Mauer,*

Stacheldraht und Minenfelder für Jahrzehnte erlebt. Nun sind sie froh, dass das zu Ende ist. Und jetzt sehen wir hier, dass in einem Staat, der uns sehr am Herzen liegt, und von Menschen, die uns sehr am Herzen liegen, das genau wieder geschieht. Wir müssen wirklich alles tun, damit das nicht weitergeht, sondern damit die Mauer möglichst bald fällt.«

Das Ergebnis war vorauszuahnen: Vom Zentralrat der Juden hagelte es harsche Kritik. Dieter Graumann, der Vizepräsident des Zentralrates der Juden, polemisierte: »*Wer solche Freunde hat, braucht keine Feinde mehr*« und warf den Äußerungen der Bischöfe »antisemitischen Charakter« vor. Die Bischofskonferenz musste zurückrudern und beschwichtigen.

Doch es gibt auch anders denkende jüdische Mitbürger in Deutschland. Frau Hecht-Galinski beispielsweise, die Tochter der ehemaligen Vorsitzenden des Zentralrates der Juden Heinz Galinski, verfällt bei der Bewertung der Politik Israels nicht in blauäugige Kaninchenstarre: »*Jegliche Kritik an Israel wird als Antisemitismus verurteilt, und dadurch ist schon fast jeder mundtot gemacht worden.*« Frau Hecht-Galinski beteiligte sich an der obigen Diskussion zwischen Graumann und den deutschen Bischöfen. Den Vergleich der palästinensischen Autonomiegebiete mit dem Warschauer Ghetto, für den die deutschen Bischöfe Gregor Maria Hanke und Walter Mixa im März 2007 heftige Kritik einstecken mussten, bezeichnete sie als »moderat«. Weiter bemerkte sie: Israel ist »*ein Staat, der über die besetzten Gebiete einen in seiner Grausamkeit fast einmaligen Belagerungszustand verhängt hat, offiziell eine Politik des Tötens durch Exekutionen praktiziert und in den palästinensischen Gebieten weiterhin ungebremst siedelt*«.

Ähnlich couragiert beteiligt sich Iris Hefets, Vorsitzende der jüdischen Gemeinde von Berlin, an der Diskussion: »*Piloten der Luftwaffe kommen von einem demonstrativen Flugmanöver über Auschwitz zurück und sagen im Fernsehen: Man versteht, dass der Feind von damals der gleiche Feind wie heute ist. Wenn aber ein Pilot über Gaza oder Libanon seine Bomben abwirft und glaubt, er würde damit etwas wieder gutmachen, dann ist das krank. Israel ist eine psychotische Gesellschaft. Und dagegen müssen wir etwas tun – weil es eine Gefahr für die eigenen Leute darstellt.*«

Wir verlassen den Devotionalienladen wieder, bedrückt und traurig. »Wir sollten eigentlich jeden Abend ein Gebet sprechen für die Christen im Nahen Osten, ob im Libanon, in Ägypten oder hier in Bethlehem«, sagt ein Pilger. »Ja«, stimmen alle zu. Das traurige ist, dass die christlichen Palästinenser in einen Konflikt hineingezogen werden, der nicht der ihre ist. Fanatisierte islamische Terroristen kämpfen mit Guerilla-Anschlägen in Tel Aviv und anderen Ballungszentren gegen die militärisch hochgerüstete Regierung, die erbarmungslos zurückschlägt. Zwischen diesen beiden Fronten werden sie zermahlen.

»So wie auch das Jesus-Kind, wenn es nicht geflüchtet wäre«, merke in an. Stimmt eigentlich: Damals war die Gefahr nicht minder groß. Die Gewalt der Staatsmacht, die den Gottessohn beinahe schon als Kleinkind ermordet hätte, war in den Händen des Herodes. Wir betreten die Milch-Grotte und verweilen im stillen Gebet. Hier ist Maria mit dem Kind dank des treuen und unverzüglichen Gehorsams des heiligen Josef mit Müh und Not den Mörderhänden entkommen.

Unser letzter Besuch gilt den Hirtenfeldern. »*Ich preise Dich, Vater, dass du dies vor Großen und Mächtigen verborgen, den Kleinen aber geoffenbart hast*«, heißt es bei Matthäus. (Mt 11,25) Wer durfte das Geheimnis der Menschwerdung erkennen? Natürlich die Kleinen, die Armen, die in den Augen der Welt Geringen. Viele reiche Kaufleute, Grundstücksbesitzer, Bankiers und einflussreiche Männer wären in Jerusalem gewesen, Lobbyisten und Firmeninhaber, aber keiner von ihnen wurde von den Engeln geweckt. Nur die Hirten von Bethlehem.

Am Vorabend unserer Heimreise stehen wir auf dem Hirtenfeld. Brevierbetend flaniere ich über die Felder. Eine Messe in der Grotte geht gerade zu Ende, die Leute verlassen den biblischen Erscheinungsort; nur ein palästinensischer Angestellter bleibt und gießt die Rosensträucher. Die Sonne steht im Westen noch am Himmel. Man hat von hier einen herrlichen Blick auf das Tal in Richtung Jerusalem. Ein paar Ziegen und Schafe weiden dort unten, man hört sie von ferne blöken. Wir zelebrieren die heilige Messe am Altar der Hirtengrotte. Es wird für einen kurzen Augenblick wieder Weihnachten in meinem Herzen.

Kein Festgeheimnis des Kirchenjahres ist so innig verbunden mit der Seele meiner Alpenheimat wie Weihnachten. Es gibt Lieder über die Hirten, das »Kindal«, die »Schafele«, die aus dem Überschwang des Herzens heraus komponiert wurden. Sie sind allesamt im Salzburger oder Tiroler Dialekt verfasst, ein Zeichen, dass es der Volksseele entsprang. »Gott griaß enk Leutl'n allesamt«, »Es wird scho gelei dumpa« »Jetzt fangen wir zum Singen an« mit dem berührenden Ende der ersten Strophe: »Und neamb geht ausa, aus da Stubn!«

Das allerschönste Weihnachtslied stammt ebenfalls aus meiner Heimat Salzburg und es entsprang der bittersten Armut. Franz Xaver Mohr und Josef Gruber sangen es am 24. Dezember 1818 in der St. Nikola Kirche in Oberndorf bei Salzburg: »Stille Nacht, Heilige Nacht«. Die Orgel war schadhaft, deswegen begleitete der Lehrer das Lied mit der Gitarre. Mohr war nicht mehr als ein armer Hilfspfarrer, Gruber der Sohn aus einer armen Innviertler Leinenweberfamilie. Heute ist das Lied der musikalische Inbegriff der Geburt des Gotteskindes, das in über 300 Sprachen auf der ganzen Welt gesungen wird. Gott liebt es, das von der Welt Verachtete zu erwählen, um das Größte zu bewirken.

Nach der Messe ist noch Zeit, sodass ich am Ende der Reise mir noch einmal Gelegenheit habe Abschied zu nehmen vom Heiligen Land. Auf den letzten Schritten komme ich an einem Ausgrabungsfeld vorbei, das ganz von wildem Gras umwuchert ist, in dem sich nur einige wenige Blümlein behaupten können. Eine alte verfallene Mauer trennt die Ruinen von den umliegenden Feldern. Es riecht nach Thymian und Kamille. Irgendwo in der Ferne dröhnt ein Bulldozer und am Horizont ragt jenseits der unsäglichen Mauer eine jüdische Siedlung empor. Fast unwirklich schlängelt sich die meterhohe Betonschlange am Horizont entlang und geht schließlich in der Ferne über in einen Stacheldrahtverhau. Hier hat der Engel den Hirten verkündet: »Friede den Menschen auf Erden!« (Lk 2,14) »Friede!« Das ist der Friede, den die Welt nicht geben kann. Die Politiker nicht, noch die UNO, noch der Weltsicherheitsrat. Das ist der Friede, der als Frucht an einem einzigen Baum wachsen kann: dem Glauben an Jesus Christus. »Wenn doch auch du erkannt hättest, was dir zum Frieden dient!« (Lk 19,42) Der Friede, den die Engel verkünden, ist an das Kind geknüpft. Das Kind, das vor zweitausend Jahren hier an diesem Ort Teil der Weltgeschichte wurde. Und an etwas in den Herzen der Menschen: »Die guten Willens sind.«

Ich blicke hinaus auf das Tal und empfinde eine unsagbare Sehnsucht, die nicht etwas verlangt, was sie nicht besitzt, sondern die etwas behalten möchte, was man lieb gewonnen hat. Morgen geht unser Flug, aber ich weiß schon jetzt, dass ein Stück meines Herzens hier bleiben wird. Wie oft habe ich mir in den Betrachtungen zu Hause diese Bilder ins Gedächtnis zurückgerufen. Für zwei Wochen wurde alles wieder lebendig. Warum vergehen Zeiten und Momente im Leben eines Menschen so schnell? Kommen sie wieder, sind sie aufgeschrieben in Gottes Hand? Sind wir nicht alle wie Kinder auf einer Kirmes, jeder von uns sitzt auf seinem Pferdchen, seinem Elefanten, seinem Rennauto und dreht sich ein paar Runden mal jauchzend, mal weinend im dem Karussell, das wir Leben nennen? Vergessen die Kinder dabei oft nicht die Mutter, die am Rande steht und wartet, dass ihr Kleiner zurückkommt von der »großen Weltreise«? Wie viele Runden fahren wir denn mit dem Planeten-Rennauto, das wir Erde nennen? 80 Mal um die Sonne, das war's dann schon? Ist das Bisschen Schaukeln auf dem Sitz, das Bisschen drehen am Scheinlenkrad aus Plastik das Leben des Menschen? Es ist ein Spiegel, wie der heilige Paulus sagt, durch den es hindurchzusehen gilt in eine höhere Welt.

Das menschliche Leben erscheint mir heute Abend wie das »Gras auf dem Feld«. (Ps 103,15) Die Botschaft von Bethlehem ist nichts anderes, als die Botschaft des gesamten christlichen Glaubens: »Ihr Menschenkinder, wie lange noch wird euer Herz schwer sein? Wollt ihr denn, nachdem das Leben herabgestiegen ist zu uns nicht hinaufsteigen um zu Leben?« (Augustinus, Confessiones)

Als ich im Flugzeug sitze und die Palmenbäume am Flughafen von Ben Gurion immer kleiner werden, tröstet mich dieser Gedanke aufs Neue. Eine kleine irdische Hoffnung bleibt dennoch, die Hoffnung eines Tages wiederzukehren. Und vielleicht geht eines Tages sogar der geheimste Wunsch meines Herzens in Erfüllung: Ein Pilgerheim zu betreuen, hier im Heiligen Land. Im Land Jesu.

»Domine, da mihi hanc aquam!«
(Joh 4,15)

»Herr, gib mir dieses Wasser!«
(Joh 4,15)